발칸의
역사

THE BALKANS

The Balkans
A Short History

발칸의
역사

마크 마조워 지음
이순호 옮김

을유문화사

발칸의 역사

발행일
2006년 5월 25일 초판 1쇄
2014년 2월 20일 신판 1쇄
2024년 7월 5일 신판 6쇄

지은이 | 마크 마조워
옮긴이 | 이순호
펴낸이 | 정무영, 정상준
펴낸곳 | (주)을유문화사

창립일 | 1945년 12월 1일
주 소 | 서울시 마포구 서교동 469-48
전 화 | 02-733-8153
팩 스 | 02-732-9154
홈페이지 | www.eulyoo.co.kr
ISBN 978-89-324-7227-0 03920

차례

디미트리 곤디카스에게

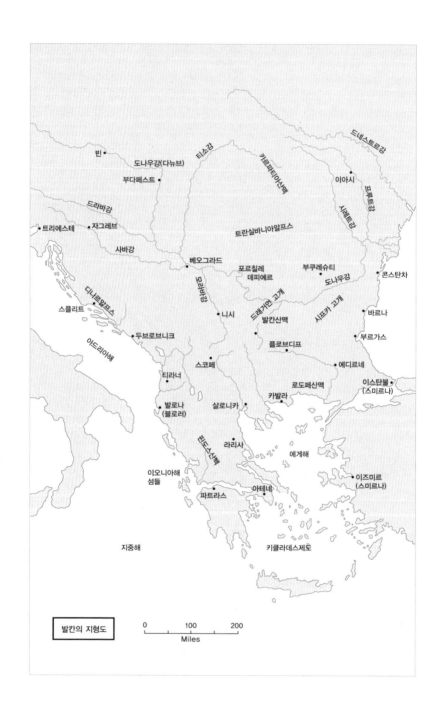

발칸의 지형도

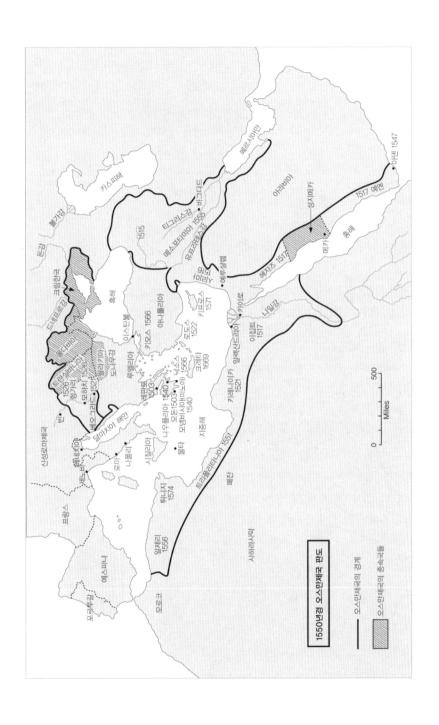

카스피해

불가리아

돈강

크림한국

드네프르강

폴란드

헝가리 1541

트란실바니아 1526

발라키아 1526

몰다비아 1538

아제르바이잔

티그리스강

1515

메소포타미아 1535   바그다드

신성로마제국

반

베오그라드 1521

도나우강

흑해

이스탄불

유프라테스강

시리아 1516

1517 예멘

이란 1547

아라비아

성지메카

예루살렘

메카

홍해

페르시아만

베네치아

키오스 1566

아나톨리아

로도스 1522

키프로스 1571

달마치아 해안

제노바

비엔나

모로

라구사

이탈리아

레판토 1503

낙소스 1566

모렌토 1540

크레타 1669

알렉산드리아 1517

카이로

이집트 1517

나일강

나폴리

시칠리아

모레아 1503

모렘바시아(아이노스?) 1540

모넴바샤 1540

카레니아카 1521

튀니지 1574

몰타

지중해

트리폴리타니아 1551

알제리 1556

사하라사막

프랑스

포르투갈

에스파냐

모로코

1550년경 오스만제국 판도

━━ 오스만제국의 경계

▨ 오스만제국의 종속국들

0   500

Miles

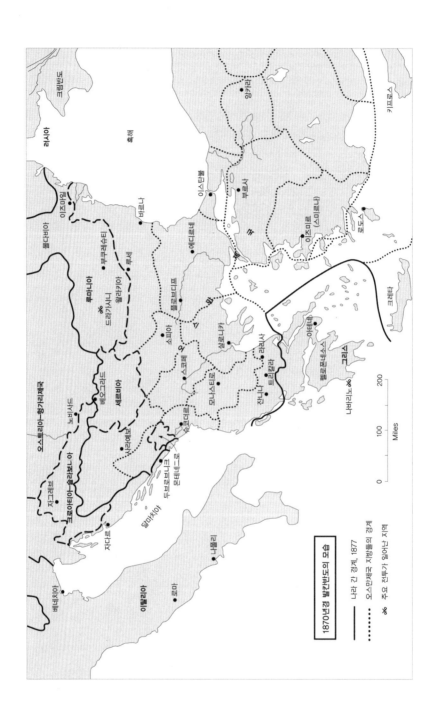

1870년경 발칸반도의 모습

나라 간 경계, 1877

오스만제국 지방들의 경계

주요 전투가 일어난 지역

0   100   200
     Miles

크림반도

러시아

흑해

불가리아

몰다비아

이즈마일

루마니아

드러게사니

부쿠레슈티

왈라키아

루세

바르나

에디르네

이스탄불

부르사

앙카라

이즈미르
(스미르나)

로도스

키프로스

소피아

필로보디프

에게 해

오스트리아-헝가리제국

노비사드

세르비아

드리그라베

베오그라드

사라예보

스코페

모나스티르

살로니카

트리칼라

라리사

얀니나

보스니아-헤르체고비나

몬테네그로

두브로브니크

자다르

스플리트

달마치아

아드리아 해

아테네

그리스

펠로폰네소스

나바리노

크레타

이탈리아

로마

나폴리

베네치아

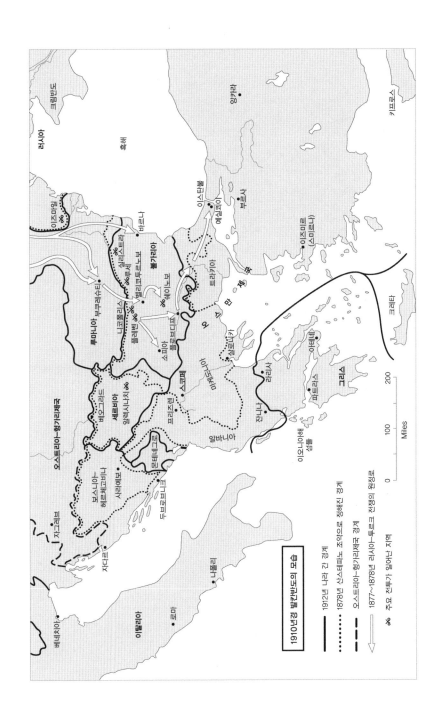

1910년경 발칸반도의 모습

━━━ 1912년 나라 간 경계

········ 1878년 산스테파노 조약으로 정해진 경계

╍╍╍ 오스트리아—헝가리제국 경계

➡ 1877~1878년 러시아—투르크 전쟁의 원정로

✖ 주요 전투가 일어난 지역

오스트리아—헝가리제국

러시아

크림반도

흑해

조지아

이즈미일

앙카라

키프로스

크레타

그리스

이오니아해 섬들

파트라스 · 아테네

자킨토스 ·

나폴리

로마 ·

이탈리아

베네치아 ·

자그레브 ·

자다르 ·

두브로브니크

몬테네그로 ·

보스니아—헤르체고비나

코토르 ·

사라예보 ·

세르비아

베오그라드 ·

니시 ·

프리즈렌 ·

스쿠페

일리시나치 ✖

코소보

프리슈티나

알바니아

마케도니아

전나 ·

라리사 ·

살로니카 ·

실로니카

이스탄불

부르사

에실키에

트라키아

드 라 제 국

마르마라 해

소피아 ✖

플로브디프

플레벤 ✖

벨리코투르노보 ✖

니코폴리스

부쿠레슈티 ·

루마니아

실리스트라 ✖

불가리아

바르나 ·

에스키에

이즈미르 · (스미르나)

이즈미르

체코슬로바키아

소련

빈

오스트리아

부다페스트

헝가리

슬로베니아

자그레브

트리에스테

피우메

크로아티아

달마치아

슬라보니아

보스니아-
헤르체고비나

유고슬라비아

베오그라드

몬테네그로

슈코더르

스코페

티라너

발로나
(블로러)

이탈리아

살로니카

라리사

마케도니아

드라바강

바나트

트란실바니아

루마니아

이아시

베사라비아

키시뇨프

왈라키아

부쿠레슈티

도브루자

니시

불가리아

소피아

플로브디프

에디르네

서트라키아

동트라키아

이스탄불

카발라

그리스

아테네

터키

이즈미르(스미르나)

도데카니소스제도(이탈리아령)

크레타

1930년경 발칸반도의 모습

그리스가 불가리아로부터 획득한 지역

1919~1923년까지 그리스 영토

루마니아가 오스트리아-헝가리제국으로부터 획득한 지역

루마니아가 러시아시아로부터 획득한 지역

0   100   200
        Miles

체코슬로바키아

빈

소련

오스트리아

부다페스트

헝가리

트란실바니아

슬로베니아

루마니아

자그레브

크로아티아

슬라보니아

보이보디나

바나트

베오그라드

월라키아

부쿠레슈티

보스니아-
헤르체고비나

유고슬라비아

몬테네그로

니시

불가리아

소피아

플로브디프

슈코더르

스코페

에디르네

티라나

이스탄불

이탈리아

발로나
(블로러)

살로니카

카발라

터키

라리사

그리스

이즈미르(스미르나)

아테네

도데카니소스제도

크레타

1950년경 발칸반도의 모습

그리스가 이탈리아로부터 획득한 지역

불가리아가 루마니아로부터 획득한 지역

러시아가 루마니아로부터 획득한 지역

유고슬라비아가 이탈리아로부터 획득한 지역

0   100   200

Miles

덴마크
스웨덴
코펜하겐·
발트해
칼리닌그라드·
러시아·
라트비아
리투아니아
빌뉴스·
러시아
민스크·
벨로루시
베를린·
폴란드
바르샤바·
독일
키예프·
우크라이나
프라하·
체코공화국
슬로바키아
브라티슬라바·
빈·
오스트리아
부다페스트·
헝가리
몰도바
키시뇨프·
슬로베니아
류블랴나·
자그레브·
크로아티아
루마니아
베오그라드·
보스니아―
헤르체고비나
사라예보·
유고슬라비아
부쿠레슈티·
이탈리아
아드리아해
몬테
네그로
코소보
소피아·
불가리아
흑해
로마·
스코페·
티라나·
마케도니아
알바니아
이스탄불·
티레니아해
그리스
터키
이오니아해
아테네·
지중해

2000년경 발칸반도의 모습

— 나라 간 경계

0   100   200
Miles

프롤로그

<<<<<<<<<<

명칭들

> 흔히 사물의 척도와 중요성의 기준이 되는— 애초에 맞지도 않을뿐더러 제멋대로이기 십
> 상인— 명성, 이름, 외양, 이 모든 것은 단지 사람들이 그렇게 믿고 있다는 이유만으로 대
> 대손손 그 중요성이 커져오다, 마침내 사물의 일부가 되고, 그러다 결국 사물 그 본체로 화
> 하게 된다. 처음에는 외양에 불과했던 것이 나중에는 거의 필연적으로 본질이 되어 효력
> 을 발휘하는 것이다.
> — 프리드리히 니체[1]

20세기 말, 사람들은 발칸이 마치 예전부터 죽 존재해온 것처럼 말하기 시작했다. 그러나 사실 발칸은 200년 전만 해도 이 세상에 존재하지 않았다. 오스만제국이 지배한 것은 발칸이 아니라 콘스탄티노플 정복으로 얻은 구 '로마인Roman'의 땅, 그러니까 '루멜리아Rumeli'였다. 술탄에게 봉사한 정교회 지식인들도 자신을 스스로 '로마인Romans'(로마이오이Romaioi) 혹은 '기독교인Christians'이라 불렀다. 이런 사정은 서양인들도 마찬가지였다. 그들은 마케도니아, 에피루스, 다키아, 모이시아 등과 같은 고대 명칭은 친근하게 여겼어도 '발칸'이라는 용어는 낯설어했다. 1854년 한 여행자가 이런 글을 썼다. "발칸이라는 지역을 넘게 되리라는 말에 나는 마냥 기대에 부풀어 있었으나, 얼마 안 있어 곧 이 거창한 말이 의미하는 바가, 강들의 경계인 산등성이라든지 산악로에 불과할 뿐 의당 그러리라 여겼던 웅장하고

낭만적인 풍경과는 거리가 멀다는 것을 알게 되었다."[2]

'발칸'은 본래 산맥 이름으로, 고전 교육을 받은 서양인들에게는 중부유럽에서 콘스탄티노플로 갈 때 거쳐야 하는 고대의 헤무스Haemus*로 더 잘 알려져 있었다. 19세기 초에는 앨버말 백작을 비롯한 군장교들이 이 미지의 산맥을 탐험하기도 했다. 1833년 프러시아의 한 외교관은 발칸산맥을 넘은 뒤 "발칸산맥 안쪽은 사람이 다녀간 흔적이 거의 없음에도, 몇 개의 산은 높이 측정이 정확히 이루어졌다"라는 기록을 남겼다. 그 후 20년 뒤 지아코모 아우구스트스 요흐무스G. A. Jochmus†가 쓴 「발칸산맥, 혹은 헤무스산맥으로 여행한 기록」이 영국왕립지리학회에서 읽혀졌을 때도 상황은 별로 달라지지 않았다. 1829년과 1877년, 러시아군이 두 차례에 걸쳐 콘스탄티노플로 진군해 들어갈 때도 이 산맥을 통과했다. 당대의 러시아-투르크 전쟁에 대한 대중 역사서를 집필한 한 작가는 "발칸산맥을 넘은 일이야말로 러시아-투르크 전쟁의 가장 두드러진 성과 중 하나로 간주되어야 마땅하다"라는 말을 했을 정도다.[3]

이 무렵에는 이미 몇몇 지리학자가 피레네산맥이 이베리아 반도의 산마루에서 북남 경계를 이루어 주듯, 발칸산맥도 유럽 남동부 반도를 가로지르는 것으로 착각해, 발칸을 그 지역 전체를 통칭하는 말로 확대 사용하기 시작했다. 터키가 지배하던 영토에 대한 18세기 사람들의 지리적 지식은 상당히 모호했다. 1802년까지도 존 핑커튼J. Pinkerton‡이 "이 지역에 대한

최근 지도는 아직도 매우 불완전하다"라는 점을 지적했을 정도다. 초기 학문을 연구하는 발칸 출신의 그리스학자들을 포함해 대부분의 학자들도, 발칸보다 한층 보편화된 명칭인 '유럽의 터키'라는 말을 사용했고, 그 결과 '발칸'이란 말은 19세기까지도 아주 희귀한 용어로 남아 있었다. 그 정확도와 세밀한 묘사 덕분에 발칸에 대한 기록으로는 수세기 동안 부동의 위치를 점유해 온 아미 부에A. Boué§의 탐험기에도 발칸이라는 말은 들어 있지 않았다.[4]

이러한 현상은 비단 지역에만 국한되지 않았다. '발칸' 사람들에 대한 언급도 1880년대 이전까지는 찾아볼 수 없다. 정교회는 그리스인과 슬라브인 모두를 포섭했기 때문에 다양한 민족으로 이루어진 정교회인들을 민족지적, 정치적으로 구분하기까지는 상당한 시간이 걸렸다. 1797년, 프랑스혁명 정신의 열렬한 옹호자였던 리가스 벨레스틴리스R. Velestinlis♦가 술탄의 몰락을 예견하고, "루멜리아, 소아시아, 에게해, 몰다비아, 왈라키아" 민족 모두가 "인종적, 지역적 차이"를 극복하고 시민으로 인정받을 수 있는 "그리스 공화국" 건설을 역설했다. 리가스가 꿈꾼 거대한 미래의 공화국 안에서 그리스어는 배움의 공용어는 물론 정치의 공용어도 되어야 했다. 하지만 1850년대까지도 지적인 논평가들은 여전히 "슬라브 민족을, 그들이 오직 '그리스' 종교를 믿는다는 이유만으로 '그리스인'으로 생각하는 천박한 사람들"을 경멸했다. 독일 지리학자 카를 리터K. Ritter**는 거기서 한발 더 나아가 도나우강 이남 지역 전체를 그리스 반도를 뜻하는 'Halbinsel

§ 1794~1881. 독일 태생의 유명한 오스트리아 지리학자.
♦ 1757~1798. 오스만 지배에 맞선 그리스의 저항 시인.
** 1779~1859. 근대 인문지리학의 창시자.

Griechenland'라 부를 것을 제안하기도 했다. 1877년 영국의 역사가 E. A. 프리맨은 "아주 최근까지도 유럽인들 대부분은 오스만제국의 정교회 신민 모두를 그리스인으로 보았다"라고 썼다.[5]

슬라브 민족주의가 대두한 뒤에도 상황은 별로 나아지지 않았다. 어떤 형태의 국가와 민족이 오스만제국을 계승할 것인지가 불분명했기 때문이다. 논평가들 중에는, 오스만 종주권 아래 기독교도들의 다양한 자치 정부가 들어설 것이라는 의견을 내놓는 사람들이 있었는가 하면, 그 지역이 그리스 국가와 슬라브연방으로 이원화할 것이라고 예상하는 사람들도 있었다. 이 중 실제 벌어지고 있던 분열의 가능성을 점친 사람은 아무도 없었다. 1864년 프랑스의 한 작가는 이렇게 말했다. "심지어 우리 시대에조차, 투르크 지배하에 있던 기독교도들은 대체 어디에 속하느냐, 다시 말해 러시아에 속하느냐, 오스트리아에 속하느냐, 프랑스에 속하느냐며 의아해하는 사람들이 무척 많았다. 그럴 때 만일 어떤 사람이 엉뚱하게도, 이들은 바로 그들 자신에게 속해 있다고 말했다면, 그는 아마 헛소리를 하는 인간으로 뭇사람들의 연민과 조소를 자아냈을 것이다."[6]

18세기와 19세기 내내 '유럽의 터키'는 당대인들에게 애호를 받는 지리적 용어가 되었다. 하지만 1880년경 '유럽의 터키' 시대는 분명 이울고 있었다. 19세기에는 그리스, 불가리아, 세르비아, 루마니아, 몬테네그로 등 오스만제국의 계승 국가들이 등장, 남아 있는 땅덩이를 차지하려고 서로 경쟁을 벌였다. 1878년과 1908년 사이 강대국들은 일련의 국제회의에서 오스만 영토를 분할, 그들 감독하에 두었다. 이에 서구의 여행가, 저널리스트, 선동주의자들이 그 지역으로 몰려들면서 '발칸'이라는 낯선 용어도 폭넓게 사용하기 시작했다. 그리하여 1912년 제1차 발칸 전쟁―이 전쟁으로 (콘스탄티노플 배후지 바로 밖에 놓인) 유럽에서 오스만 지배는 끝났다―이 일어날 무렵 발칸이라는 용어는 이제 통용어가 되기에 이르렀다. 결벽주의자들은 이에 분노했다. 독일의 한 지리학자는 "남동부유럽, 아니 반세기의 실수를 고착화시키며 시간이 갈수록 점점 그렇게 부르게 된 발칸 반도"를 뒤틀린 심사로 이야기했다. 한 불가리아 전문가는 "이 지역이… 발칸 반도로 잘못 불려지고 있는 사실"에 대해 불만을 토로하기도 했다. 하지만 이같은 탁상공론은 시대의 흐름에 역행하는 것이었다. 그로부터 반세기도 채 지나기 전에 이 새로운 지리적 용어는 주로 급작스러운 군사, 외교적 변화로 인해 일상용어가 되었기 때문이다. 1917년 동방문제Eastern Question를 다룬 역사책에는 이제 "이전 세기의 지리학자들이 '유럽의 터키'라 부른 지역이, 그동안에 일어난 정치적 변화로 새로운 이름을 필요로 하게 되었고, 그에 따라 이 지역도 '발칸 반도'나 혹은 간단히 '발칸'이라 불리게 되었다"라는 내용이 실렸다.[7]

애초부터 발칸이란 말에는 지리적 개념 이상의 의미가 내포돼 있었다. 이전 명칭들과는 달리 발칸에는 폭력, 야만, 원시성과 같은 역사상 유례를 찾아볼 수 없는 부정적 의미가 내포돼 있었다. 저널리스트 해리 드 윈드H. de Windt(1856~1933)는 1907년에 발간한 자신의 작품 『야만의 유럽을 여행하고Through Savage Europe』에서 "'야만의 유럽'인 까닭은 무엇인가?"라는 질문을 던지며, "그것은… 발칸이 아드리아해와 흑해 사이에 놓인 거칠고 무법적인 나라들을 적확하게 표현해주는 말이기 때문"이라고 말하고 있다. 1세기가량 계속된 폭동과 유혈의 역사, 거기다 1900년 이후 거세어진 임로IMRO*의 테러 행위, 1903년 세르비아 국왕 살해 사건, 1·2차 발칸 전쟁 때 피아를 막론하고 모든 측에서 자행한 대규모 학살로 정점을 맞은 폭동과 보복의 역사를 떠올리며 유럽은 재빨리 발칸을 폭력, 유혈과 연관시키기 시작했다. 그 후 10여 년간 더 지속된 싸움—1922년 그리스가 소아시아에서 터키에 패하고, 그로 인해 주민 200만 명을 강제 교환하는 것으로 막을 내린—으로도 그 사실은 바뀌지 않았다. 수많은 서구 옹호자가 소망한 대로, 과연 발칸 민족들은 스스로 통치할 수 있게 되었다. 하지만 결과는 어땠는가? 서로 간의 질서와 내분에 시달리는, 자생력이 없고 하잘 것 없는 나라들의 집합체가 되지 않았던가? 그리고 그것이야말로 민족국가들이 무제한으로 확산하는 것을 반대한 자들이 우려한 '분립된 작은 국가 집단kleinstaaterei'의 모습이었다. 진보주의자들은 자신들이 품었던 민족자결이라는 행복한 이상이, 산산조각 난 불안정한 현실 세계와 조화를 이루기 어려울 것이라고 판단했다. 독일, 이탈리아와 같은 신생국들의 경우 19세기의 민족주의가 노후한 소국小國들을 더 크고 합리적인 경제 통합제로 묶어주는 역할을 했으나, 발칸의 경우는 그것이 반대의 결과로 나타났다.[8]

제1차 세계대전과 제2차 세계대전 사이 발칸은 이제 부정, 신속한 살해, 손쉬운 범죄가 발생하는, 소설가와 영화감독들이 즐겨 다루는 이국적 스릴러의 무대로 변모했다. 양차 대전 사이 유럽의 도덕적 타락을 상징하는 곳으로 발칸을 묘사해놓은 에릭 앰블러E. Ambler†의 『디미트리오스의 가면

---

* Internal Macedonian Revolutionary Organization. 내부 마케도니아 혁명 조직.
† 1909~1998. 스파이 소설로 유명한 영국의 소설가.

The Mask of Dimitrios』도 그러한 예에 속한다. 그보다는 좀더 지적인 면이 떨어지는 애거서 크리스티의 1925년 소설 『침니스의 비밀*The Secret of Chimneys*』에서는 극중의 사악한 인물 보리스 앵코우코프의 고향으로 발칸을 묘사하고 있는데, 그것은 가령 이런 식이다. 즉 그는 "발칸의 한 국가 출신으로… 이 나라로 말할 것 같으면 주요 하천은 알려진 것이 없고, 주요 산 또한 알려진 것이 없으나 수효는 상당히 많다. 수도는 에카레스트Ekarest, 주민은 거의가 산적이고, 취미는 국왕 살해와 혁명"이다. 레베카 웨스트R. West‡ 역시 자신이 쓴 발칸 여행기 『검은 양과 회색 매*Black Lamb and Grey Falcon*』의 서두에서 이런 말을 했다. "폭력이야말로 발칸에 대해 내가 알고 있는 전부, 요컨대 남슬라브인들에 대해 내가 알고 있는 전부다." 영화감독 자크 투르네J. Tourneur에 이르면 이제 상황은 더욱 극단으로 치달아, 그가 만든 필름 누아르 「캣 피플Cat People」(1942)에서 투르네는 평범한 미국인들의 '정상적이고 행복한 삶'을 파괴하려드는 치명적인 성적 가해자로 인간을 변모시키며, 발칸을 아예―세르비아 여주인공의 혼란스런 페르소나를 통해―'원죄ancient sin'의 온상으로 만들어놓고 있다.[9]

　제2차 세계대전 뒤에는 이 같은 진부한 표현이 그다지 큰 효력을 발휘하지 못했다. 냉전기에 발칸은 서구인들의 의식 속에서 사라졌고, 남동부유럽에는 철의 장막이 드리워져 그리스와 인근 공산국가들을 둘로 갈라놓았기 때문이다. 고산지대 알바니아는 침투가 사실상 불가능해졌다. 티토가 이끄는 유고슬라비아는 미국 정치인들과 유럽 신좌파들의 숭배를 받았다.

---

‡　1892~1983. 영국의 소설가, 비평가, 저널리스트.

국제적 비동맹에 대한 말들, 본국 노동자들의 자기 경영에 대한 말들이 해외에서 우호적인 반응을 얻기 시작했다. 루마니아의 니콜라이 차우셰스쿠는 자국민들을 극단적으로 억압한 사실보다는 반소련을 표방한 그의 단호한 외교 정책으로 외부에 더 잘 알려져 있다. 전체적으로 볼 때 그리스는 '서구의' 주변 지역이 되었고, 그 밖의 다른 발칸 국가들은 공산주의 동유럽의 가장 생소한 지역이 되었다. 대중 관광으로 수백만 명이 그 지역 해변가와 스키장으로 몰려들자, 그곳의 농촌 문화는 식후 오락 문화로 탈바꿈했다. 목가적 풍경이 폭력적 장면으로 대체되었으며, 관광객들이 예상할 수 있는 최악의 문제는 형편없는 도로 사정과 낯선 화장실이었다.

이 모든 것은 냉전이 유럽에 가져다준 기나긴 평화의 혜택이었다. 하지만 오늘날 시각으로는 이런 혜택이 그저 발칸의 진정한 특성이 잠시 빛을 잃었던, 저 먼 옛날의 터무니없는 균열로 보일 뿐이다. 공산주의가 붕괴한 뒤 남동부유럽은 또다시 하나의 단일체가 되었다. 하지만 단일체가 된 것까지는 좋았으나 발칸이라는 말에 배어든 나쁜 의미까지도 함께 생겨났다는 것이 문제였다. 유고슬라비아 붕괴로 격화된 투쟁은 대중의 마음을 그 어느 때보다 더욱 그런 생각으로 가득 차게 만들었다. 집단 폭력에 대한 책임은 티토와 공산주의에만 있는 것이 아니라, 인종적 다양성과 오랜 기간 지속한 종교, 문화적 갈등에도 그 원인이 있었다. 종교를 긍정적으로 말하는 사람은 더 이상 찾아보기 힘들고, 선과 악의 차원을 넘어 종교를 논하는 사람은 더더욱 찾아보기 힘든 상황이 되었다. 우리에겐 너무도 익숙한 '발칸에 대한' 이 같은 굴절된 시각 없이 그들을 새롭게 바라볼 수는 없을까? 그것이 이 책에서 말하고자 하는 바다.

발칸에 대한 서구의 정형화된 지적知的인 역사래야 이제 고작 1세기밖에 안 된 상황에서 여전히 우리의 주의력을 요하는 그곳 문제를 설명하기란 쉬운 일이 아니다. 하지만 비교적 최근에 만들어진 것이긴 해도 발칸이란 말에는 서구인들의 사고를 좀더 깊숙이 파고드는 또 다른 관념들이 내포돼 있고, 그중 하나가 1204년 십자군의 콘스탄티노플 약탈로 표면화된 정교회와 가톨릭 기독교계 간의 갈등이다. 하지만 그보다 더욱 중요한 것은 유럽의 영토와 정신을 1000년 이상이나—7세기부터 최소한 17세기 말까지—복잡한 투쟁 속에 몰아넣은 기독교와 이슬람 간의 몰이해로 생겨난 깊은 간극이다.

기독교계는 에스파냐(와 아프리카 대부분 지역)에서부터 인도와 중국의 국경지대에 이르기까지 이슬람 문화를 전파하는 계기가 된 최초의 지하드jihad에 대해, 남부 이탈리아의 국토 회복 운동, 즉 이베리아의 레콩키스타reconquista와 그보다 더욱 중요한 십자군 운동으로 맞섰다. 에릭 크리스티얀센E. Christiansen*의 말마따나 "지중해의 그 성전은" 아마 궁극적으로 "시간, 돈, 인생의 어처구니없는 낭비"였을 게 분명하다. 그러나 기독교계가 비록 2세기 동안 사라센에 대항해 투쟁했음에도 예루살렘을 재탈환하는 데는 성공하지 못했지만, 유럽에서 이단자, 이교도, 그리고 무엇보다 무슬림들이 활개 치는 것을 더 이상 용납하지 않겠다는 기독교계의 호전적 전통을 강화하는 데 크게 기여했다는 점에서 소득이 전혀 없었던 것은 아니다. 무슬림 국가들이 비이슬람교도를 백성으로 받아들인 것과는 달리—오스만 발칸에서는 비이슬람교도가 늘 인구의 태반을 차지했다—기독교 국가들

---

* 1937~. 옥스퍼드대학교 역사학과 교수.

은 무슬림을 추방했을 뿐 아니라(중세시대 이래 유대인들의 소규모 공동체 거주도 엄하게 통제했으며), 그들을 위협으로 간주하기까지 했다.[10]

기독교에 대한 이슬람의 두 번째 도전은 중앙아시아의 유목 민족, 투르크족으로부터 왔다. 11세기에서 17세기까지 발호를 계속하며 비잔티움제국을 침략, 격파한 투르크계 종족은, 이에 그치지 않고 동쪽 에게해의 기독교 전초 기지를 정복하고 흑해 주변을 빙 돌아 헝가리를 거쳐 마침내 중부 유럽의 게르만 중심부까지 파고들어왔다. 오스만 군대는 빈을 두 번이나 포위 공격했다. 기독교인들은 1453년 콘스탄티노플 함락을 정교도의 타락, 제국 체제로서 비잔티움의 궁극적인 실패, 인간이 저지른 죄악에 대한 신의 징벌로 해석했다. 투르크군의 전함들이 이탈리아 해역을 헤집고 돌아다니자, 가톨릭 신자들에게는 "이슬람의 파멸을 위해 기도하라"는 명령이 떨어졌다. 오스만제국은 스스로 로마와 비잔티움이라는 보편적 왕국의 계승자, 다시 말해 '지상에서 신의 보호자'로 여겼을 것이다. 하지만 엘리자베스시대의 영국 역사가 리처드 놀스R. Knolles(1550년경~1610년)와 같은 기독교인들에게 오스만제국은 단지, 이슬람의 위협과 '상존하는 세계의 테러'가 가장 최근에 구현된 존재일 뿐이었다.[11]

기독교와 무슬림 간의 모든 종교적 대립에도 불구하고 16세기 유럽인들은 투르크족의 힘과 세력 범위, 그리고 그들의 능력을 존경하고 또한 두려워했다. 이른바 '그란 시뇨레Gran Signore'로 알려진 오스만제국의 술탄은 지구상의 가장 강력한 통치자로 간주되었다. 르네상스시대 사람들은 술탄을, 알렉산드로스 대왕과 로마제국 황제들의 계승자로 묘사하면서 기독교 군의 무질서한 상황과 비판적으로 대조하는 데 그를 이용하기도 했다.

24

1525년 그렇지 않아도 늘 살얼음판을 걷고 있던 기독교계의 동맹전선은, 프랑스 국왕이자 '교회의 장자Eldest Son of the Church'인 프랑수아 1세가 신성로마제국 황제에 대항해 슐레이만 대제와 동맹을 맺으면서 무너져 내렸다. '백합*과 초승달†의 이 신성 모독적 동맹'은 가톨릭 프랑스와 투르크족 간에 장기간 지속할 동맹의 시초에 불과했다. 베네치아도 전쟁을 목적으로 건설한 제국적 기구의 끝없이 넓은 영토와 인력에 깊은 감명을 받았다. 베네치아 대사 마르코 미니오M. Minio가 1521년에 이미 "그란 시뇨레는 모든 기독교 왕국으로 들어가는 관문의 열쇠를 거머쥔 듯하다"라는 말을 했을 정도다.[12]

토머스 풀러T. Fuller‡에게 1639년의 술탄 제국은, "지상에서 가장 위대하고 가장 굳건한 나라이며, 바다와 육지를 통틀어… 또한 서쪽의 부다Buda와 동쪽의 타우리스§에 이르기까지 장장 3000마일◆에 걸쳐 뻗어 있고… 마치 국경을 마주보고 있는 모든 나라에 대담하게 도전장을 던지는 최고의 전사이기라도 하듯, 유럽, 아시아, 아프리카의 가장 비옥한 나라들을 호령하며 세계의 중심에 위치해 있는" 나라였다. 오스만제국의 두 수도 콘스탄티노플과 카이로는 그 방대한 크기로 방문객들의 경외감을 불러일으키며 런던, 파리, 암스테르담, 로마의 위치를 왜소하게 만들었으며, 오스만제국의 장대함 앞에 사소한 논쟁을 일삼는 이웃 기독교 국가들은 빛을 잃고 말았

---

* 프랑스 왕가의 상징.

† 이슬람교의 상징.

‡ 1608~1661. 잉글랜드의 설교가.

§ 이란의 타브리즈.

◆ 4800킬로미터.

다. 하지만 그 힘은 유럽인들에게 매력적인 요소임과 동시에 혐오의 대상이었다. 이슬람으로 개종하는 기독교인들을 보고 헨리 블런트 경Sir H. Blount*은 이렇게 말했다. "저들에게 넘어가는 우리 측 사람은 이토록 많은데 우리에게 넘어오는 저들 측 사람은 이렇게 적은 걸 보니, 과연 어떤 종교의 번영은 사람을 끌어들이는 놀라운 결과를 낳는 것 같다."13

하지만 시간이 흐를수록 오스만제국에 대한 이 같은 숭배 의식도 서서히 사라지기 시작했다. 17세기 후반, 이 문제에 대한 몽테스키외의 글이 등장하기 전부터 서구 사회에는 이미 오스만제국을 '전제정tyranny' 혹은 '독재정despotism'으로 묘사하는 글들이 부쩍 늘어나기 시작했다. 오스만의 종교적 관용에 대해 품었던 이전의 환상도 사라졌고, 정통성 결여, 부패, 착취, 부정에 의존, 그로 인한 쇠락의 불가피성을 강조하는 글들이 갈수록 많아졌다.

이 같은 유럽인들의 심리적 변화는 투르크와 유럽 간 힘의 균형이 눈에 띄게 변하면서 오스만 군대가 한계에 다다른 듯한 시점에 일어났다. 반면 기독교 유럽은 대서양 일대 제국들과 교역의 성장, 중상주의적 자본주의 등장, 30년 전쟁 뒤에 새롭게 부상한 국가 체제에 힘입어 날로 강대해졌다. 그중에서 특히 러시아와 합스부르크 왕가의 오스트리아는 오스만제국에 공세를 취할 만큼 강력한 군사력을 지닌 위협적 존재로 동유럽과 흑해 유역의 힘의 균형을 영원히 바꿔놓았다. 유럽에서 오스만제국의 힘은 1683년 두 번째로 빈을 포위 공격할 때부터 약해지기 시작했다. 이 전투에

---

* 1562년경~1606년. 영국의 군인.

26

서 오스트리아군은 헝가리와 크로아티아, 그 인근 지역을 점령한 다음 기독교인들을 그곳에 이주시켜 군사 기지로 탈바꿈시켰다. 오스만제국은 내부적으로도 퇴보를 면치 못했다. 오스만제국의 관리들도 지방들을 통제하는 중앙 정부의 힘이 약해지고 있다는 사실을 피부로 느끼고 있었다. 그 결과 16세기의 황금기를 그리워하며 신세를 한탄하는 내용은 이제 오스만 정치 문학의 진부한 표현이 되기에 이르렀다. 발칸인들의 삶은 말할 것도 없고 오스만제국 내에서의 삶도 갈수록 불안정해졌다.[14]

정치·경제적 발전과 더불어 가치 체계에도 커다란 변화가 일어났다. 17세기 종교 전쟁 후에 일어난 과학 혁명과 계몽주의 운동으로 유럽에는 세속주의가 움트기 시작했고, 그로 인해 엘리트 문화가 형성되면서 오스만제국의 신정神政 체제는 낡은 것으로 비쳐졌다. 이때를 기점으로 서구에서 불기 시작한 오만한 종교적 힘 ─ 이슬람 '광신자들'만큼이나 부패한 정교회의 고위 성직자에게도 적용된다 ─ 에 대한 비난은 지금까지도 계속되고 있다. 여행가, 석학, 철학자들의 글 속에도 문명적인 서방과 야만적인 동방, 자유주의적인 유럽과 전제적인 오리엔트의 차이를 극명하게 드러내는 표현들이 부쩍 많아졌다. 꿈꾸듯 관능적으로 움직이는 동방인들의 행동은 지각 있는 서방인들에게 거울 역할을 했다.[15]

이런 가운데 발칸은 유럽과 아시아의 문화적 완충지대를 이루고 있었다. 발칸은 유럽에 있으면서도 유럽이 아니었다. 19세기 여행자들은 이전 시대 여행자들보다 훨씬 예민하고 가치 판단 의식이 강했기 때문에, 유럽에서 오스만 영토로 건너오기가 무섭게 아시아 땅에 들어선 것으로 생각

했다. 1875년, 청년 아서 에번스A. Evans*는 오스트리아에 속한 크로아티아
와 오스만제국에 속한 보스니아 사이에 놓인 사바Sava 강둑에 서서 이렇게
말했다. "지금 우리는 전혀 딴 세상에 있다는 생각이 든다. 보스니아인들은
사베Save(원문 그대로 표현)강 건너편을 '유럽'이라 말하는데, 단 5분간의 여
행으로 모든 것이 아시아로 변하는 걸 보면 그것은 맞는 말이기도 하다. 시
리아, 아르메니아, 이집트의 투르크 지역을 여행해본 사람이라면 보스니
아에 들어서는 순간, 아시아와 아프리카를 판에 박아놓은 듯 똑같은 모습
이 유럽의 터키 지역에도 있다는 사실에 깜짝 놀랄 것이다." 서구인들은
그곳에서 사유재산의 불안정성, 종잡을 수 없는 오스만의 법률, 지배 종교
와 피지배 종교 간의 칼날처럼 날카로운 구분을 보았다. 하지만 무엇보다
서구인들을 놀라게 한 것은 신기한 색채, 냄새, 다채로운 인종군이 빚어내
는 거의 연극적이라 해도 좋을 일련의 심미적 요소들이었다. 1812년 이오
니아 지역 섬들의 건너편에 위치한 프레베자 땅을 밟은 청년 헨리 홀런드
H. Holland†는 그곳에서 이런 글을 썼다. "이 지역에 들어서니 경치가 일순 바
뀌며, 지금까지 동방에 대해 읽은 책들에서 그리도 오랫동안 내 상상력을
자극했던, 동양적 냄새가 물씬 풍기는 그 모든 야한 것과 잡다한 풍광, 생
전 듣도 보도 못한 독특한 인종들이 눈앞에 나타났다. 종교를 비롯한 여러
정황이 빚어내는 투르크족의 그 일관된 특성은 유럽 국가들 주변에서 더
멀리 떨어진 도시들만큼이나, 맨 처음 들어선 터키 도시에서도 이 변화를
거의 뚜렷이 느끼게 해준다." 그 후 1세기 뒤 러시아의 한 저널리스트—훗

---

* 1851~1941. 영국의 고고학자.

† 1788~1873. 영국의 명망 있는 의사 겸 여행 작가.

날 레온 트로츠키라는 이름으로 유명해지는— 는 제1차 발칸 전쟁이 일어나기 전야, 부다페스트에서 베오그라드로 철도 여행을 하던 중, 자신이 탄 열차의 차창 밖 풍경을 내다보며 감격에 겨운 목소리로 이렇게 외쳤다. "아 동방! 동방이로군! 이 다양한 모습, 의상, 인종, 문화적 차이가 혼합해 만들어내는 다채로움이라니!"[16]

현대에는 유럽과 아시아, 서방과 동방에 대한 이 모든 혼란스런 해석이 발칸에 대한 묘사로 바뀌었다. 유럽은 동방이라는 수동적 매체에 깊숙이 파묻힌 미사일, 그러니까 문명적 힘으로 비춰지고 있다. 여행자들도 이제는 유리창 있는 집, 고상한 식기류, 카바레, 당구장 시설이 있는 호텔 등, '유럽식' 간판들에 대해 습관적으로 말하고 있다. 발칸의 도시들은 으레 동방적—아름답기는 하지만 더럽고, 냄새나고, 무표정하고, 무질서하다는 얘기—실체는 뒤에 숨기고 겉모습만 유럽풍인 것으로 묘사되고 있다. 그것은 가령 철로는 유럽식이지만 마차로는 유럽식이 아니라는 것, 기술은 유럽식이지만 예배 의식은 유럽식이 아니라는 것과 같은 것이다. 사회 구조는 거의 언제나 외양은 현대적이고 내용은 전통적인 것으로 분리돼 있다. 동방적 실체—종교의 힘, 농촌에 만연한 빈곤—는 수세기 동안 고정불변인 것으로 인식되고 있다. 수많은 글에서 보이는 바와 같이 19세기 말만 해도—피에르 로티P. Loti‡와 같은 작가들이 가졌던 자극적 즐거움과 감각적 오리엔탈리즘의 취향에 노출된—서구 여행자들은 발칸을 이런 식으로밖에 보지 못했다.

---

‡ 1850~1923. 프랑스의 소설가.

외교적인 면에서도 오스만제국은―프랑스와의 유대에도 불구하고―유럽 국가들의 협력체 외곽에 놓인 것으로 오랫동안 인식돼왔다. 오스만제국은 1815년 빈 회의에도 참석하지 못했고, 국제법 전문가들에 의해 '기독교 동류 국'에서도 제외되었다. 오스만제국이 유럽에 편입된 것은―제국이 쇠락하는 것이 분명해지고 러시아가 부상하는 것에 대한 우려감이 팽배해지면서 생겨난― 현실 정치realpolitik에 관계될 때뿐이었다. 강대국들은 크림 전쟁(1853~1856)에서 러시아와 대결한 오스만제국을 구해준 뒤에야 겨우 "쉬블림포르트Sublime Porte*가 공법과 유럽 체제의 여러 이점을 누리게 되었다"라고 선언했다. 하지만 그에 대한 대가로 쉬블림포르트는 기독교 국가들이 현대적인 문명국이 되기 위한 필수 요건이라고 주장한, 이른바 소유권, 사법, 종교적 평등에 관한 개혁을 단행해야만 했다.[17]

그럼에도 불구하고 투르크인은 결코 유럽인으로 간주되지 않았다. 인종에 대한 관심이 날로 커져가고 있던 19세기 상황에서 그들은 단지, '유럽의 문명이 태동한 지역'을 통치하는 '아시아족Asiatics', '유목민nomads', '야만인barbarians'일 뿐이었다. 1828년 존 러셀J. Russell 경†은 이렇게 썼다. "투르크인들은 거의 모든 경우 유럽의 나머지 지역을 점유하고 있는 나라들과는 별개인 것처럼 보인다." 빅토리아시대의 가장 균형 잡힌 민족지학자 중의 한 사람이던 라담R. G. Latham에게도 "투르크인들은 그저 뉴잉글랜드인들이 미국인인 것처럼, 다시 말해 엄격한 의미를 적용하지 않을 때에만 유럽인"이었다. 라담은 그 어떤 의미로도 투르크인을 유럽의 '신참' 혹은 '아시아인'

---

* 높은 문을 뜻하는 프랑스어로 오스만제국 정부를 뜻한다.

† 1792~1878. 1846년에서 1852년, 1865년에서 1866년, 두 차례에 걸쳐 영국 총리를 지낸 인물.

으로 볼 수는 없다고 하면서, 그렇게 생각하는 사람들을 경멸하면서도, 정작 본인은 투르크인을 종교 때문에 "유럽 체제의 일부로 보기는 어렵다"고 느꼈다. 일반적으로 무슬림들은 기독교인들보다 야만적 행위를 저지를 소지가 더 높은 것으로 간주되었다. 1842년 미국의 한 외교관은 이렇게 썼다. "고대와 현대를 통틀어, 그리스와 싸운 투르크의 전쟁처럼 잔인무도하고 흉포한 전쟁은 없었다. 유럽의 기독교 국가들이 그 전쟁의 잔학 행위에 대해 그토록 오랫동안 침묵하는 방관자가 되었다는 사실이 나로서는 그저 놀라울 따름이다." 조지 핀레이G. Finlay‡와 같은 인물들이 그리스 독립 전쟁은 상호 '박멸전'이었다고 냉정하게 쏘아붙였음에도 일반인들은 그 폭력을 일편단심 한쪽 면으로만 바라보았고, 글래드스턴W. E. Gladstone§이 '불가리아 참사Bulgarian Horrors'에 대한 비난의 글에서 그 같은 편향된 감정을 효과적으로 부풀렸다. 즉 그는 전체적으로 볼 때, 기독교인들도 투르크인들과 같은 잔학 행위를 저질렀거나 혹은 그같이 행동하도록 고의로 부추겼다는 증거는 어디에도 없는 것으로 입증되었다고 주장한 것이다. "무슬림이 무슬림을 죽이는 것은 숫자에 포함되지 않는다"라고 한 에디트 더럼M. E. Durham♦의 말은 이 같은 서구인들의 태도를 잘 보여준 것이었다. "기독교인이 무슬림을 죽이는 것은 옳은 행위이고, 기독교인이 기독교인을 죽이는 것은 판단 오류임으로 말하지 않는 것이 좋다. 우리 마음이 잔혹하게 변하는 경우는 오직 무슬림이 기독교인을 죽일 때뿐이다."[18]

---

‡　1799~1875. 그리스 독립 전쟁에 참전한 영국의 역사가.

§　1809~1898. 네 번에 걸쳐 총리를 지낸 영국의 정치가.

♦　1863~1944. 알바니아를 비롯하여 발칸에 대한 글을 많이 쓴 영국의 여행가.

무슬림 희생자들을 모른 체하며 그냥 넘어간 기독교 유럽의 행동은 오스만제국이 쇠락함으로써 비롯된 거대한 인구 이동을 간과하는 결과를 낳았다. 1854년 아미 부에는 이렇게 썼다. "서구인들은 종종, 유럽의 터키를 하나의 단일한 기독교 제국으로 만들기 위해 모든 터키인, 다시 말해 모든 무슬림을 아시아로 이송하는 것을 말하고 있는데, 이것은 에스파냐의 유대인, 프랑스의 개신교도들을 추방한 행위와 다를 바 없는 비인도적인 결정으로, 유럽에서나 터키에서나 무슬림은 기독교인 못지않게 그 땅에 대한 오랜 기득권을 가지고 있는 슬라브인이나 알바니아인이라는 사실을 유럽인들이 늘 망각하고 있다는 점에서 참으로 믿기 힘든 일이다." 하지만 한 통계에 따르면, 1821년 이후 무려 5백여 만 명의 무슬림들이 발칸의 구오스만 영토와 흑해 유역에서 추방당한 것으로 되어 있다. 발칸 지역 내에서도 1878년과 1913년 사이, 170만 명에서 2백만 명의 무슬림들이 자발적이거나 비자발적으로 후일 터키 공화국이 되는 지역으로 옮겨갔다. 터키어도 지역 공용어로서 위치를 상실했고, 도시 거주지에는 기독교인들이 새로 유입해 들어왔으며, 오스만제국의 건물은 고의로 파괴되거나 썩어가도록 방치되었다. 1990년대 초 보스니아-헤르체고비나의 모스크와 다른 사적지들을 다이너마이트로 폭파한 것도, 이전 시대에 시작된 이 같은 탈이슬람화 과정의 극단적 형태가 계속된 것이었다.[19]

1912년에서 1913년 사이 발칸의 오스만제국이 붕괴하는 것을 보고 많은 서구인은 '아시아'의 힘이 마침내 유럽에서 추방당하고 기독교계의 종교, 인종적 힘이 승리한 것이라 여겼다. 『내셔널 지오그래픽*National Geographic*』의 미국인 기자 프레더릭 무어는 아시아적 투르크의 이슬람식 통치가 유

1914년 오스트리아 대공 프란츠 페르디난트를 암살한 세르비아의 민족주의자 청년 가브릴로 프린치프

럽 백성들을 망쳐놓았다면서, 오스만제국은 개종을 통해 그들 민족에 활기를 불어넣으려 했으나 생물학적으로 우월한 유럽 인종을 압도할 수는 없었다고 말했다. "이제 투르크인들은 유럽 민족과 교류했어도 거의 변한 것 없이, 수세기 전 그들이 왔던 아시아로 다시 돌아갈 것이다. 유럽 민족으로 말하면, 투르크인들의 비현실성, 색채, 너저분함, 유치한 종교 때문에 중세적 상황에서 그들을 처음 만났을 때의 모습 그대로, 중세적 야만성에서 한 치도 벗어나지 못한 채 그 모습 그대로 남아 있었다." 미래를 예측하는 글에서도 무어는 오스만제국의 이전 통치자들이 변하리라고는 기대하지 않는다면서, 그 까닭을 "투르크인은 무슬림이고, 참된 영혼을 가진 무슬림은 진보에 무관심하기 때문"이라고 말했다. 그러면서 "하지만 확장된 발칸 국가의 경우, 현대적 노선에 따른 빠른 발전을 기대해볼 수 있는데, 그 까닭은 이 국가들이 모두 지극히 어려운 상황 속에서도 문명화된 유럽의 제도를 채택하려는 열망을 최소한 일부나마 충족했기 때문"이라고 했다.[20]

무어의 이 같은 예견은 이슬람인과 기독교인들의 상대적인 문명화 능력에 대한 진보주의자들의 일반적 견해와 전적으로 일치하는 것이었다. 다시 말해 그의 관점은 불가리아, 세르비아, 그리스를 오스만으로부터 독립시키기 위한 강력하고 힘 있는 로비가 유럽의 나머지 지역에서 일어나도록 한 논점을 반영하고 있다는 말이다. 하지만 알고 보면 이 논점이야말로 이후에 찾아온 거의 당연하다고 할 만한 실망의 원인이 되었다. 발칸 민족주의가 처음 성공을 거둔 1836년, 그리스를 찾은 한 프랑스 여행가는 이렇게 말했다. "투르크족의 노예로 있을 때 그리스의 모습은 애처로워 보였다. 그런데 독립을 하고 나니 그 모습은 한마디로 끔찍스러웠다. 그리스인들의 삶은 절도와 폭행의 연속이었고, 방화와 암살은 그들의 취미가 되었다."
이와 비슷한 맥락에서 1912년의 진보적 낙관주의도 재빨리, 아니 그보다
더욱 격렬하게 내몰리기 시작했다. 오스만 군대를 막 격파하여 의기양양
해진 발칸 국가들은 제1차 발칸 전쟁이 끝나기 무섭게 또다시 제2차 발칸
전쟁을 일으켜 서로에게 총부리를 겨누기 시작했다. 민간인들에 대한 정
규군의 만행 소식이 뉴스로 흘러나왔고, 이 같은 사정은 마케도니아, 코소
보, 몬테네그로의 국경지대에서 더욱 심했다. 당시 상황을 트로츠키는 이
렇게 보도했다. "가까이서 보면 그것이야말로 이 모든 것의 실상이다. 인
육, 우육±肉, 가릴 것 없이 고기는 다 썩어가고 있고, 마을에는 불기둥이 치
솟고 있으며, 병사들은 '열두 살도 채 안 된 어린것들'을 쳐 죽이고 있다. 모
든 사람이 인간적인 면을 상실하고 처참히 죽어간다."[21]

그러다 급기야 1914년, 세르비아의 민족주의자 청년 가브릴로 프린치프
가 오스트리아 대공 프란츠 페르디난트를 암살하는 사건이 일어났다. 20세
기에 촉발한 이 두 번째 보스니아의 위기와 제3차 발칸 전쟁은 유럽대륙
전체의 유혈 전쟁으로 비화, 유럽의 구질서를 무너뜨리는 계기가 되었다.
이 점에서 최소한 발칸은 이후 유럽인의 의식 속에 저주의 대상으로 남아
있게 된다. 유럽 국가들 중, 이 소국들을 지원하자고 주장한 나라는 이 소
국들 중 이런저런 나라와 굳게 결속된 나라밖에 없었다. 소국은 소국의 입
장에서 이해해주어야지 그들에게 서구의 문화적 잣대를 들이대서는 안 된
다고 주장한 나라들의 수는 이보다 적었다.

발칸을 좀더 순수하게 편견 없이 이해하려면, 그 지역에 대한 태도는 그

곳에서 일어난 사건들에 의해서도 형성되었지만, 그보다는 역시 유럽의 정체성과 문명의 발달에 관한 광범위한 글들에 의해 형성된 면이 더 많다고 보는, 두 가지 방식을 정확히 규명하려는 노력이 필요하다. 이 점에서 역사학이 풀어야 할 기본 과제는 오스만제국이 지배한 시대를 유럽사에 어떻게 편입시키느냐 하는 문제인데, 그에 대한 유럽 학자들의 태도는 늘 한결같았다. 존 메리어트 경Sir J. Marriott*만 해도, 동방문제에 대한 자신의 역사를 "이 문제에 대한 일차적이고 본질적인 요소는 유럽이라는 살肉 속에 깊숙이 파묻힌 이물질의 존재인데, 그 이물질은 다름 아닌 오스만투르크다"라는 뚜렷한 가설에서 출발하고 있는 것이다. 이 말은 곧, 오스만 지배로 발칸은 유럽의 나머지 지역에서 유리된 채 새로운 암흑기로 접어드는데, 그 까닭은—폴란드 역사가 오스카 할레키O. Halecki(1891~1973)의 말을 빌면—"유럽사의 전 과정을 통해 유럽은 곧 기독교 왕국이었다 해도 과언이 아니기" 때문이다. "오스만이 지배하기 전의 발칸 지역이 다른 곳보다 멸시받는 정도가 조금 덜했을 뿐인 비잔티움제국의 일부를 이루고 있었다는 사실은, 발칸 문제에 대한 이 같은 접근 방식을 더욱 강화시켜주었다."[22]

그렇다고 모든 학자가 유럽과 (가톨릭) 기독교를 동일하게 보는 이 같은 단순 해법에 다 찬성했던 것은 아니다. 아놀드 토인비와 저명한 루마니아 역사가 니콜라이 이오르가N. Iorga(1871~1940)—어차피 두 사람 다 정복자 메메드†의 주장을 따른 것이지만—는 정교회 비잔티움이라는 '보편적 국가universal state'의 계승자가 사실상 오스만제국이었다는 주장을 펴고 있다.

---

* 1859~1945. 영국의 역사가, 정치가.

† 메메드 2세.

이오르가는 거기서 한발 더 나아가, 비잔티움은 술탄들 지배하에서 "조금씩 그 명맥을 이어갔다"고 주장하기까지 했다. 하지만 기독교와 이슬람을 하나로 묶으려 하는 이 같은 주장이 대부분의 학자들에게는 그저 쇠귀에 경 읽기일 뿐이었다. 다시 말해 이 말에 동조하는 학자들보다는 할레키의 주장 — 대중의 의견도 이와 같았을 것이다 — 에 동조하는 학자들이 더 많았다는 것이다. 할레키는 이렇게 말했다. "유럽인의 관점에서 볼 때 기원, 전통, 종교적인 면에서 유럽 백성과 확연히 다른 오스만제국이, 그들과 다른 유럽인들을 색다른 유형의 문화에 통합시키기는 고사하고 오히려 타락한 외국의 지배를 받게 하여 400년간이나 유럽사에 편입하지 못하게 한 사실을 주지할 필요가 있다."

발칸의 계승 국가들은 이 같은 논리에 따라 중세나 고전시대로 돌아가 자신들의 국가적 뿌리를 캐내려 하면서, 마치 오스만 통치기로부터 긍정적 교훈을 하나도 얻을 게 없다는 듯, 자국 역사가들에게 가능한 한 빨리 그 시기를 지워버리라고 주문했다. 1981년 토도르 지브코프T. Zhivkov‡는 "14세기 말부터 시작된 오스만 지배와 더불어 불가리아 역사의 자연적 발전 과정도 멈추고 퇴보했다"고 주장했다. 이 같은 관점은 지브코프의 공산주의 정권보다 먼저 생겨나, 그보다 더욱 오래 살아남았다. 1389년의 코소보 전투에 대해 세르비아가 지어낸 전설§도 이와 마찬가지로 과거에 대한 강한 집착을 보여주는 예다. 그리스 역사가들과 문화재 보호주의자들도 오스만 통치기보다는, 고대 그리스, 비잔티움, 현대 그리스의 역사 연구에

---

‡ 1911~1998. 불가리아 공산당 중앙위원회 제1서기와 불가리아 대통령을 지낸 인물.

§ 세르비아인들은 코소보를 투르크족에 맞서 세르비아가 최후로 항전한 민족의 성지로 여기고 있다.

더 매진하는 경향을 보이고 있다. 영국 역사가들도 앵글로색슨이나 노르만 왕조 혹은 하노버 왕가*의 유산에 영국이 많은 빚을 지고 있다는 사실을 등한시한다는 점에서 그들과 다를 바 없다. 그러나 발칸은 이 지역 학자들의 선입견이나 여론이 할레키가 말하는 이른바 "유럽인의 관점"으로 형성되었다는 점에서 연속성, 단절성, 역사적 유산의 문제를 피해가기는 어렵다. 그리고 그 까닭은 발칸 사람들이 특별히 시간의 안개 속에 실종돼버리는 경향이 있기 때문이 아니라, 유럽인이 된다는 것은 곧 오스만 지배라는 과거의 적법성을 부정하는 것이기 때문이다. 유럽 국가군에 끼기 위해서는 제국주의 압제에 항거하여 민족주의 투쟁과 저항을 벌였다는 그럴싸한 기록의 재구성이 필요했다는 말이다. 다시 말해 민족주의적 열정과 우려는 한때 유럽 스스로 필요로 했던—지금이야 물론 달라졌지만— 역사적 계보 비슷한 것을 만들어내기 위한 노력을 표현하는 것과 다를 바 없다는 의미다.[23]

하지만 발칸이 너무도 오랫동안 유럽에서 악평을 받아왔기 때문인지, 일부 학자들은 발칸의 덕목을 깎아 내리지 못해 안달이었다. 극히 최근까지도 국사國史는 흔히, 적국敵國들에 대한 자국의 당연하고도 필연적인 승리로 과거를 제시하기 마련이었다. 좀더 최근에는 민족주의에 대한 환멸로 제국시대에 대한 향수가 일어나기도 했다. 최근의 오스만 역사학만 해도 술탄 지배하의 인종과 종교적 공존을 강조하면서 오스만제국을 이전에는 없던 개념, 다시 말해 일종의 다문화 천국으로 변모시키는 새로운 경향으

---

* 영국의 왕가가 독일에 뿌리를 두고 있다는 점에서 그렇다.

로 나아가고 있는 것이다. 하지만 오스만 지배를 제 아무리 그럴듯하게 윤색해봐야, 그것은 이전 시대부터 내려온 부정적 시각만 조금 바꿔놓았을 뿐 그 밖에는 별로 달라진 것이 없다. 물론 기독교가 지배한 그 어느 지역보다 오스만이 지배한 지역에서 종교적인 공존이 수세기 동안 잘 이루어졌던 것은 사실이다. 그렇다고 해서 그것이 곧 오스만제국의 종교적 평등을 의미하지는 않는다. 오스만제국에 인종적 갈등이 없었던 것은 '관용' 때문이 아니라, 술탄의 신민들에게는 '민족성nationality'이라는 개념이 없었고, 기독교는 인종적 결속보다는 '신도들의 공동체'에 더 큰 주안점을 두었기 때문이다.[24]

규범 역사는 역사적 평가에 대한 하나의 기준을 마련해 그 기준으로 일탈을 설명하려는 입장이다. 19세기 역사가들은 역사가 그런 방식으로 움직이는 것을 당연시했고, 역사의 기록을 곧, 어느 주어진 사회가 후진성과 야만성에서 문명성으로 발전해가는 과정에서 겪는 성패의 기록인 것으로 생각했다. 20세기 역사가들은 역사를 전통에서 현대로 이행해가는 과정으로 파악하려 했기 때문에 그 같은 태도에서 좀 벗어나긴 했으나 그래도 여전히 직선적 관점에서 완전히 벗어나지는 못했다. 그들이 발칸제국諸國과 사회가 빈곤과 불안정한 상태에 머물러 있으면서, 정반대의 결과를 만들어내지 못한 이유를 경제 발전과 정치적 민주화라는 일반적 유형에서 찾으려 한 것도 그 같은 맥락에 속한다. 하지만 남동부유럽의 상대적 빈곤—혹은 인종 간 폭력의 역사—을 과연 후진적 특징으로만 설명할 수 있을지는 의문의 여지가 있다. 무슨 말인고 하니, 수세기 동안—인종적 갈등이 전혀 없던 시기의 대부분—고정불변한 상황으로 남아 있던 발칸의 인종 혼합이 왜 지난 1, 2세기에 느닷없이 정치적 쟁점으로 부각되었느냐는 말이다. 발칸 문제는 종교적 분열, 뿌리 깊은 농촌성, 인종 갈등과 같은 고질적 현상에도 있지만, 그에 못지않게 대중정치, 도시적이고 산업적인 삶, 새로운 국가 구조 등장, 읽고 쓰기 및 기술 보급이라는 동시대적 요소에도 있는 것이다. 그런 의미에서 우리가 말하는 역사는 유럽의 우월성을 강화시켜주기보다는 오히려 그것을 훼손하는 면이 있는데 그렇게 말하는 까닭은, 유럽은 발칸제국에 그들 민족을 규정할 틀을 제공해주면서 그와 동시에 그들 자신을 파괴할 수 있는 이데올로기적 무기—먼저 현대의 낭만적 민족주의 형태로—도 함께 제공해주었기 때문이다. 다시 말해 발칸을 제대로 이해하려면 우리의 덕목이 비치는 거울 속의 과거는 지워버리고, 그 이상의 어떤 것으로 역사를 바라보려는 노력이 필요하다는 말이다.

1

발칸의 영토와
주민들

산맥이 우선이다.
— 페르낭 브로델[1]

　수백만 년에 걸친 지구 지각 판의 움직임으로 지중해 유역에는 유럽과 아프리카 사이의 지리적 경계를 따라 일련의 산맥이 융기, 형성되었다. 이렇게 형성된 산맥은 서쪽의 이베리아 반도에서 동쪽의 남동부유럽 산맥으로 굽이쳐 흐르다 나중엔 소아시아 및 중앙아시아 산맥과 이어진다. 이 산맥 북쪽으로는 강수량이 풍부하고 너른 경지에, 항행이 가능한 수많은 강이 내륙과 바다를 연결시켜주는 광활한 유라시아 저지대가 칼레에서 우랄 산맥까지 거의 막힘없이 일사천리로 죽 뻗어 있다. 하지만 이 산맥의 남쪽은 기름진 농토도 적거니와 토양도 척박하고 비도 자주 오지 않아, 북쪽의 상황과는 아주 판이하다.

　이베리아 반도와 이탈리아 반도의 통로를 지켜주는 이 산맥과 달리, 발칸산맥에는 외부의 침입을 막아주는 장벽이 없어 북쪽과 동쪽으로부터 접근하고 공격해오는 데 쉽게 노출되어 있다. 그런가 하면 또 이 산맥의 고르지 못한 지형은 계곡과 계곡 사이의 이동을 어렵게 하여, 발칸 반도는 반도 내 지역들보다는 오히려 반도 외곽 지역과 교신하기가 더 용이할 때가 많다. 두브로브니크*가 역사의 오랜 기간 동안 베오그라드보다는 베니스와 더 밀착돼 있었던 것도 다 그 때문이었다. 이렇게 산맥은 지역 내 교역을 더욱 비싸게 만들기도 하고, 정치적으로 통일하는 과정을 더욱 힘겹게 만드는 역할도 했다.

산맥은 하늘에서 바다까지 매우 광범위하게 영향을 미쳤다. 발칸 반도는 비그늘효과rain shadow로 유럽의 대륙성 기후대에 나타나는 수분이 거의 고갈되어 지형이 매우 메말라 있다. 몬테네그로의 콜라신Kolašin만 해도 연평균 강수량이 고작 104인치에 불과하고 그보다 조금 동쪽에 위치한 마케도니아의 스코페는 연 평균 강수량이 18인치밖에 되지 않는다. 그런 반면 달마치야 해안에서 그리스 서부로 이어지는 좁다란 해안 지역은 강수량이 풍부해 따가운 지중해의 여름을 부드럽게 어루만져준다. 코르푸는 초목이 무성히 자라고 있지만 키클라데스제도는 습기가 없어 땅이 쩍쩍 갈라질 정도다. 이런 탓에 코르푸는 식량을 자급자족하는 것이 가능한 반면, 키클라데스제도는─전시의 기아 상태에서도 드러났듯이─식량을 전적으로 수입에 의존하고 있다. 전체적으로 볼 때 발칸산맥 동쪽의 연평균 강수량은 산맥 너머 서쪽의 연평균 강수량보다 10인치에서 20인치 정도가 낮고, 그 때문에 가장 비옥하다는 평원도 연례행사처럼 매년 가뭄을 겪는다. 19세기 중반 바르다르Vardar강†을 건넌 한 용감한 영국 여성의 눈에 그 강의 계곡은 마치 "황량하고 메마른 모래 땅"으로 비쳤다. "몇 마일을 가도 이곳에서는 나무 한 그루 찾아볼 수가 없다."[2]

---

* 크로아티아 달마치야의 해안 도시.

† 마케도니아에서 그리스로 흘러들어가는 강.

지중해성 기후대는 여름이면 강이 말라붙어 암석투성이의 하상과 계곡이 그대로 드러난다. 그러다 보니 물이 부족한 고지대는 땅이 타들어가, 사람이 살기에는 부적합하고 끈질긴 생명력을 가진 식물만 살아남는 척박한 환경으로 바뀌었다. 1875년 아서 에번스는 헤르체고비나의 카르스트 지형을 지나며 "이 산맥의 기묘한 형상이 힘겹게 그 모습을 드러내고 있다. 물은 구경조차 할 수 없다"라고 말한 뒤 계속해서, "사방 어디를 둘러봐도 나지막한 산맥, 풍화된 석회암 덩어리만 있을 뿐 풀 한 포기 없는 게⋯ 마치 돌처럼 굳어진 빙하나 월면月面을 보는 듯한⋯ 황량한 풍경"이라고 묘사했다. 여름에 비가 내리는 곳에는 숲과 삼림—너도밤나무, 참나무, 단밤나무가 우거진—이 생겨, 1년 내내 물이 공급되고 있다는 것을 보여주었다. 이처럼 비가 내리는 곳이 있기는 해도, 발칸 반도는 유럽의 그 어느 곳보다 가뭄이 심한 곳이다. 예외 지역이라면 남부 에스파냐와 몰타가 있을 뿐이고, 몬테네그로에서는 1917년까지도 물이 부족해 발생한 사망 기사가 나올 정도였다.[3]

그렇다고 해서 발칸의 모든 지역이 이처럼 메마른 것은 아니다. 로도페산맥만 해도 사시사철 강물이 흐르고, 알바니아 고지대는 알프스 고산지대의 목초지를 연상케 할 만큼 푸르며, 구舊유고, 루마니아, 불가리아 북부의 많은 지역도 중부유럽에 가까운 기후 패턴을 보이고 있다. 길고 서늘한 겨울과 풍부한 강수량은 슈마지야Shumadija를 기름지게 하여, 한때는 저지低地 세르비아를 울창한 참나무 숲으로 뒤덮이게 하기도 했다. 1834년 콘스탄티노플을 여행한 알렉산더 킹레이크A. Kinglake‡는 『에오덴Eothen』에서

---

‡ 1809~1891. 이튼과 케임브리지를 나와 영국 의회에서 의정 활동도 한 영국의 여행 작가 겸 역사가.

콘스탄티노플로 가는 여정을 이렇게 묘사했다. "양쪽에서 커다란 참나무들이 끝없이 우리를 에워싸기 시작했다. 이런 길이 400마일*도 넘게 계속되었다."[4]

발칸 반도의 동쪽은, 도나우강 어귀가 카르파티아산맥의 비그늘효과로 강수량이 부족하긴 하지만, 그래도 남부 스텝 지역과 흑해의 기후 특징을 보여주고 있다. 달마치야 해안가에 자리 잡고 있는 코토르Kotor에서 몬테네그로의 옛 수도 체티네Cetinje에 이르는 길을 올라가본 사람이라면 누구나 다 느낄 수 있듯이, 산맥은 지중해성 기후대와 이들 북동부 기후대를 확연히 구분 지어주고 있다. 오스만시대의 불가리아에서 발칸산맥을 횡단해본 한 여행가는 후일 그 경험담을 이렇게 토로했다. "기후가 갑자기 확 바뀌면서 따뜻한 공기가 우리 주위를 에워싸기 시작했다. 헤무스 남쪽의 내리받이에서 유럽 쪽 터키의 전 지역이, 매혹적인 열대 기후와 활기찬 한대 기후의 모든 특징을 보여주면서도 서로 간에 아무런 악영향도 끼치지 않고 유쾌한 기후대를 형성하고 있다."[5] 햇볕에 목말라한 북부인이어서인지 지중해가 가까워올수록 그가 느낀 따스함과 포근함은 역병조차도 퇴색시키지 못했다.

하천도 산맥만큼이나 번영에 중요한 요소였다. 그 까닭은 현대 이전만 해도 육로보다는 수로를 통한 운송이 비용도 싸고 편했기 때문이다. 그래서인지 역사가들 중에는 해안과 내륙을 연결시켜주는 수로의 풍부함으로 '유럽의 기적'을 설명하려는 사람도 있다. 하지만 남동부유럽에는 서유럽

---

* 643.7킬로미터.

의 라인강과 론강, 동유럽의 비수아강과 드네프르강에 비견할 만한 하천이 하나도 없다. 발칸의 강들은 모두, 겨울에 퍼붓는 억수보다 더 많이 쏟아질 경우에는 물살이 너무 빠르거나, 그렇지 않으면 가까운 해안선을 벗어나 하염없이 구불구불 흐르기 때문에 항행에 부적합해, 사바강, 바르다르강, 알리아크몬강과 같은 주요하천도 교역과 통신에는 제한적으로만 이용되고 있다. 1867년 헨리 토저H. Tozer†는 남쪽의 바르다르강을 여행하면서 이런 글을 썼다. "이 거대한 내륙 수로 연변에 마을 하나 없다는 사실이 그저 놀랍기만 할 뿐이다. … 하나의 물줄기를 이루며 흐르는 것을 보면 그 자체로는 볼 만하다. 그런데 요는… 그 물살이 지금 항행을 어렵게 만든다는 것이 문제다."6 도나우강조차 이 지역에서는 산맥에 가로막혀 지중해로 흘러들지도 못하고, 그렇다고 흑해에 도달하기 전 북쪽으로 흘러가기 때문에 흑해로 흘러들지도 못하여 ─ 상업적 측면에서 보면 아주 부적합한 길이다 ─ 그다지 이로운 존재가 못 된다. 제2차 세계대전이 일어나기 전 도나우강 하류는 그 해 네댓 달 이상을 꽁꽁 얼어붙어 있었다. 19세기 초 이전에는 러시아와 투르크가 서로 차지하려고 쟁탈전을 벌이는 바람에 교역로로는 이용하지도 못했다. 이때 발칸과 중부유럽 사이를 오가는 교역상들은 육로를 이용했고, 오스만제국의 수도를 오가는 여행가와 외교관들은 도나우강 중간 지역쯤 배에서 내려, 나머지 여정은 육로를 이용했다.

발칸산맥은 강물이 바다로 흘러드는 것만 가로막은 것이 아니었다. 이 지역은 산맥 때문에 18세기 영국과 프랑스의 교역을 꽃피워준 운하 같은

---

† 1870년경~1940년. 영국의 화가.

구조물도 건설할 수가 없었다. 철로도 마찬가지였다. 철도는 유럽을 마치 변경지대처럼 가로지르며 연변의 목조마을을 벽돌마을로 바꿔놓았고, 그 과정은 유럽대륙 북서쪽에서 남동쪽으로 서서히 이동해가는 점진적인 것 이었다. 1870년에 이르러선 독일이 철도 체계를 수립해 그 해 말까지는 합 스부르크제국 전역으로 지선이 뻗어나갔다. 하지만 도나우강 이남에는 1880년대 말이 되어서야 주요 선로가 깔리기 시작했다. 합스부르크제국과 오스만제국 모두 자신들이 지배하는 발칸 지역을 현대화하려는 단호한 의 지를 보였으나, 그럴 때마다 정치적, 전략적, 지형적 요소가 늘 철로를 건설 하는 데 방해 요인이나 혹은 지연 요인으로 작용했다. 그리고 철로를 통해 해안가 물품이 내륙으로 유입되었다고 해서 그 지역 경제가 반드시 더 응 집력이 생겼거나 통합된 것도 아니었다. 발칸의 철도망은 브레스트리토프 스크* 서쪽 유럽의 그 어느 지역보다 성글게 짜여 있었다. 1920년대의 철 로 사정만 봐도, 1000평방킬로미터당 프랑스가 97킬로미터, 독일이 123킬 로미터, 벨기에가 370킬로미터였던 것과 비교해 그리스는 21.9킬로미터 였고, 제2차 세계대전 전의 구루마니아 왕국은 31.5킬로미터에 불과했다.[7]

로마제국으로부터 풍부한 도로망을 물려받은 오스만제국은 여관, 대상 숙사, 타타르 정부 사자의 말 대기소와 숙소 역할을 한 역참을 이용해, 효 율적인 우편제도를 개발했다. 하지만 18세기 무렵 이 제도는 잦은 지체와 말 부족 현상으로 붕괴에 직면했다. 그렇다고 해서 갑자지 무너진 것은 아 니고 1841년까지는 작동이 잘되어 한 여행자가 그것에 탄복한 나머지 "어

---

* 벨로루시의 도시.

쩌면 이것은 이 나라 유일의 합리적으로 조직된 공공기관일지도 모른다"
라는 말까지 했을 정도다. 19세기 중반 도로 사정은 이제 너무도 열악해져
서, 일각에서는 오스만 정부가 정책적으로 일부러 도로를 황폐하게 만들
고 있는 게 아닌가 하는 의심을 하기에 이르렀다. "야만적인 군주들은 모두
열악한 도로 사정이 자신들 지배 영역의 자연적 힘에 많은 보탬이 된다고
생각한다"라고 당대의 한 작가는 주장했다. 하지만 관리들이 세금징수에
어려움을 겪었기 때문에, 산골마을 사람들도 나름대로 열악한 도로 사정
의 덕을 톡톡히 보고 있었다. 그런 반면 도로 부족은 또 교역을 어렵게 하
기도 하여 19세기 중반 그 비옥하다는 모나스티르† 평야의 수출량이 저조
한 것을 보고 누군가는 이런 진단을 내렸을 정도다. "그 지역 너머의 도로
부족 현상 때문에 수출은 거의 불가능한 상태다." 불가리아 도로들도 거의
'미개한 상황'에 놓여 있었으나 '여름에는 그나마 괜찮았던' 것으로 전해진
다. 베사라비아 지역 도로들은 1930년대까지도 유럽 최악의 도로로 평판
이 자자했다. 다른 지역도 사정은 마찬가지여서, 세르비아 국왕 밀로슈 오
브레노비치 명령으로 개선하기 전까지는 베오그라드에서 크라구예바츠‡
까지 100킬로미터 가는 데 일주일이 걸렸다.

발칸 지역은 19세기 중반부터 도로 개선 작업에 본격적으로 착수했다.
하지만 오스만의 지배 영역은 보통 전임 총독이 일을 벌여놓고 다른 곳으
로 전근을 가버리면 그대로 방치돼 있기 일쑤였다. 1860년대에 세러스§ 인

---

† 마케도니아 지명은 비톨라.
‡ 세르비아 몬테네그로의 지역명.
§ 일명 세라이.

근에 놓인 도로만 해도 관리 부족으로, 만들어진 지 불과 5년 만에 바퀴 달린 차량으로 수송하는 것은 불가능한 상태가 되었다. 19세기 말에 조직된 살로니카 사이클링 클럽도 열악한 도로 사정 때문에 시 외곽으로 여행하는 계획은 세우지도 못했다. 오스만 관리가 우려했던 대로 철도의 도래 또한, 물품 운송과 교역을 철로로 함에 따라 지방 도로의 관리가 더욱 허술해진 요인이 되었다.[8]

오스만식 정복에 유지 보수가 잘된 도로가 반드시 필요 요건이 아니었던 것은 주로—물소, 노새, 당나귀 그리고 진기함과 중요성으로 당대인들을 놀라게 했던 오스만제국의 특제 무기인 낙타—짐 나르는 짐승들에 있어 오스만제국이 다른 경쟁국들보다 상대적으로 유리한 입장에 있었기 때문이다. 투르크군이 빈 성문 앞에서 격파된 해인 1684년, 오스만 영토에 대해 전면적인 조사를 벌이는 과정에서 요한 크리스토프 바그너는 "특히 신이 만든 최고의 창조물로 일컬어지는" 이 "눈부시게 유용한" 동물들의 미덕에 대한 장문의 찬사도 기록물에 포함시켰다. 1717년에는 메리 워틀리 몬터규M. W. Montagu*가 친구에게 이런 내용의 편지를 썼다. "내가 그것에 대해 무엇을 말해줄 수 있겠니? 너야 낙타를 한 번도 보지 못했으니 설명해봐야 아무것도 모를 거 아냐." 오스만제국은 원정 시즌이 되어, 특히 에디르네†나 콘스탄티노플에서 신속하게 진군할 때면, 많은 짐을 싣고 비포장도로를 가도, 말에 비해 진흙에 덜 민감하고 피로나 갈증도 덜 느끼는 이 참을성 많은 동물에 많이 의존했다. 15세기 말 콘스

---

* 1689~1762. 다재다능한 여성으로 당대 영국을 풍미한 작가.

† 일명 아드리아노플.

탄틴 미하일로비치는 오스만 군대에서 복무한 경험을 살려 이렇게 말했다. "그들에게는 짐마차가 따로 없어 낙타 300마리가 무기를 대신 운반했다. 그런 식으로 그들은 행군이 지연되는 것을 막았다." 뷔스베크O. G. de Busbecq‡가 볼 때 "투르크족은 두 가지 커다란 이점을 지니고 있는 듯했다. 그중 하나는 곡식 중의 쌀이요, 또 하나는 짐 나르는 짐승 중 낙타였다. 이 두 가지 다 장거리 원정에는 안성맞춤이었다. … 낙타는 무거운 짐도 잘 날랐거니와 허기와 갈증도 잘 이겨냈고, 세심한 주의를 기울이지 않아도 탈이 없었다." 낙타는 영웅시대가 끝난 뒤까지도 그 지역에서 계속 사용되었다. 1884년 아그네스 스미스A. Smith는 델포이 근처에서, 60년 전에 일어난 그리스 독립 전쟁 때 그리스 혁명군이 펠로폰네소스 반도의 오스만군에게서 탈취한 동물의 후예로 여겨지는 어떤 동물을 이용해 농부들을 염탐하기도 했다. 그러고 나서 1920년대, 낙타는 이제 관광객들의 구경거리가 되었다.[9]

낙타와 달리, 마케도니아에서 빈까지 50일 여정에 상인들이 주로 이용한 말—발칸에서 중부유럽까지 1천여 종의 물품을 실어 나른 마차의 행렬로 19세기까지 이용하였다—은 돌이 많거나 울퉁불퉁한 거친 길에서는 도무지 맥을 추지 못했다. 19세기 초 기병대용으로 특별히 사육된 불가리아 도나우강 유역의 루스추크산麗 말들은 바위투성이 지형에 특히 강한 것으로 정평이 나 있었다. 하지만 말은 식량, 물, 보살핌 등 사육하는 데 어려움이 많다. 그러다 보니 평원에서는 버펄로와 황소가 짐마차를 끌고 밭

‡ 1522~1592. 플랑드르의 외교관 겸 문필가로 콘스탄티노플 대사로 있으면서 투르크족 생활에 대한 유익한 정보를 남겼다고 한다.

을 가는 상황이 되었고, 때로는 소가 사람을 실어 나르는 마차를 끌기도 했다. 반면 1940년대까지도 노새가 언덕에서는 짐마차로 널리 쓰여, 제2차 세계대전 때 독일과 영국군은 노새 수백 마리—노새몰이들은 지금은 사라지고 없는 노새몰이의 언어에 아주 유창했다—를 이용해 유고슬라비아와 그리스 산지 너머로 무기를 실어 나르기도 했다.

발칸 지역은 늘 유럽의 경계지에 위치해 있는 이 같은 지형상의 특성 때문에, 어느 나라고 권한을 행사하는 데 많은 비용이 들었다. 수세기 동안 계속된 정정의 불안과 풍토병 또한 경제생활에 많은 손해를 끼쳤다. 그리스에서는 알바니아 남부에 폭동이 있은 뒤인 1997년 여름, 일단의 무장한 갱들이 그리스 국경지대에서 차량 통행을 가로막는 바람에 그 지역 경찰조차 밤에는 안전 통행을 못 할 정도였다. 이것은 극히 최근에 일어난 옛날 이야기 중 하나일 뿐이며, 1세기 전만 해도 오스만 정부는 해가 진 뒤에는 여행자들의 안전을 보장하지 못했다. 일부 지역에서는 벌건 대낮에도 사고가 빈발했다. 1836년 폰 티츠v. Tietz는 이렇게 기록했다. "파샤가 우리의 안전을 염려해 슘라*는 강도와 살인이 일어난 곳이라고 하면서, 그곳을 통해 발칸을 건너갈 생각일랑 말고 길은 좀 불편해도 여행하기에 안전한 티르노보†를 통해 갈 것을 권유했다." 15세기와 19세기 초 사이에는 해적이 날뛰어 해상 여행도 안전하지 못했다. 해적은 1839년 오스만-그리스 합동 작전으로 소탕될 때까지 에게해의 골칫거리로 남아 있었다.[10]

오스만 정부는 이 같은 사태에 나름대로 적절히 대처했다. 즉 너무 강하

---

* Shumla. 불가리아 북동부에 있는 도시. 지금은 주로 "슈멘"으로 불림.
† 불가리아 북부에 있는 고도古都로 현대명은 벨리코투르노보.

거나 수법이 교묘해 처벌할 수도 없고, 그렇다고 죽이지도 못하는 이 무법자들, 반도, 산적과 예사로 협상을 하는가 하면, 사면도 해주고 공직에 들어앉히기도 한 것이다. 오스만의 명예에 도전한 이 무법자들은 19세기와 20세기에 현대 국가—일부는 군대의 계속적인 독점 사용권에 대한 주장으로 정의되고, 일부는 자국민 지배에 대한 야망의 정도로 정의된 국가—가 등장하고서야 발본색원되었다. 1925년 산적단이 사모스를 유린하고 섬의 수도를 며칠간 점령하는 사태가 벌어지자 아테네 신문들은 다음과 같이 일제히 비난의 목소리를 높였다. "우리는 어떤 희생을 감수하고 어떤 수단을 사용해서라도, 나라의 위신을 추락시키고 나라의 발전을 저해하는 행위를 한 자들을 단호하게 뿌리 뽑아야 한다." 그런가 하면 어떤 신문은 또 이렇게 썼다. "국가는 의무와 위급성을 갖고 한시도 지체하지 말고 이 재난을 멈추고… 국가의 힘은 모든 개인과 모든 것 위에 서 있다는 것을 보여주어야 한다." 현대 정치, 관료주의, 도로, 이 모든 요소가 중앙 정부에 유리하도록 힘의 균형을 바꿔놓았다. 그 결과 20세기에는 교역과 여행을 어지럽힌 산적 행위가 모두 자취를 감췄다. 심각한 불안정을 초래한 짧은 기간—1940년대와 1990년대—에만 과거 고질적 사회 문제에 대한 희미한 메아리가 울려 퍼졌을 뿐이다.[11]

역사에서 인구 문제를 깊이 연구하다 보면 모든 것이 사실보다는 가정에 의거하고 있다는 것을 즉시 알게 된다. 18세기 이전에는 세계 어느 곳이든 '정확한 인구'는 거의 추측의 문제였다. 19세기까지도 인구 통계는 들쭉날쭉해, 불가리아의 19세기 인구는 50만 명에서 8백만 명으로 추측의 범위가 터무니없이 넓었다. 이유는, 한편으로는 발칸의 인구가 정치적 목적을 위해 오랜 기간 조작된 면이 있었기 때문이고, 다른 한편으로는 오스만의 공식 통계가 현대의 학문적 목적으로 만들어진 것이 아니기 때문이다. 통계가 그렇게 종잡을 수 없기는 하지만, 발칸은 장기간에 걸쳐 꽤 뚜렷한 인구 동향을 보여주고 있기는 하다. 그 동향에 따르면 유럽 남동부 지역은 오랫동안 개간되지 않은 황무지로 남아 있었고, 특히 저지대의 인구수는 상대적으로 극히 희박했다. 인구 감소는 비잔티움제국 말기의 고질적 정치 불안으로 야기된 것을, 이후 오스만제국이 유목 민족인 투르크족을 발칸에 이주시켜 해결하려고 했으나 개선되지 않아 일어난 일이었다. 오스만제국의 절정기라 할 1600년에도 발칸 지역의 인구밀도는, 물론 오스만제국의 아시아 영토보다는 훨씬 많았지만, 프랑스나 이탈리아의 절반 수준, 저지대 나라들*의 3분의 1에 불과했다. 오스만제국 주재 베네치아 대사를 지낸 베네데토 람베르티는 이렇게 말했다. "콘스탄티노플 반경 몇 마일을 제외하고 라구사(두브로브니크)에서부터 이 나라의 대부분 지역은 원래부터 그래서가 아니라, 거주민의 태만함, 위험한 숲, 아슬아슬한 절벽, 산적들이 출몰하는 불안정한 상황, 초라한 설비 등 다른 요인들 때문에 개간이 안 되어 소름이 끼칠 지경이다." 1632년 윌리엄 리스고w. Lithgow†는 이렇게 썼다. "오스만 영지에는 숲과 황폐한 지역이 많아 거주민의 수가 매우 적다."[12]

사정이 이렇기는 했지만 발칸의 인구는 17세기까지만 해도 유럽의 평균 인구수와 그럭저럭 보조를 맞추며 등락을 거듭했다. 15세기의 오스만 정

---

* 현재의 베네룩스 3국.
† 1582~1645. 스코틀랜드 태생의 여행가 겸 작가.

복도 그 같은 경향을 깨지는 못했고, 16세기에는 유럽의 다른 지역들처럼 발칸도 번영을 이루었고, 인구도 증가했다. 그 지역의 연구 자료에 따르면, 이 시기에는 투르크족의 침략을 피해 달아난 기독교인들까지 베네치아 영토로 다시 돌아와 옛 소유권을 주장했다고 한다.[13]

발칸의 진정한 위기는 17세기에 찾아왔다. 그때는 유럽의 어느 곳이고 어렵지 않은 곳이 없었으나, 남동부유럽은 특히, 정정 불안, 끝없는 전쟁, 빈번한 역병, 기아라는 복합적 재난이 한꺼번에 밀어닥쳤다. 그중에서도 역병은 한 도시의 인구를 절반 혹은 그 이상을 앗아갔으며, 그것은 발칸이 근동에서 서유럽으로 질병이 이동해가는 길목에 위치해 있어 생겨난 일이었다. 몇몇 도시들은 거의 해마다 역병치레를 했다. 1625년 토머스 로 경Sir T. Roe‡은 콘스탄티노플을 빠져나가며 이렇게 썼다. "질병이 마치 도시민들을 다 집어삼킬 듯이 날뛰고 있다." 그는 당시 많을 때는 하루 천 명 이상이 죽어나갔고, 전체 사망자 수는 '20여 만 명'에 이른 것으로 추정했다. 1781년에서 1783년 사이의 역병 기간에는 살로니카§에서만 하루 3백 명이 죽었고—그곳 베네치아 영사의 말을 빌면 도시가 "거의 사막으로 변할 정도"였다고 한다—사라예보에서는 1만 6천 명이 사망했다. 발칸에서 일어난 역병의 재앙으로 발생한 희생자 수—모든 곳이 다 참담한 결과를 맞이한 것은 아니었다—는 지역에 따라 천차만별이었다. 그런 사정은 유럽의 다른 곳도 마찬가지였다. 런던과 마르세유도 17세기에 역병의 된서리를 맞았고, 마르세유는 1720년 인구의 절반가량을 잃은 것으로 추정되고 있다.

---

‡ 1581~1644. 콘스탄티노플 주재 대사를 지낸 잉글랜드의 외교관 겸 작가.

§ 옛 이름은 테살로니키이고 역사상의 이름은 테살로니카.

하지만 발칸과 중서부유럽이 다른 점은, 중서부유럽은 거의 18세기 초에 엄격하고 효율적인 검역 대책을 세워놓았다는 것이다(때로는 오스만 영토에서 들어오는 여행자들에게도 이것을 적용했다). 실제로 전염병 통제와 관리는 현대 관료 국가의 등장에 주요한 요소로 작용했다. 그와는 달리 레반트* 지역은 1세기 반 동안이나 역병이 계속 창궐했고, 최후의 대역병은 1835년에서 1838년 사이에 찾아왔다.[14]

전체적인 숫자는 물론 믿을 것이 못 되지만 그래도 동향만은 뚜렷이 보여준다. 그로 미루어볼 때 발칸 인구는 19세기 초가 되어서야 비로소 16세기 말 수준을 회복, 그때부터 꾸준히 상승했다는 것을 알 수 있다. 오스만제국 최초로 인구 조사를 실시한 1831년 무렵 발칸 인구는 1천만 명 내외였을 것이고, 세르비아, 미래의 크로아티아, 루마니아 인구를 포함했을 때는 2천만 명을 조금 밑돌았을 것이다. 발칸 국가들의 인구는 독립한 뒤부터 급속도로 불어나기 시작했다. 그리하여 20세기 초 옛 오스만제국의 골칫거리였던 인구 부족은 이제, 높은 출생률과 사망률 감소라는, 전에 볼 수 없던 인구 압력에 시달리게 되었다. 1920년 발칸의 인구는 대략 4250만 명으로 유럽에서 가장 빠른 인구 증가율을 보여주었다. 1940년의 한 보고서에는 이런 내용이 적혀 있었다. "중요한 것은, 발칸 국가들이 농업적이고, 인구 과잉이며, 가난하다는 것이다."[15]

이러한 인구 압력은 역사상 유례없는 일이었다. 19세기 초만 해도 왈라키아를 찾은 한 영국인 방문객은 "비옥한 그곳 농토"에 깊은 감명을 받았

---

* 지중해 동부 연안.

으나ー풀은 그의 팔꿈치까지 올라왔고 잡초는 사람 키만큼이나 자라 있었다ー"인구(약 1백만 명)는 그 지역 농토가 먹여 살릴 수 있는 양의 10분의 1에 불과하다"는 점을 지적했을 정도다. 발칸 국가들의 인구밀도는 오스만제국으로부터 독립하면서 급속도로 높아지기 시작했다. 세르비아는 1834년에 평방킬로미터당 18.1명이던 인구가 1905년에는 55.7명으로 불어났고, 몰다비아는 1803년에 평방킬로미터당 11.8명이던 인구가 1859년에는 36.1명으로 늘어났다. 인구가 증가하면서 이주 패턴과 농지 사용 면에서도 변화가 일어났다.[16]

폭발적 인구 증가와 반비례하여 양과 목동의 수는 크게 감소했다. 그러자 이 인구 딜레마에 대한 반응으로 (19세기에는) 산적 행위, (20세기에는) 이주, 두 가지 현상이 나타났다. "최근 들어 미국으로 이주하는 젊은이가 있다고는 해도, 이곳 사람들의 생업은 여전히 농업이고 작황이 나쁠 때는 산적 행위다"라고 1910년에서 1911년 사이 마케도니아 서부를 여행한 2명의 영국인 여행객은 말하고 있다. 산적 행위 외에도, 농촌을 떠나 도시에서 일자리를 찾거나 환금 작물을 재배하는 또 다른 선택 사항이 있었다. 하지만 양차 대전 사이, 각국 정부는 산적 행위를 근절하거나(혹은 근절하려고 노력했고), 미국은 이민자 수를 제한했으며, 경제 불황으로 환금 작물의 수익성도 떨어졌다. 발칸의 '고용 불안' 문제는 제2차 세계대전이 지나고서야, 급속한 경제 성장, 재개된 이주, 산업화를 통해 돌파구를 찾게 되었다. 1960년 이후에는 경제적 번영으로, 발칸에서 가장 빈곤하다는 대부분 지역의 출생률이 유럽 평균 수준으로 떨어졌다. 이것은 소가족, 고소비라는 유럽 사회의 특징과 함께, 발칸의 도시 인구가 유럽 수준에 가까워진 것은 전적으로 지난 5, 6세대의 산물이었음을 보여주는 것이다. 금세기까지도 발칸은 극소수 사람들만 도시에 살았고 도시에 사는 사람들도 땅에 굳게 결속돼 있었다는 점에서, 여전히 영세 농민이 주를 이루었다고 보아야 한다.[17]

발칸을 찾은 외국인들은 알록달록한 농부들의 차림새를 보고 아직도 그런 고대인의 모습을 하고 있는 것에 놀라움을 금치 못했다. 1921년 마케도니아를 찾은 2명의 영국인 학생은 "여러 면에서 토착민들은 성서시대 이후 별로 변한 것이 없어 보인다. 현대의 마케도니아인이나 성 바울 시대의 사람들이나 그게 그거라고 해도 틀린 말은 아닐 것이다"라고 썼다. "토착 농부들의 원시성이야말로 그들의 가장 뚜렷한 특징"이라고 여긴 이들의 생각은 여행 작가, 전후의 현대 이론가, 사회인류학자들의 공통된 관점이었다. 농부들을 민족 전통의 보고로 여긴 19세기 낭만주의적 관점에 매료된 민족지학자들은 농부들의 신앙, 장식, 의복을 이교적 전통이라 보고, 그것들을 도표로 만들기까지 했다. 미국의 고전학자들은 호메로스의 직계인 세르비아의 구슬라르guslar*가 노래하는 서사시를 즐겨 들었다. 그것은 흡사 시간이 빠르게 앞서가고 있다는 자각과 더불어, 19세기 유럽에 등장한 현대성이 발칸을 더욱 '시간이 정지된 곳'으로 보게 만드는 것과 같은 현상이었다.[18]

시간이 지나도 발칸의 농업과 식품 기술에 별 변화가 없었던 것은 사실이다. 17세기 말 로베르 드 드뢰R. de Dreux가 세러스 외곽에서 본, 끈 가지들

---

* 1현 현악기인 구슬라로 반주하며 이야기에 가락을 붙여 노래하는 세르비아의 가수 집단으로 서사시의 구비 전승을 지켜온 사람들.

로 엮은 것을 덩굴식물이 뒤덮고 있는 불가리아 농가의 모습은, 1천여 년 전의 그것과 별로 달라진 것이 없었다. 그보다 더 원시적이었던 것은 "흙을 파 구덩이를 만들고 그 위에 짚은 고사하고 뗏장을 지붕으로 얹은 더러움과 비참함의 극치"라고 한 여행자가 묘사한, 19세기 루마니아 농민의 오두막이었다. 농기구─나무쟁기, 수레바퀴가 달린 달구지, 돌절구 등─의 발달도, 그들의 시간관념이 시, 분 단위가 아닌 태양의 이동과 성자들의 축일로 느끼는 것이어서인지, 유럽의 어느 지역보다 변화가 더뎠다. 정교회 기독교인들에게는 그레고리력으로 바꾸는 가톨릭 유럽인들의 혁신적 행동이 용납할 수 없는 행위로 보였다. 공공 시계도 유럽의 다른 지역보다 늦게 도입해, 1868년까지 몬테네그로에는 단 하나의 공공 시계도 없었다.[19]

그러나 알고 보면 원시적이고 영원히 변치 않는 이 농민상이야말로 서구의 낭만주의가 빚어낸 허상이었다. 비록 영리 위주의 서유럽 농업과는 간극이 크게 벌어져 있었지만, 발칸 농민들도 나름대로 빠른 적응, 이동, 변화의 역량을 지니고 있었다. 그들의 역사는 정체의 역사가 아닌, 새로운 작물(옥수수, 담배, 감귤, 감자, 토마토 등속의)과 함께한 혁신과 실험의 역사였다는 말이다. 19세기 중반, 공인 복장 규정이 법적 지위를 상실하자 도시인들은 '서유럽' 복장을 제일 먼저 착용했지만, 농민들은 여전히 울긋불긋한 옛날 복장을 착용했다. 그래도 그들은 변했고, 우산, 재봉틀, 검은 양말 등은 오스만 헌병대보다 오히려 발칸의 오지에 더 빨리 침투했을 정도다.

농촌 남정네와 아낙네도 한곳에 줄곧 뿌리내리고 살기는커녕, 목동일, 여관 잡일이나 도로 건설, 석수나 목공일을 찾아 놀랄 만큼 먼 곳으로 이주하기도 했다. 1920년대에는 불가리아 농부들이 집에서 구운 빵덩이를 짊

어지고 2주 동안 중부유럽을 떠돌아다니며 밀 수확을 하기도 했다. 합스부르크제국 시절 빈 제일의 갑부에 속했던 지나 남작Baron Sina도, 북쪽에서 이주해온 핀도스산맥 출신의 블라키아인 자손이었다. 때로는 정치, 환경, 또는 경제적 변화로 마을 하나가 통째로 옮겨가는 일도 있었다. 국경의 변화라든지 (가뭄 등의) 자연 재해, 곡물 가격의 급작스런 등락은 대량 이주의 조건이 되고도 남았다. 이들의 정주는 위험한 바다나 도로 옆을 피해 처음에는 산 위에서 시작했다가, 생활이 안정되면 아래로 내려오는 형태를 취했다. 초창기 학자들은 농촌 사회에서는 가족 그 자체를 큰 변화 없는 하나의 제도라고 생각해 슬라브인들의 자드루가Zadruga(서너 개의 친족을 하나의 생활, 노동 단위로 묶은 일종의 혈족 집단)를 아주 오래된 제도로 여긴 듯하지만, 실제로 연구해본 결과 그 같은 농촌의 기본 가족 공동체는 비교적 최근에 생겨난 제도임이 밝혀졌다. 간단히 말해 자작농은 1천 년 넘게 발칸의 주 생업으로 남아 있기는 했으나 — 비잔티움제국이나 오스만제국보다도 오래 살아남았다 — 그렇다고 해서 그들이 정체된 상태로 있지는 않았다는 말이다. 게다가 아이러니컬하게도 서구인들이 이 살아 있는 화석을 발견한 것은 농민이 자본주의와 시장용 작물의 도전을 받고, 치열한 변화를 도모하던 시점이었다.[20]

　일반적으로 투르크족의 출현은 발칸의 기독교인들에게 완전히 회복하지 못한 새로운 암흑기를 예고한 것으로 인식돼왔다. 하지만 알고 보면 농민들은 오스만 지배로 득을 본 측면이 있었다. 농민들은 200년 이상이나 비잔티움제국 말기의 정치적 불안과, 고래 싸움에 새우등 터지듯 지배자와 지주들 간의 내분으로 고통을 받았다. 앞선 세기의 기독교인 지주들 ― 그리스인, 슬라브인, 프랑스인, 베네치아인, 카탈로니아인 ― 은 날이 갈수록 농민들을 가혹하게 다루었는데, 오스만제국이 싹쓸이를 해준 것이 바로 이 지배계급이었다. 토착 지주계급이 살아남은 지역은 도나우강 연안 공국들(과 보스니아 일부 지역)뿐이었다. 그러다 그 지주계급은 끝내 20세기까지 남동부유럽의 그 어느 곳보다 농민을 가혹하게 착취하는 결과를 낳았다. 그 밖의 다른 발칸 지역에서는 (투르크족 덕분에) 악질 지주계급이 사라졌으나, 프러시아, 헝가리, 러시아 농노들은 여전히 (산맥에 가로막혀) 이주할 자유를 박탈당했다. 그 때문에 몇 세기 뒤 독립한 발칸 국가들의 모습은 자체 귀족층은 없는 '농민 민주주의', 다시 말해 유럽의 다른 지역과는 근본적으로 다른 사회 형태를 띠게 되었다.[21]

물론 옛 지주들이 사라지고 나면 새로운 지주들이 또 나타났다. 오스만제국은 군인들(무슬림이나 기독교인이나 가릴 것 없이)에게 토지로 보상을 해주었고, 비잔티움제국에서 행했던 몇몇 노동의 의무도 강압적으로 계속 시행했다. 그리스와 세르비아의 명문가들은 이슬람으로 개종, 오스만 상류층으로 편입했다. 명문가 집안들 중에는 이슬람으로 개종하지 않은 채 한동안 토지를 보유한 집도 더러 있기는 했다. 하지만 법률은 과거와 혹독히 단절할 것을 요구했다. 새로운 제국의 정부 아래, 경지는 지배자의 것이나 마찬가지였다. 오스만제국의 문서에는 그것이 이런 식으로 표현되어 있다. "정복할 때 레야reaya(농민) 소유였던 땅은 이제 무슬림 공동체의 소유가 되었다."[22]

오스만제국의 중앙 정부는 오스만의 전형적인 방식대로, 법률과 관료제도를 통해 농민과 지주 사이를 감시, 규정했다. 이 제도에 따라 새로운 지주들은 대대손손 재산을 물려주기가 어려워져 귀족계급을 형성하지 못했고, 그 때문에 지배 왕조의 힘을 위협할 세력도 되지 못했다. 그들은 농민들을 학대할 수는 있었으나 소유하지는 못했다. 그들이 소유한 것은 농민들이 생산해놓은 것에 대한 권리였다. 게다가 이들은 농민에 버금갈 정도로 엄격하고 효과적으로 국가에 등록되었다. 농민들의 전체적인 세 부담도 아마 오스만제국 이전보다는 높지 않았을 것이다. 농민의 생활도, 대다수 유럽 지역 농민들보다 자유로웠다. 14세기에 발칸을 황폐하게 만든 그 끝없는 전쟁들은, 체계 잡힌 제국이 신중하게 인구 증가 정책을 추진해 가져다준 안정으로 대체되었다. 오스만 정복 이후 첫 세기에 발칸의 경작지는 오히려 증가했다. 오렌지, 토마토, 뽕나무, 그리고 나중에는 목면과 살구 등 정치적으로 민감한 작물이라 해도 좋을 것들 — 이 모두 관개시설에 값비싼 투자를 요하는 작물들이다 — 의 확산은 안정된 발칸을 보여주는 하나의 징표였다. 그렇게 되자 건전한 농업 경제에 전적으로 의존하는 콘스탄티노플(과 다른 소도시들)의 인구도 급속히 증가했다.[23]

하지만 지배한 지 2, 3세기가 지나자 오스만제국도 여러 새로운 난관에 직면하게 되었다. 영토를 확장하는 과정에서 군사 강국들과 대적하게 되었고, 끝없는 전쟁을 치르는 데 필요한 세금징수도 날이 갈수록 힘들어졌다. (프랑스, 에스파냐, 심지어 베니스와 같은) 유럽 국가들과 비교할 때 오스만의 세금징수 방식은 영토 확장을 강화시켜주기보다는 오히려 방해하는 측면이 더 강했다. 서구 유럽 경제는 새로운 상업 금융, 식민지 교역, 사유재산 증진, 제조업 성장의 방향으로 옮겨가고 있었다. 오스만제국에서도 물론 지방 엘리트들이 더러 개인 기업가로 부상하는 경우가 있었으나, 주산물의 생산과 교역의 주도권은 여전히 구식 경제가 움켜쥔 채 개인 투자가들에게 도무지 틈을 주지 않았다. 오스만제국 전체 세수稅收의 3분의 2가량을 차지하던 발칸이야말로 이 같은 반벙어리 리바이어던에게는 필요 불가결한 요소였고, 이 세금의 태반을 농민이 부담하고 있었다.

18세기에 오스만제국 관리를 지낸 사리 메메드 파샤S. M. Pacha의 글을 읽어보면, 농민들은 호의적으로 대하고 지방 관리에 대한 감시는 게을리 하지 말 것을 요구하는, 오스만 관료제도의 전형적인 특징을 엿볼 수 있다. "지방 관리들로 하여금 가난한 레야rayah(농민)를 억압하지 못하게 할 것이며, 농민들이 매년 내는 것으로 알고 있는 세금 외 별도의 세금을 요구하여 그들을 괴롭히지도 말아야 한다. 경륜이 조금이라도 있는 사람이라면, 적정 수준을 넘어서는 불필요한 지출을 하기 위해 레야에게 세금을 징수하는 행위는 곧, 건물 토대를 쌓으려고 세금을 걷어 그 돈으로 지붕을 해 없는 것과 다를 바 없다는 것을 알 것이다. … 이런 사정을 염두에 두고 어떤 부당한 세금으로도 가난한 농민을 시름에 잠기게 해서는 안 된다."[24]

하지만 땅에도 일대 변화가 일어났다. 새로운 지방 엘리트—주로 무슬림이었지만 기독교인들도 일부 섞여 있었다—가 등장하여, 마을과 밭을 소유하고 이것을 자손들에게 물려주기 시작한 것이다. 오스만의 옛 토지제도는 사라지고, 사유지가 이전의 공공용지를 잠식하여 농민의 사용권을 빼앗는 제도가 생겨났다. 이 같은 치플리크Chiflik 토지가 생겨난 원인—그것의 성격과 범위—은 현재 오스만 역사학의 가장 치열한 논쟁을 불러일으키는 쟁점이다. 이 토지가 한때의 생각대로 과연 국제 경제 상황 속에 날로 늘어나는 상업적 기회에 대응하기 위해 나타난 것이든, 아니면 현재 더 설득력 있게 받아들여지는, 그러니까 세금을 징수하는 지주계급의 증대하

는 정치적 힘에 반응함으로써 생겨난 것이든, 여하튼 이 때문에 농촌 상황은 악화일로를 걷게 되었다.[25]

그래도 발칸의 농민들은 중동부유럽 평원의 농노화된 농업 노동자들보다는 상황이 나은 편이었다. 발칸의 농촌마을들은 대부분, 세금징수는 하되 농민들도 웬만큼은 살게 해주어 그 나름의 이익을 도모하는 지방 유지의 통제 아래 자치를 누리고 있었다. 지방 유지들이 그럴 수밖에 없었던 것은 농민을 가혹하게 쥐어짜면 많은 농민이 일시에 평원에서 도시로 혹은 그 지역을 벗어나 다른 곳으로 도망치거나, 무엇보다 산으로 도망쳐버리기 일쑤였기 때문이다. 애초에 마을에 남기로 결정한 사람들도, 이미 마을을 등진 사람들의 세금까지 자신들이 떠안아야 할 상황이 되면 마을을 버리고 도망쳤다. 그와 함께 옥수수 경작의 도입과 빠른 확산도 맥닐J. R. McNeill의 말을 빌리면, 그것으로 고지마을 사람들은 과거보다 더 많은 사람을 먹여 살릴 수 있게 되었기 때문에 "산맥에 혁명적인 영향을" 끼쳤다. 숲을 개간하여 고지에 작은 땅뙈기라도 하나 마련하는 일은 가족농업이나 친족 농업으로도 충분히 가능했다. 여자들도 출가하려면 지참금이 필요했으나 이들도 당나귀 절반 정도의 짐은 나를 수 있을 것으로 간주되었고, 아닌 게 아니라 이들은 값싼 운송 노동력이 되어주기도 했다. 그래서인지 여자들 몸에는 종종 그 사회에서 겪는 고통이 그대로 드러나 있기도 했다. 에디트 더럼은 이렇게 썼다. "여자들은 빨리 늙는다. 특히 몬테네그로에서 여자와 남자의 키 차이는 엄청나, 여자들은 대개 (162센티미터가량인) 내 키보다 작았으나 남자들은 183센티미터를 훌쩍 넘는 사람들이 많았다."[26]

산지인들은 산적, 말라리아, 역병, 세금징수원, 비적匪賊의 위험에서 벗어나, 제국 정부와 좀더 유리한 세금 협상을 벌일 수 있었다. 아그라파Agrafa (즉 등록이 안 된 지역), 알바니아 고지, 몬테네그로와 같은 벽촌에서는 자율적—거의 자유로운 상황이었다 — 농민 공동체가 명목상의 지주들을 무시하는 경향이 있었다. 18세기 초 수체아바* 인근의 몰다비아 산악 '공화국' 군주를 지낸 드미트리 칸테미르D. Kantemir는 이렇게 썼다. "그들은 연공을 지불한다. 만일 군주가 혹독하게 다루기라도 하면, 이들은 군이 협상하지 않으려 하는 것은 물론 연공 지불을 아예 거부하고 접근이 어려운 산 속으로 숨어버린다. 그렇기 때문에 군주들도 산지인들에게는 절대로 과도한 세금을 부과하지 않는다." 그런가 하면 어떤 마을들은 또 산적의 위험에서 통행인들의 안전을 보장해주는 '길 지킴이' 역할을 해주고 세금을 면제받기도 했다. 1715년 8월 펠로폰네소스 반도의 베네치아인들에 대한 여름 원정을 성공리에 끝마친 대공 알리 파샤도, 이 원정을 기록한 사람에 따르면, 마을들이 "일종의 공화국을 형성하고 있는" 험난한 마니Mani 반도의 그리스인 대표들과 이 문제로 협상을 벌였다는 것이다.[27]

하지만 이 같은 정치적 자율은 생존을 위한 지속적인 투쟁의 대가로 얻은 것이었다. 19세기 들어 산악 공동체는 처음으로 인구 과잉이라는 문제에 직면했다. 그들의 식사는 기본적으로 건강식이어서 주민들은 평지인들보다 평균 신장이 컸다. 그러나 메마른 산지이다 보니 1년 내 먹을 양식 조달이 여의치 않아 — 메초보Metsovo의 경우, 1년에 겨우 한두 달만 보리를 재배했다 — 주민들은 별도의 호구지책을 강구해야만 했다. 그래서 숲에 흔

---

* 루마니아 북동부에 있는 도시.

한 딸기류와 버섯을 따기도 하고(지금은 사라져가는 또 다른 기술), 숯과 목재를 팔아 살림에 보태기도 했다. 고지인들은 또 평지인들에게 눈를을 팔기도 했다. 1920년대까지만 해도— 대량 냉각 시설이 출현하기 이전 — 잔니나Jannina에서는 눈을 매매했고, 65퍼센트에 이르는 용해율에도 불구하고 눈 매매는 수익성이 있었다. 그들로서는 뭔가 팔 거리가 필요했고, 그래야만 평지의 소금을 사 먹을 수 있었으며, 그것이야말로 식량 부족 사회에서 살아갈 수 있는 유일한 방법이었다.

산적들은 좀더 '영웅적인' 방식으로 돈벌이를 했다. 산적 행위에 대한 연구로 유명한 한 작가는 19세기 중반의 전형적인 산적 모습을 "이삼십 대혹은 그보다 젊은 산지인으로, 대개는 떠돌이 양치기"로 묘사했다. 주로 폭력 행위 때문에 법적 테두리 밖으로 밀려나 있던 이 산적들의 일차적 목적은 사면이었고, 가능하면 정부가 임명하는 지역 순찰자로 근무하고 싶어했다. 산적의 또 다른 모습은 거친 말투에, 될 수 있으면 남에게 겁을 주는 행위를 하려 했다는 것이다. 알바니아의 한 산적은 자신이 붙잡은 영국인에게 이렇게 윽박질렀다. "네 커피, 네 돈, 네 피는 다 우리 거야. 누구든 도둑에게는 다 빚쟁이라는 거지. 이곳에서 나는 술탄도 될 수 있고, 영국의 왕도 될 수 있어."[28]

약탈과 양 도둑은 18세기와 19세기 내내 발칸 지역의 골칫거리였다. 오스만제국이 약화, 와해되자 국경 지역에서는 산적이 날뛰며 추적자들을 따돌리고 때로는 애국자 인연, 인근 국가들로부터 정치적 보호까지 받으며 부당 이득을 취했다. 실제로 그들은 경우에 따라 이기적이고 독선적인 노선을 취하며 무슬림들 못지않게 가난한 기독교인 농부들을 착취해, 기독교인이면서도 투르크인들보다 하등 나을 게 없는 행태를 보이기도 했다. 1830년대에 대담하게 아토스산을 여행한 데이비드 어커트D. Urquhart*는 이렇게 썼다. "온 천지에 산적 떼와 관련한 경종이 울렸다. 이들은 무지하게 악독한 짓을 저질렀고, 여러 차례 농민들을 습격해 사람들의 적대감을 불러일으키기도 했다." 이 산적들은 — 부자들의 돈을 빼앗아 가난한 자들을 돕는 — 의적도 아니었고, 그렇다고 국가적 영웅도 아니었다. 그들은 그저 고지의 가난한 자들이었을 따름이고, 산적 행위는 빈곤한 상황을 타개하기 위한 한 가지 방편이었을 뿐이다. 그들의 자긍심은 조작된 것, 그러니까 양 떼나 소 떼를 기습하는 일이 한곳에 붙박여 밥벌이하는 전통적 생계 조달 방식보다는 좀더 그럴싸하게 보였기 때문에 생겨난 관념이었다. 하지만 그 허상을 한 꺼풀 벗겨보면 그들의 삶은 비참했다. 어커트를 사로잡은 그리스인 산적 두목은 그에게 푸념이라도 하듯 이렇게 말했다. "저들 몰골을 한번 보시오. 신발도 없는 맨발에, 몸에 걸친 것은 옷이라기보다는 차라리 실에 가깝고, 빈 담배 봉지에, 먹지 못해 배가 푹 꺼진 자들이 허다하지 않소. 저들은 왜 이 같은 삶을 살아야 하는 거요? 들판의 황소처럼 내몰리고 산 속의 곰처럼 쫓기기나 하며 사는 저들에게… 당신들은 대체 무슨 제약을 가하겠다는 거요?"[29]

산적들 옆에는 정주 농업의 붕괴가 곧 주 수입원이 되는 생활 방식을 영위하는 양치기들—산적이 하는 행위를 눈감아주고, 시달림을 받기도 하며, 때로는 그들과 합세도 하는—이 있었다. 발칸에서 양치기 경제의 황금

---

* 1805~1877. 영국의 외교관 겸 작가.

기는 17세기에서 20세기 초 사이였다. 1609년에 쓰인 루멜리아의 한 기록에 따르면, 군인들은 농민들이 버리고 간 보유물을 접수하고, 노예는 자신들 소유로 해놓았으며, 토지는 가축 방목지로 이용했다고 한다. 그에 따라 거대한 양 떼를 돌보게 된 양치기들은, 성 디미트리오스 축일St. Dimitrios's Day (11월 8일)을 기해 겨울은 계곡에서 나고, 성 게오르기오스 축일St. George's Day (5월 6일)이 되면 다시 산의 목초지로 돌아와 거기서 여름을 났다. 양치기들이 옮겨 다닌 거리는 때로 수백 마일에 이르기도 했다. 그리고 이들은 현금으로 세금을 내어 화폐 경제의 요구에 일찌감치 익숙해졌다. 그리하여 가축, 양가죽, 양모 제품, 치즈 등을 마을 시장이나, 20세기 초까지 발칸 교역의 원동력이 된 대단위 연례 정기시定期市에 내다 팔았다. 개중에는 상인으로 자리를 잡는 사람도 있었다. 핀도스산맥 고산지대의 메초보 같은 작은 산악마을은 실제로 이 같은 벤처 사업가들에게 힘입어 19세기 중반까지 놀랄 정도의 부를 누리며 살았다.[30]

때로 이 산지인들은 외부로부터 유리遊離, 물과 원자재를 확보하는, 적절히 잘 혼합된 조건 속에서 경제사가들이 말하는 이른바 최초의 산업화를 이루기도 했다. 리크W. M. Leake*는 이렇게 썼다. "적어도 토양이라는 면에서 혜택을 받고 있는 이 마을들은, 목면과 양모 제조에 필요한 원자재는 확보해놓고 있다. … 아그라파 주민 3분의 1은 아마 직조로 생계를 이어가고 있을 것이다. 금과 은에 관계된 일에 종사하는 사람들도 많고, 스카티나Skatina에는 칼날, 총알, 권총의 안전장치를 만드는 곳도 있다." 그리스와 특히 불

---

* 1777~1860. 당대인들에게 고대 그리스 지형의 권위자로 인정받았던 영국군 장교.

가리아 고산지대에서는 독립하기 수십 년 전부터 이미 작은 공장들에서 섬유를 제조하고 있었다. 하지만 19세기 초에는 이들도 서구 수입품과 경쟁을 벌어야 하는 상황이 되어, 암벨라키아와 같은 산지에서 번영을 누리던 제조업자들은 불황에 허덕이게 되었다. 그에 따라 섬유 제조와 같은 경제 활동 ― 그들의 생존 수단이던 ― 도 도시로 옮겨갔다.[31]

오스만제국의 출현으로 심각하게 타격을 받은 쪽은 아마 농부들보다는 도시민들이었을 것이다. 오스만제국은 정복 전쟁을 하는 과정에서 싸우지 않고 항복하는 도시에 대해서는 약탈을 면해주었다. 그래도 어찌 됐든 콘스탄티노플을 비롯한 비잔티움의 많은 도시는 황폐해졌다. 그러나 오스만 정부는 제국의 행정에 도시가 반드시 필요하다는 사실을 알고 있었다. 정복자 메메드는 '시시한 전쟁'일 뿐인 군사적 승리와 달리, 도시들의 부활이야말로 진정으로 '위대한 전쟁'이라 여겼다. 그 같은 생각을 가진 오스만 정부는 정복하기가 무섭게 곧 콘스탄티노플과 같은 주요 도시에 기독교인, 유대인, 무슬림들을 강압적으로 이주시켜 인구 촉진 정책을 쓰기 시작했다. 비슷한 이유로 술탄 바예지드 2세(재위 1481~1512)는 15세기 말에 에스파냐, 포르투갈, 이탈리아 남부 등지에서 추방당한 세파르디 유대인†을 제국의 도시들에 받아들여, 그 도시들에 세파르디 공동체가 뿌리내리는 계기를 만들어주었다.[32]

15세기 말, 오스만 정부는 도시생활에 활력을 불어넣기 위해 단호한 정

---

† 중세 이래 에스파냐, 포르투갈 등지에 모여 살다 15세기 이후 집단으로 추방당한 유대인의 통칭.

책을 취했다. 도시민들이 필요로 하는 서비스를 제공해줄 요량으로 고위 관리들에게 재원을 마련해 공공건물 단지―대상 숙사, 지붕 덮인 시장, 공중목욕탕, 모스크와 학교, 병원, 수도 등―를 조성토록 한 것이다. 그 결과 비잔티움시대의 많은 도시―특히 콘스탄티노플―가 제 모습을 찾게 되었고, 보스니아의 보스나 세라예Bosna Seraj(사라예보), 바냐루카, 모스타르, 티라너(장차 알바니아의 수도가 되는 곳) 같은 도시들, 엘바산, 야니차와 같은 소도시를 비롯해 예전에는 없던 몇몇 정주지가 새로 생겨나기도 했다. 이 도시들은 무슬림 주민이 압도적으로 많았으나 농촌 지역은 여전히 기독교인 일색이었다. 1520년에서 1530년까지의 세금징수부를 보면, 발칸 지역 주민의 80퍼센트 이상이 기독교인이었던 것으로 되어 있다. 하지만 대부분의 주요 도시들에서는 여전히 무슬림 인구가 기독교인 인구를 앞지르고 있었다.[33]

오스만 지배의 영향을 전체적으로 조망해볼 때, 과연 오스만 지배가 도시의 연속성을 초래했는지 아니면 도시의 분열을 조장했는지에 대한 역사가들의 의견은 엇갈린다. 그러나 한 가지 사실, 즉 도시의 전반적 쇠퇴가 없었다는 사실은 분명하다. 베오그라드와 같이 성벽으로 둘러싸인 요새가 드넓은 교외 지역을 갖춘 대단위 상업, 행정 도시로 발달할 수 있었던 것도 다 술탄의 지배가 있었기에 가능했다. 대모스크와 같은 도시 건축물들도, 세러스나 프리즈렌* 같은 작은 시장 도시에서조차 노동력을 효과적으로 동원할 줄 알았던 오스만제국의 역량을 보여주면서, 유럽의 기준으로 보

---

* 현재 코소보 자치주에 있는 도시.

면 빠른 시간 안에 완공한 것이다. 오스만 지배 초기, 발칸의 도시화 정도는 전반적으로 높았고 살로니카와 두브로브니크(사실상 오스만의 속지) 등의 해안가 교역 도시들도 번창했다. 1600년 무렵 콘스탄티노플은 유럽 최대의 도시였다. 그래봐야 주민 수는 고작 25만 명에 불과했지만, 그래도 런던(20만 명), 파리(22만 명), 로마(10만 5000명)보다는 규모가 컸다. 그에 비하면 베를린(2만 5000명), 마드리드와 빈(각각 5만 명)은 중간 크기의 초라한 도시들이었다. 하지만 카이로만은 예외적으로 제국의 수도보다 웅장했다. 카이로와 다른 경쟁 도시들을 비교해볼 기회가 있었던 윌리엄 리스고에 따르면, 카이로는 "세계에서 가장 훌륭하고 위대한 도시"였다고 한다. 수차례에 걸쳐 오스만제국의 수도 겸 중심지 역할을 했던 에디르네는, 레이디 메리 위틀리 몬터규가 1717년에 방문해보았으나 그다지 큰 인상을 받지는 못했던 모양이다. 하지만 그녀도 다음 사실만은 인정했다. "365개의 상점들에는 런던의 뉴익스체인지 못지않은 방식으로 온갖 화려한 물품들이 진열되어 있었고, 거리는 런던보다 깨끗했으며, 상점들은 페인트칠을 막 끝낸 것처럼 윤기가 났다. 각양각색의 사람들이 이곳에서 커피를 마시거나 빙수를 먹으며 한가로이 시간을 보냈다." 이것이 바로 서구의 유럽 도시들로 이식되기 전, 오스만제국 도시생활의 모습이었다.[34]

오스만제국이 도시 발달을 이토록 장려한 까닭은 그것이 제국 정부에 필요 불가결한 요소였기 때문이다. 다시 말해 도시는, 국가가 세금을 징수하고, 교역을 관장하고, 소금과 같은 생활필수품의 전매권을 확보할 수 있는 행정의 중심지였던 것이다. 그리고 이 도시들은 오스만제국의 중점 사업이었던 식품 구입 쿼터와 정교한 식량 공급제도를 통해 자신들이 먹여 살린 콘스탄티노플의 그늘에 가려져 있었다. 서유럽 모델에 기초한 사유 재산 축적은 17세기를 거치며 오스만제국 중앙 정부가 약해진 뒤에도 그 장벽은 높기만 했다. 그 결과 교역과 자본에 대한 주도권은 무슬림과 유대 인 손에서 초기 부르주아지 형태를 띤 정교회 기독교도 상인 손으로 넘어 갔다. 하지만 이 기독교도 상인들은 제국 내에서 자신들의 위치가 불안정 하다는 것을 알고 있었고ㅡ빈, 오데사, 마르세유의ㅡ어디가 됐든 돈을 안전하게 송금할 수 있는 제휴사들도 자신들의 힘이 미치지 못하는 곳에 있다는 것도 잘 알았다. 그래도 도시들은 여전히 상업과 수공업의 중심지 로 남아 있었다. 그 밖의 도시들은 또, 17세기와 18세기에 걸쳐 평균 12년 에 한 번꼴로 찾아온, 이른바 역사학자 스토야노비치T. Stoianovich가 "이례적 흑사병"이라 칭한 역병에도 고통을 받기 일쑤였다. 또한 도시들은 벽돌과 석재로 된 국경이 북부유럽에서 남동부유럽으로 느리게 이동한 것으로 보 아, 집들도 아직은 거의 목재 가옥이었기 때문에 20세기 초까지 곧잘 화마 에 희생되고는 했다.[35]

19세기 초 서구 여행객들은 이제 투르크 도시들의 적막감에 놀라는 상 황이 되었다. 교회 종이 부족했고, 바퀴 달린 차량과 말편자도 없었으며, 이 모든 상황이 대장장이, 금속세공인, 기계류가 부족함을 말해주는 것이 었다. 1812년 윌리엄 터너W. Turner*는 이렇게 썼다. "유럽인은 도시에 도착 함과 동시에 신기함을 느끼면서도 한 도시 전체를 감싸 도는 적막감에 화 들짝 놀라게 된다." 오스만이 지배한 도시들이 진정한 산업화를 이루지 못

---

* 1775~1851. 영국의 낭만적 풍경화가.

했다면, 제국 내에서 기업농이 발달하지 못한 것도 이와 똑같은 이유 때문이었다. 요컨대 잘 정비되고 관리된 도로의 부족, 관료주의라는 장애, 인쇄 매체와 과학 지식의 확산을 금하는 종교적 제약, 마케도니아의 정치 투쟁이 격화되면서 날로 심해지던 사회적 혼란 등이 산업화와 기업농의 발달을 저해하는 요인으로 작용한 것이다. 농촌 주민의 안전에 대한 위협도 오스만제국의 고질적 병폐 중 하나였다. 1622년 토머스 로 경은, "그란 시뇨레의 모든 영토는 치안 부재, 아니 폭압으로 인구가 줄어든다"라고 말했다. 하지만 그 문제는 사그라지지 않았다. 1840년대의 루마니아는 '거의 무인 지경이나 다름없는 거대한 땅덩이'에 불과했다. 한 영국인 방문객은 투르크족 관리들에게 학대받는 평지마을 그리스인들의 이야기를 전해 들을 기회가 있었기 때문에, 오스만의 원시적 치안제도를 누구보다 잘 이해하고 있었다. 1842년 J. J. 베스트 대위는 이렇게 썼다. "여기서는 개들이 여간 골칫거리가 아니다. 하지만 그런 대접을 받는 상황이라면 당연히 맹견을 기를 수밖에 없을 것이다." 그러나 세금징수원에게는 개들도 무용지물이었다. 한 지방 관측통에 따르면 "그리스인 주교가 취임하면 맨 먼저 하는 일이 약탈"이었다고 한다. 세금징수원과 고리대금업자는 수확량의 변동에 불안해하고 군대라면 벌벌 떠는 농민들의 약점을 이용했다. 루마니아의 농토를 살펴본 한 관찰자는 이렇게 썼다. "왈라키아인들은 빈둥대며 놀고 있다. 그들이 이렇게 놀고 있는 까닭은 뼈 빠지게 일해봐야, 십일세라는 명목으로 다 빼앗기고 자신들에게 돌아오는 것은 1전 한 푼 없다는 것을 알고 있기 때문이다." 이렇게 야기된 인구 감소는 다시 경지, 조방농업, 농토의 목초지 이용을 포기하는 결과로 이어졌다. 삼림 벌채(산지의 인구 과잉으로 생겨난 결

과) 또한, 토양 침식, 충적물의 하천 적체, 말라리아 확산을 가속화시켰다.[36]

그렇다고 이런 우울한 정경이 모든 곳에 다 적용되는 것은 아니다. 모라바강* 유역만 해도 "잘 경작된 옥수수 밭이 출렁였고… 비옥한 토지가 시원스레 펼쳐져" 있었다. 18세기와 19세기에 땅을 축적해온 대지주들 중에는 '진보적인' 지방 총독과 유력 인사도 포함돼 있었다. 잔니나의 알리 파샤는 자신의 영토에 누에, 딸기류, 벼 재배법을 도입했다. 그리고 술탄에게 쫓겨나기 전까지만 해도 자신의 영토를 횡행하고 다닌 대단위 도적단에 '강력한 철퇴를' 가했고, '상인들에게 나라를 개방하고 그들의 인력과 물품을 확보하는 방법으로 자기 자신의 수입을 증대시킨 것은 물론 백성들의 삶도 향상'시켰다. 18세기 알바니아의 또 다른 유력 가문인 부샤틀리스 Bushatlis가寨 또한 자신들 영토에서 벼와 목면을 재배했고, 거기서 나온 수확물을 이탈리아로 수출했다. 목면 재배는 세러스 일대에서도 빠르게 확산되었다. 오스만제국의 일부 개혁적인 관리들도 농촌과 도시 현대화에 일조했다. 19세기 오스만제국의 가장 위대한 재상이었고, 기독교인들에게 보여준 그의 호의로 투르크인들에게서 기독교인 파샤라는 별명까지 얻은 미드하트 파샤는 불가리아 도나우강 유역의 세수稅收 증가는 물론 농업 생산력도 증대시켰다. 하지만 미드하트 파샤도 오래 버티지 못하고 정정 불안의 희생양으로 쫓겨나자 그의 개혁도 곧 수포로 돌아갔다.

오스만 지주들의 개혁이 서중부유럽과 같은 수준에 미치지 못한 것은 사실이다. 그렇다고 해서 자꾸만 뚫고 들어오는 서구 자본주의의 침투를

---

* 도나우강의 한 지류.

피할 길은 없었다. 그것은 특히 제국이 중부유럽, 프랑스, 그리고 저 먼 곳의 시장들과 교역으로 연결돼 있어서 일어난 필연적 현상이었다. 정부의 위기가 고조될수록, 18세기 초부터 간헐적으로 시도되던 급박한 개혁에 대한 요구는 더욱 거세어졌다. 술탄 왕실의 힘은 거의 1세기가량, 한때 오스만 정복 조직의 핵심부를 형성한 근위대, 즉 예니체리 부대를 통솔하지 못한 무능력으로 많이 약화되었다. 예니체리 부대는 날이 갈수록 술탄에 충성하는 엘리트 부대에서 형편없는 대우를 받고 군기가 빠져 느슨해진, 그리하여 때로는 술탄을 폐하기도 하는 이해 집단으로 변질하였다. 18세기 말에는 자신들의 특권을 지키려는 이들의 방어 행위가 적군보다 오히려 제국 신민들에게 더 큰 위협이 될 정도였다. 이 예니체리들은 거리에서 무차별적인 공격을 가하여 인근 기독교인들에게 공포의 대상이 되었고, 동료 무슬림과 오스만 정부에도 두려움의 대상이 되었다. 오스만 중앙 정부는 나폴레옹이 전쟁에서 패하고, 메메트 알리M. Ali†라는 독특한 인물이 이집트에서 부상浮上한 뒤, 군의 현대화와 제국의 명예를 회복하는 과정에서 오스만의 권위를 또 한 번 부르짖었다. 그리하여 1826년 오스만 정부는 제국의 수도에서 예니체리들을 학살하고 이들 자리에 직업 군인을 들어앉혔다. 그 후 얼마 안 돼 오스만 정부는 영국의 압력에 굴복, 무역 자유화와 제국의 모든 신민을 법 앞에 평등한 국민으로 만들겠다고 약속했다. 1850년대엔 마침내, 적어도 이론상으로는, 땅도 자유롭게 매매할 수 있게 되었다 (헝가리 농촌 지역에 일어난 변화보다 많이 늦지 않았다는 점을 유념해둘 필요가 있다).

---

† 1769~1849. 오스만제국의 원정군에 가담하여 프랑스에 대항한 공로로 제국이 이집트 태수로 임명한 인물로 아랍권에서는 무하마드 알리로 알려져 있다.

그리고 이 모든 것은 정부의 규제가 심한 제국주의 경제가 약화하였음을 말해주는 것이어서, 그에 따라 국제 시장 내에서 기업농 — 목면과 담배, 세르비아 돼지와 루마니아 밀 — 의 확산도 허용되었다. 뒤이어 외국 자본, 상품, 투자자들이 줄을 이었다.

하지만 그것은 어디까지나 소수의 이야기고, 대부분의 농민들은 여전히 자본가들의 배만 불려주고 자신들의 형편은 더욱 나빠지리라는 생각에서 자급자족의 생활 형태를 유지하며 화폐를 불신했다. 그런 그들이 이제 땅을 획득하고 곡식을 생산하는 농민의 관습적 권리를 무시하고, 지주들에게 더 많은 법적 권한을 부여해주면서 세금은 전보다 더욱 효율적으로 징수하려드는 중앙집권적 제국 정부를 맞이한 것이었다. 자본주의는 오스만 제국에 변화를 강요했고, 이것은 자연적인 질서라는 그동안 발칸 농민 의식의 버팀목이었던 관습적 공정성에 대한 가장 위협적인 해결책이었다. 그리고 날이 갈수록 이것은 다시, 스토야노비치가 "지주는 물론, 지주제 철폐를 거부하는 국가 자체의 철폐까지 요구하는 전략"이라고 정확하게 묘사한 방향으로 농민층을 이끌어갔다. 이것은 곧, 자본주의와 오스만 국가의 현대화는 정치적 결과를 야기하리라는 말이었다. (오스트리아-헝가리 이중 제국과 차르 지배하의 러시아에서처럼) 투르크제국에서도 화폐 경제와 현대 국가의 출현은 옛 방식의 사회관계를 어지럽히며 정치 변화의 길을 열어놓는 역할을 했다.[37]

19세기 발칸에 일어난 대중 민족주의는 오스만제국에 일어난 이 같은 드라마틱한 경제·사회적 변화의 관점으로서만 이해가 가능하다. 대중 운동으로서 민족주의에는 어차피 농민이 포함될 수밖에 없기 때문이다. 하지만 농민들에게 중요한 것은 국가라든지 그 밖의 추상적 개념이 아니라 땅에 대한 권리, 생계 수단, 공정한 세금이었다. 농사가 화폐로 결정되고 전통적인 세금을 현금징수로 대체하자, 농촌 지역에서는 계층 간 긴장이 고조되었다. 발칸에서 오스만 권력의 붕괴를 촉발시킨 원인인 1875년 헤르체고비나 폭동도 알고 보면 흉작과 그에 뒤이은 세금징수와 관련해 군인들이 농민들을 학대한 데서 비롯한 것이었다. 사라예보의 프랑스 영사가 쓴 글을 보면 이 폭동은 "과도한 세금징수에 저항하여 모든 지역의 백성들이 일으킨 시위로" 시작된 것이었다. 또 다른 목격자는 이보다 더 분명한 어조로 "이것은 정치적 원인이라기보다는 농업에서 비롯한… 농민 전쟁이다"라고 말했다.[38]

농민들은 기본적으로 옳았다. 정치적 독립은 상대적 평온과 소유권 확보라는 두 가지 조건이 충족되었을 때에만 이들에게 이로울 수 있었다. 그런데 정치적 독립은 땅에 가해지는 인구의 압력과 약탈 행위 중 그 어느 것도 해결해주지 못했다. 실제로 이 두 문제는 신생국 지도자들의 얼굴에 먹칠을 하며, 그리스, 몬테네그로, 세르비아가 독립한 뒤까지 수십 년을 끈덕지게 살아남았다. 하지만 전체적으로 볼 때 정치적 독립은 대다수 기독교인들의 안전을 높여주었고 그 안전은 즉각적인 결과를 수반했다. 1841년 아돌프 블랑키A. Blanqui*는 다음과 같이 통찰력 있게 말했다. "불가리아 체제가 안정되면 염소 떼와 부실한 목축 때문에 지금은 방치돼 있는 광활한 지역을 개간할 수 있을 것이다." 투르크족에 대한 호의가 없지 않았던 한

---

* 1798~1854. 프랑스의 경제학자.

여행자는 1853년 오스만제국 영토를 넘어 반독립 국가인 세르비아 영토로 들어서면서 놀란 심정을 이렇게 피력했다. "그것은 마치 생소한 나라로 들어서는 느낌이었다. 모든 계곡에는 농작물이 빼곡히 심어져 있었고, 도로 또한 잘 정비돼 있었다. … 나라가 안전해진 결과 모든 면에서 산업화와 평온함의 조짐이 엿보였다." 그리하여 독립 후에는 산지인들도 다시 평지로 내려왔고 인구는 급속히 늘어났으며 미개간지도 크게 줄어들었다.[39]

정치적 독립으로 태어난 이 새로운 해방 농민층은 마치 '땅에 대한 지칠 줄 모르는 탐욕'에 사로잡히기라도 한 듯 고대의 삼림을 개간하여 자신들의 소유지를 넓혀가기 시작했다. 1900년 루마니아를 찾은 한 독일인은 "지난 10년간 엄청난 크기의 삼림지대가 사라졌다"고 썼다. 세르비아 슈마지야의 거대한 삼림 지역도 몇십 년 후에는 그 모습을 감추었다. 지난 300년간 번영을 누리던 목축 경제는 목초지를 농토로 개간하고 정부가 지주들의 토지를 쪼개 소농들에게 분배함으로써 위기에 빠져들었다. 1920년대에 일어난 발칸의 농지개혁과 그에 뒤이어 1945년 후 공산 정권이 단행한 두 번째 개혁으로, 발칸의 드넓은 땅들을 환금 작물을 재배하는 농민들에게 분배하였고, 그 결과 양들은 고대로부터 지켜온 겨울 방목지를 잃었다. 새로 생겨난 정치적 국경이 여름과 겨울 방목을 갈라놓았기 때문이다. 그로 인해 이동 방목자들은 멸종 위기에 처했고, 1950년대에 이르면 이제 이들은 희귀한 존재가 되어 지금은 그 모습조차 찾아볼 수 없다. 1964년 영국의 한 인류학자는 이렇게 썼다. "1922년 전만 해도 한 사람당 양 2000마리는 예사로 소유하고 있었는데, 오늘날은 한 사람당 양 500마리만 가지고 있어도 많은 축에 속한다."[40]

농사를 업으로 하는 사람들은 결국 정치적 독립 때문에 새로운 문제를 떠안은 셈이었다. "땅은 이제 하나의 상품이 되어가고 있다"라고 1935년 크로아티아의 한 학자는 말했다. 농민들은 냉혹하게, 때로는 어쩔 수 없이 금전 문제에 얽혀들었고, 얽혀들면 들수록 조건은 더욱 나빠져 빚에서 헤어날 수 없는 상황이 되었다. 이들은 또 소유지를 잘게 나누어 자손들에게 상속해주다 보니, 몇 세대만 지나도 농토는 쓸모없는 자투리땅이 되어버렸다. 높은 인구 증가율 또한 하잘 것 없는 농토의 양산을 가속화시킨 원인이 되었다. 설상가상으로 슬라브인들의 가족 공동체였던 전통적 집단 농업도 사라지기 시작했다. 가족들이 독립해 나가 자드루가가 해체되어 생겨난 결과였다. 농업의 기계화 또한 농부들의 독립심을 저하시키고 돈을 위해 자꾸만 더 농사에 의존하는 결과를 낳았다. 그러나 어느 정도라도 한 농가에 한두 세대 이상 부를 가져다주는 농작물은 흔치 않았다. 그것은 (담배나 건포도 혹은 세르비아 자두와 무화과 등속의) 수출용으로 재배한 이 작물들이 요동치는 국제 시장의 변화에 늘 노출돼 있었기 때문이다. 19세기 말 세계 최대 곡물 수출국의 하나였던 독립국 루마니아에서는 농촌 지역에서 격렬해지고 있던 사회적 갈등—빈곤이 극에 달한 소작농들과 주로 몰다비아 토지를 빌려 쓰고 있던 유대인 상인들 간의—이 급기야 1907년의 농민 폭동으로 비화되었다. 발칸 현대사 최악의 농민 폭동이라 할 이 봉기는 1만 1000명의 목숨을 앗아간 뒤에야 루마니아 군대에 의해 진압되었다. 루마니아는 발칸의 다른 곳에서는 찾아보기 힘든 토지 소유 형태를 유지하고 있었다. 고작 1퍼센트의 토지 소유자들이 50퍼센트 가까운 경지와 목초지를 보유하고 있었던 반면, 농민의 85퍼센트가 겨우 입에 풀칠할 정도거나 그에도 못 미치는 조건에서 농사를 짓고 있었다. 발칸의 다른 지역 농민들도 높은 인구 증가율과 토지 분할로 가난에 허덕였다.[41]

신생국들이 소농의 경영에 얼마나 많은 어려움을 겪었는지는 대량 이주, 특히 해외로 나간 대량 이주를 보면 잘 알 수 있다. 엘리스섬* 박물관에서 관람자들을 노려보고 있는 몬테네그로, 크로아티아, 그리스, 루마니아계 유대인 농부들의 초상화들도 발칸에서 미국으로 건너온 거대한 이민자 물결을 보여주는 증거다. 발칸인들의 해외 이주는 오스만 지배 말기부터 가속도가 붙기 시작해 그 후까지 계속되었다. 그렇게 해서 1912년 미국으로 떠난 그리스인 이민자 수는 25만 명에 이르렀고, 그것은 그리스 전 인구의 10퍼센트로 1900년 이후 유럽 국가의 이민율 중 최고로 높은 것이었다. 때로는 마을 전체가 해외 송금에 의존해 사는 경우도 있었다. 그 때문에 제1차 세계대전이 일어나기 전 일부 지역에서는 노동력 부족 현상이 일어나기 시작했고, 그러자 미국은 이민 제한으로 인력 유출을 차단하려고 했다. 1950년대에도 그리스와 유고슬라비아 농민들이 땅을 버리고 독일과 오스트레일리아로 도주해 그와 똑같은 현상이 나타났다. 간단히 말해 그곳 땅은 유럽 최대의 인구 증가율을 감당할 여력이 없었던 것이다.

농민들은 현대화가 유입하는 것에 저항했다. 그러다 보니 지주들은 물론, 이웃나라 국민과 이웃동네 주민들에 대해서도 불신이 깊었다. 여행자들에게도 친절함과 적대감이 뒤섞인 태도―때로는 그것이 관습으로 굳어지기도 했다―를 보여주었다. 산지와 하천 유역 주민들 간의 적대감은

---

* 미국 뉴욕 항에 있는 작은 섬.

특히 잘 알려진 바여서, 17세기 초 달마치야 평지의 세련된 여성들은 시장에 내려오는 고지 양치기들을 이런 식으로 조롱했다. "나라면, 저렇게 시켜먼 머리수건을 쓰고 돌아다니느니 차라리 투르크인과 결혼하고 말겠어." 몬테네그로에서 출생한 밀로반 질라스M. Djilas†는 이렇게 썼다. "평지는 늘, 빵과 땅에 굶주려 있고 멋있기는 해도 헐벗은 바위산이라면 넌더리를 내는 산지인들에게는 생소한, 누군가가 차지하고 있기 마련이었다." 질라스는 또 자신의 회고록에서 농민과 도시민 간에 느끼는 깊은 괴리감을 이렇게 묘사했다. "농민들은 한때 자신들도 농민이었던 도시민들이 그들을 얕보는 것에 분을 참지 못했다. … 그러면서 그들을 최고급 수프, 내장 요리, 파이 등을 먹는 둥 마는 둥 깨작거리기나 하면서, 사람들이 복작대는 눅눅하고 비좁은 방에 틀어박혀 빈둥대기나 하는, 나태하고, 교활하고 거짓말을 일삼는 족속이라며 경멸했다."42

발칸의 마을들은 수세기 동안 주요한 정치, 행정, 재정, 군사적 단위로 농촌 주민들의 집단적 삶을 구성해왔다. 발칸인들에게 '조국'은 곧 '마을'이었으며, 마을의 대표는 국가의 고위 인사나 타인들 앞에서 주민을 대신해 발언하는 대변자였다. 하지만 이 같은 고립된 집단성은 19세기 무렵부터 주민도 이해할 수 없는 어떤 방식으로 변해가기 시작했다. 도시라면 행정과 교역의 중심지로 투르크인과 외국 상인들이 주로 거주하는 곳으로 알고 있던 농민들은, 자신들을 곧잘 국민생활의 도덕적 본질과 동일시하고

† 1911~1995. 티토 측근으로 활동하는 등 열렬한 공산주의 옹호자였다가, 나중에 공산주의 반대자가 된 유고슬라비아 정치가.

는 했다. 19세기 초 카라드지치V. Karadžic*는 "세르비아에 국민은 없되 농민은 있다"라고 설파했다. 이들에게 돈은 곧 착취였으며, 상점과 상업은 타락을 의미했다. 농민들 중에는 "집의 식량을 훔쳐 아무짝에도 쓸모없는 싸구려 물품을 상점에서 사는" 데 재미를 붙인 젊은이들을 보고 탄식하는 사람도 있었다.[43]

하지만 이제 그들은 정치적 독립으로도 이 같은 사악함을 물리칠 수 없다는 사실을 깨닫기 시작했다. 투르크인 지주와 관리들을 몰아내자 그 자리엔 대신, 새로운 재산 형성법과 새로운 요구로 무장한 새로운 지배계급이 들어섰기 때문이다. 영국의 한 젊은 외교관은 세기말의 세르비아를 이렇게 논했다. "이 나라의 국민성은 서로 다른 두 계급을 상대해보아야만 제대로 알 수 있다. 한 계급은 외투, 바지, 구두는 신되 양말은 갖춰 신지 않을 수도 있는 정치인과 상인이고, 다른 계급은 재킷, 페티코트, 샌들을 애용하는 농민이다."[44] 제멋대로이고 부패한 오스만 세금징수원의 역할은 과거의 '무질서한 화폐'를 단일 화폐로 바꾸고, 헌병대, 교사, 측량자, 인구 조사원을 동원해 토지 분류, 등기, 대장 작성을 맡기고, 종사자들을 교육시킬 열의에 차 있는 현대화된 월급쟁이 관료가 대신했다. 그리고 이 모든 변화는 간섭과 착취를 의미했다. 발칸의 현대 국가들은 오스만 정부 때보다 더 심하게 농민들의 삶을 간섭했다. 발칸의 인구당 공무원 수는 독일이나 영국보다도 많았다. (1990년대에 마케도니아 농민에게서 내가 직접 들은 말인) "그리스 펜pen이 되기보다는 차라리 투르크의 총알이 되겠다"라는 표현은 발칸

---

* 1787~1864. 세르비아의 언어학자 겸 민속문학 연구자.

독립기에 그의 수많은 조상이 읊조린 말이기도 했다.

하지만 새로운 의회에서 자신들의 불만을 제한적으로밖에 토로하지 못하는 농민들로서는 할 수 있는 일이 거의 없었다. 정치적 조직력이 부재한 데 대한 대가는 컸다. 농민들은 압도적으로 많은 숫자에도 불구하고 정치적 힘은 미약했다. 국가가 헌병대, 교사, 세금징수원을 동원해 마을들을 감시하는 동안, 다른 정당들은 후견인-피후견인 네트워크를 통해 농민들을 꼼짝달싹 못하게 묶어놓았다. 하지만 정치적 독립으로 최종적 승리를 거둔 쪽은 결국 발칸의 농민들이었다. 일종의 농민 승리로 볼 수 있는 1920년 대의 토지개혁도 농민층을 매수하지 못하면 불만에 쌓인 사회로부터 타오르는 혁명적 볼셰비키 이념의 불길을 막을 수 없으리라는, 발칸 정치인들 간에 확산되고 있던 불안감을 반영한 것이었다. 그러나 토지개혁만으로는 농민들의 생계를 보장해주지 못했다. 보장해주기는커녕 1930년대 상황은 소유지 분할은 더욱 심해지고 토지 보유 형태 또한 더욱 비효율적인 결과로 나타났다. 농민의 정치적 승리는 농민을 경제적 파멸로 이끌어갔다. 그렇게 되자 농민들의 탈출은 진흙탕 길과 다른 곳의 사정도 이보다 나을 게 없으리라는 전망의 불투명함만 막을 수 있을 뿐, 농민층의 이탈은 걷잡을 수 없이 확산하였다.

그보다 더 심각한 문제는 농민의 가치가, 발칸 신생국들이 직면하고 있는 인구·경제적 딜레마에 해답을 주지 못한다는 데 있었다. 간단히 말해 소농들은 설사 호경기라 해도 새로운 소비 사회를 충족시켜줄 만한 부를 창출해내지 못했다. 농촌마을 역시 젊은이들의 마음을 사로잡은 영화, 축음기, 그 밖의 다른 오락거리들을 제공해주지 못했다. 1930년대 크로아티아의 농촌 처녀들은 "화장품, 가죽 구두, 하이힐에 대해 조잘조잘… 수다를 떨곤" 했다. 그들은 한 방문객에게 자신들은 맛있는 음식보다는 예쁜 옷을 더 갖고 싶다고 하면서 그 까닭을 "안에 든 것은 아무도 볼 수 없지만 바깥에 드러나는 것은 누구나 다 볼 수 있기 때문"이라고 했다. 하지만 경제 불황은 그들에게 새 옷도 사주지 못했고 양껏 먹여주지도 못했다. 양차 대전 사이에는 대부분의 농작물 가격이 폭락해 농민들이 빚더미에 앉게 되었다. 이 기간에 활동한 경제학자들은 3000만 명을 약간 밑도는 농촌의 노동인구 중 600만 명 내지 800만 명이, 이른바 "인구 압력, 빈곤, 산업 부족의 악순환으로 일을 하지 못한 것"으로 추정했다.[45]

그런 반면 전쟁은 또 적게나마 농촌 주민들에게 도시민에게 앙갚음할 기회를 제공해주기도 했다. 짧은 기간이나마 1940년대에 식량 생산자가 된다는 것은 곧 또 한 번 지배자가 되는 것을 의미했기 때문이다. 하지만 평화가 도래하자, 정치 행위와 부를 창출할 중심이 다시 도시로 옮겨갔다. 1974년 역사가 스티븐 런치만S. Runciman*은 현대 발칸의 '거대한 도시들'을 바라보며, 이 도시들이야말로 반세기 전 자신이 처음 찾았던 고요한 소도시들에 고층 아파트, 교통 정체, 대기 오염을 가져다준 주범이라며 탄식을 금치 못했다. 하지만 산맥은 2세기 전과 같은 방식으로는 더 이상 공동생활의 대안이 될 수 없었고, 파괴된 삼림을 대체할 수단이 없는 것도 마찬가지였다. 그 결과 19세기만 해도 수천 명에 달하던 핀도스산맥의 주민 수가 오늘날에는 수백 명으로 크게 줄어들었다. 이들은 관광 수입과 타지에서

---

* 1903~2000. 영국의 사학자로 비잔티움제국 역사와 십자군 역사에 대한 탁월한 권위자.

오는 송금 없이는 살아갈 수 없는 형편이다. 산지에서 평지로 이동한 인구는 다시, 평지에서 도시로 이동했다. 그리하여 50년 만에 농업에 종사하는 인구 비율은 이제 불가리아가 80퍼센트에서 37퍼센트, 유고슬라비아가 78퍼센트에서 29퍼센트, 루마니아가 77퍼센트에서 29퍼센트로 떨어졌다. 발칸은 이제 더 이상 농촌 사회가 아닌 농촌 사회의 계승자일 뿐이다.[46]

2

국가 성립 이전의
발칸

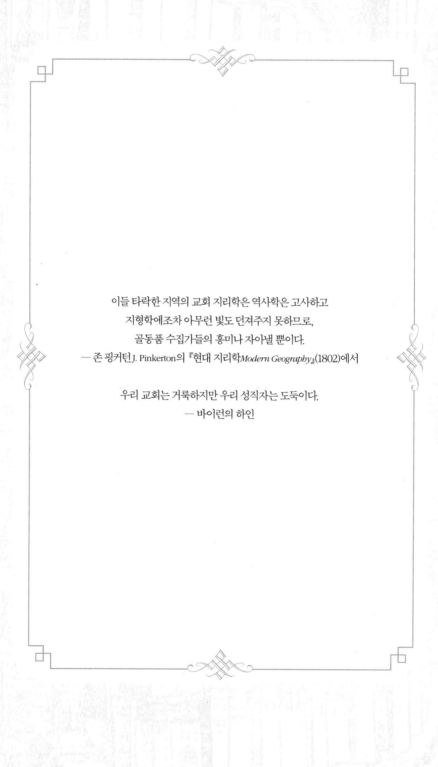

이들 타락한 지역의 교회 지리학은 역사학은 고사하고
지형학에조차 아무런 빛도 던져주지 못하므로,
골동품 수집가들의 흥미나 자아낼 뿐이다.
— 존 핑커턴 J. Pinkerton의 『현대 지리학 *Modern Geography*』(1802)에서

우리 교회는 거룩하지만 우리 성직자는 도둑이다.
— 바이런의 하인

19세기 초 그리스와 불가리아 애국자들은 오스만 치하 마케도니아 정교회 농민들의 충성심을 이끌어내기 위해 많은 노력을 기울였다. 그런데 알고 보니 그것은 예상외로 힘겨운 작업이었다. 그리스의 한 운동원은 이렇게 썼다. "살로니카에 도착해보니, 그리스 정교회와 불가리아 정교회의 차이점에 대한 그리스 농민과 시민의 무지가 예상외로 심각했다. 내가 이렇게 말하는 까닭은 그들에게 당신들은 누구냐고 물었더니—그러니까 로마이오이Romaioi*냐 불가로이Voulgaroi(불가리아인)냐고 물었던 것—그들은 무슨 말인지 이해가 안 간다는 듯 내 얼굴을 빤히 쳐다보면서 성호를 긋고는 자기들끼리 내 말의 의미에 대해 뭐라고 쑥덕거린 뒤 순진하게도 이렇게 대꾸했기 때문이다. '우리야 뭐, 기독교인이죠. 그런데 로마이오이니 불가로이니 하는 게 대체 뭔 말이오?'"[1]

비슷한 경우로, 그의 영국인 동반자에게서 "최근에 제작된 도시산産 애

---

* 로마인. 여기서는 '그리스인'을 말함.

국자"라는 별칭을 들었던 친親불가리아 성향의 다닐Danil도 "마을 사람들의 무관심을 무척 가슴 아파"했다. 그는 프레스파 호수* 근처에 사는 사람들에게 타의에 의해 그들 언어인 슬라브어가 아닌 그리스어로 설교를 듣는 것은, 반反불가리아 성직자에게 이용당하는 것과 같다는 것을 설명하려고 무진 애를 썼다. "하지만 그들은 양배추를 생으로 삼킨 뒤 유향 주酒로 목을 씻어내고는, 이용당하건 말건 상관없다는 말만 할 뿐이었다. 그들 대부분은 그리스어를 썼다. 사제도 술을 한 모금 마신 뒤 이들과 똑같은 말을 했다. 그 역시 예배 의식은 그리스어로 배워놓고, 슬라브 방언은 평상시에만 사용했다. 그의 말인 즉, 설교만 훌륭하면 됐지 언어가 무슨 대수냐는 것이었다. 그 말에 다닐은 참으로 무식한 인간들이라며 분을 참지 못했다. 그들 모두 불가리아인이니 불가리아 성직자에게 설교를 듣는 것이 당연한데도, 그 사실을 모르고 있었다. 내가 아는 한 그들은 신경조차 쓰지 않았다."[2]

술탄 신민들 사이에 나타나는 민족적 구분에 대한 이 같은 무관심은 정교회라는 공통의 신앙이 그리스와 불가리아의 언어적 차이에 우선하는, 다시 말해 종교로 규정된 사회에 속한 그들의 귀속감을 반영하는 것이었다. 그리고 이 같은 일은 현대적 인종 정치에 젖어 있는 사람이 농촌 지역에 들어가, 민족주의가 태동하기 전의 세계를 맞닥뜨리는 순간 겪게 되는 현상이었다. 남동부유럽에 거주하는 사람들의 언어, 인종, 종교의 다양성은 그 이전이라고까지는 할 수 없지만 여하튼 슬라브족 침입으로까지 역

---

* 발칸 반도에서 가장 높은 호수. 호수의 3분의 2는 마케도니아 영토다.

사를 거슬러 올라갈 수 있다. 하지만 그것은 비잔티움제국이나 오스만제국 둘 다 인종에 기반을 둔 국가가 아니었기 때문에 최근까지도 정치적 중요성을 별로 갖지 못했다. 개종과 문화 변용은 수세기 동안 다양한 배경을 가진 사람들에게 엘리트 사회로 진입할 수 있는 길을 열어주었다.

발칸의 역사는 주로 위에 언급한 민족주의적 애국자의 자손들이 썼다. 그 때문에 이들은 계몽의 대상이 되었고 농민들의 얼뜨고 모순적인 의견은 거의 기록으로 남아 있지 않다. 사정이 그렇기는 해도 인종 정치의 승리에 앞서 나타나, 꽤 최근까지 이어져온 끈질긴 사고의 습성만은 추적해볼 수 있다. 브레일스포드H. N. Brailsford†는 1905년 이렇게 썼다. "나는 교사도 없고 상주常主 성직자도 없는 것은 물론, 마을 주민 모두가 일자무식인 오크리다 근처 산간벽지에 사는 몇몇 소년들에게 전통에 대한 그들의 지식을 알아보려고 호수와 평지가 한눈에 내려다보이는 험준하면서도 꼭대기는 이상하게 둥그런 모양을 하고 있는 불가리아 차르 숲 폐허로 그들을 데리고 올라가 이렇게 물어보았다. '이것을 만든 사람은 누구지?' 이에 대한 그들의 대답이 걸작이었다. '자유민이요The Free Men.' '자유민이 누군데?' '우리 할아버지들이요.' '할아버지인 건 알아. 내 말은 그들이 세르비아인, 불가리아인, 그리스인, 투르크인 중 누구냐는 거야.' '투르크인들은 아니고요 기독교인들이에요.' 이것이 그들이 알고 있는 지식 수준인 듯했다."³

그들이 세르비아인인지 불가리아인인지 그리스인인지의 문제는, 무슬

---

† 1873~1958. 영국의 저널리스트.

림들이 자신들의 인종적 배경에 그다지 집착하지 않는 것처럼, 이 소년들에게는 별 의미가 없었다. 1912년 영국의 한 외교관은 알바니아에 민족주의 조직이 생겨나자 신기하다는 듯이 이렇게 말했다. "지금까지 민족적 운동이든 교리적 운동이든 이슬람 내에서 개별적으로 운동이 일어난 예는 없었다. 시아파, 수니파, 투르크인, 아랍인, 쿠르드인, 이 모든 무슬만들 Musulmans*은 그저 '무슬림'으로만 간단히 등록되었을 뿐이다." 술탄 신민들의 의식은 현대 국가가 국가의 정체성을 전파하는 주요 도구로 사용한 두 가지 제도, 즉 학교나 군대의 어느 것에 의해서도 형성되지 않았다. 오스만은 제국의 신민을 언어가 아닌 종교로 다스렸기 때문에 이들도 브레일스포드의 질문들에 내포된 것과 같은 이상한 분류 형태를 알지 못했던 것이다. 이 자손들이야 물론 그 같은 분류 형태를 당연한 것으로 여겼다.[4]

인간이 이주함으로 발칸의 민족지民族誌가 형성된 방식은 굳이 역사를 거슬러 올라가지 않아도 알 수 있다. 20세기만 해도 수백만 명의 사람이 한 나라에서 다른 나라로 이주를 했거나 이주를 해왔기 때문이다. 전후기戰後期에는 그리스와 유고슬라비아 노동자들이 일자리를 찾아 오스트레일리아, 미국, 서유럽 등지로 떠났고, 1990년대에는 일자리를 찾거나 전쟁을 피해 다니는 새로운 이주민의 물결이 수천 년 동안 이어진 역사의 최신 장章을 장식해주었다. 하지만 썰물과 밀물처럼 오고간 이 같은 이주의 역사에도 불구하고, 발칸의 민족지 구성은 기본적으로 17세기에 형성된 이래 크

---

* 이슬람교도나 무슬림의 또 다른 표현.

게 변한 것이 없었다. 17세기 이전 도나우강 남부의 로마 속주는 게르만족과 훈족의 침입, 습격으로 붕괴하였다. 하지만 이들 침입은 빈번하고 때로는 파괴적이기도 했지만, 단기적 현상이었고 대개는 침입자들이 다른 곳을 찾아 떠나버리는 것으로 끝나기 마련이었다. 슬라브족이 발칸에 미친 영향은 이와는 많이 달랐다. 슬라브족은 무려 200년 넘게 대규모로 발칸 반도 너머 남쪽의 펠로폰네소스까지 진출하여 영구 정착해 살며 땅을 경작하고 양 떼를 방목했던 것이다. 슬라브족이 발칸에 출현함으로써 고대 세계는 끝나고 로마제국이 동서로 분리되면서, 기독교계는 로마 가톨릭과 동방정교회로 나뉘는 중대한 국면을 맞는다.[5]

발칸 지역 토착민들은 땅과 권력을 놓고 이 신흥 세력들과 투쟁을 벌였다. 알바니아에서는 거의 모든 곳이 슬라브어 정착촌으로 변모해가는 와중에, 토착민들은 산 속으로 피신해 그들만의 독특한 언어를 지켜나갔다. 그리스인들—고대 명칭인 '헬레네스Hellenes'(이교도를 뜻하는 말이 되었다)를 버리고 스스로 '로마이오이Romaioi'(로마제국의 주민이라는 뜻)라 불렸던—은 외진 곳(섬이나 성벽으로 둘러싸인 도시 혹은 인구 감소 지역)으로 들어가 비잔티움제국의 그리스-로마 문화를 고이 간직했다. 도나우강 하류 지역, 자신들의 칸Khan 영토에서 슬라브족을 지배하던 튀르크어족의 불가리아인들은 결국—영국, 노르망디, 바랑인 일파인 루스족의 지배 엘리트들과 거의 비슷하게—자신들이 지배하는 민족의 언어를 채택하는 것으로 끝을 맺었다. 마케도니아는 20세기 초까지도, 시골마을에서는 슬라브어를 쓰고 도시에서는 그리스어를 쓰는 기본 방식을 그대로 유지하고 있었다.

처음에는 그리스인과 슬라브인이라는 언어적 경계가 곧 기독교도와 이교도라는 종교적 경계를 의미했다. 하지만 9세기와 10세기에 걸쳐 슬라브인 들은 이전의 그리스인들이 그러했듯이 기독교로 개종했고, 개종은 주로 슬라 브족에게 기독교를 전파한 키릴루스Cyril(827~869)와 메토디우스Methodius (825~884) 형제에 의해 이루어졌다. 살로니카 출신인 이 형제들은 그 지역 농민들이 말하는 슬라브어를 접하고, 그것을 기초로 슬라브어 철자와 슬 라브어 예배 의식을 개발했다. 이후 형제와 후계자들이 그것을 이용해 주 민 대부분이 아직 고대의 신을 믿고 있던 동북부유럽의 슬라브인들을 기 독교로 개종시킨 것이다. 이 같은 성공으로 지불해야 했던 대가는 당시 등 장한 정교회 발칸 사회에서 그리스어를 사용하는 특권을 누리던 교회의 희생이었고 이것은 라틴어 사용을 점점 고집한 교황의 태도와는 상반된 것이었다. 여러 언어와 하나의 교회는 비잔티움 정교회만의 비밀이었다.

발칸은 하나의 종교적 단일체나 언어적 단일체가 되기에는 산세가 너무 험하고, 취약하며, 분리돼 있었다. 산의 보호를 필요로 했던 것은 비단 알 바니아인들만이 아니었다. 블라키아인들도 목양牧羊 민족이어서 그리스어 와 슬라브어가 대세를 이루는 가운데 그들 고유 언어인 로망스어를 금세 기까지 지켜왔다. 사라카트사니Sarakatsani족도 그보다 규모가 작긴 했지만 또 다른 목양 민족이었다. 종교는 정교회가 지배적이었으나 그렇다고 모 든 곳에 다 정교회가 퍼져나간 것은 아니었다. 크로아티아 왕들만 해도 자 신들의 슬라브적 배경에도 불구하고 가톨릭을 받아들여 라틴식 예배를 보 았고, 보스니아에서는 제3의 종파인 보스니아교회*가 투르크인들 출현으

---

* 10세기경에 등장한 보고밀교를 말한다.

성 키릴루스와 메토디우스를 기리는 기념물(사마라에서 거행한 슬라브어와 슬라브 문화의 날 행사)

로 사라질 때까지 교세를 계속 확장해나갔다. 1204년 교황은 불가리아 차르에게 왕관을 씌어주었으며, 가톨릭과 이후의 개신교 선교사들 또한 진정한 신앙을 위한 개종에 온힘을 쏟아 부었다. 하지만 이들의 노력도 알바니아와 에게해 섬들 밖에서는 효력을 발휘하지 못했다. 소규모 유대인 공동체도 발칸의 전 지역에 계속 남아 있었다.

그리스어는 비잔티움시대에는 지배적 언어로, 오스만시대에는 복음서, 기독교 문화, 고전학의 언어로, 야심 찬 젊은 왈라키아인과 슬라브인을 매료시켰다. 이 같은 현상은 베네치아인, 독일인, 그리고 나중에는 프랑스인에게도 똑같이 일어난다. 한 오스만 관료의 회고록에 따르면 "루마니아의 유명인사들은 모두" 1860년대까지 그리스어를 알고 있었고, 오스만 관리와 루마니아 관리의 회합에서도 투르크어보다는 그리스어를 더 많이 썼다고 한다. 고전시대로까지 유례를 거슬러 올라가는 유대인 공동체 또한 그리스어를 자신들의 언어로 채택했다. 서유럽인들도 때로는 그리스인이 될 때가 있었다. 1833년 오토Otto 국왕*이 그리스로 넘어올 때 바이에른 용병 수백 명을 대동하고 온 것도 그 같은 예에 속한다. 그 후 1세기 뒤 나치 친위(SS) 대원들은 고귀한 게르만인의 혈통을 찾아 유럽을 샅샅이 뒤지고 다니다, 아티카의 농장에서 자신들의 증손자를 발견하기도 했다. 그들 대부분은 독일어를 잊고 그리스어로 말하는 정교회 기독교인이 되어 있었다. 물론 이들의 그리스화에는 한계가 있었다. 옛 에그나티아 가도Via Egnatia 북쪽에 있는 슬라브어 마을만 해도 그리스어가 거의 침투해 들어가지 못했

---

* 1815~1867. 독일 태생으로 1832년에서 1862년까지 근대 그리스 최초의 국왕을 지낸 인물.

96

다. 알바니아 북부와 도나우강 유역 지역들 역시 그리스어 사용은 고위 성직자들에게만 한정되었고, 도나우강 유역 지역들의 경우 그리스어는 토착 군주들의 궁정에서만 사용되었다. 심지어 훗날 그리스가 될 지역 내에서도 많은 농민은 1950년대까지도 여전히 알바니아어를 쓰고 있었다. 하지만 전체적으로 볼 때 그리스어를 아는 것은 곧, 비잔티움제국이 존재해 있는 한 학문, 종교적 권위, 정치적 힘을 가질 수 있는 바로미터로 인식되었다.[6]

발칸 기독교인들에게 미친 그리스 문화의 지배력은 13세기와 15세기 동안 일어난 비잔티움제국의 붕괴로도 끝나지 않았다. 하지만 문화의 성격은 새로운 민족—투르크어를 쓰는 무슬림—이 출현함으로 변해갔다. 이 투르크 세력은 남동부유럽의 여러 기독교 세력—비잔티움은 물론, 세르비아, 제노바, 헝가리, 베네치아, 그 밖의 다른 왕조들까지—을 격파하고 격파한 지역들을 하나의 정치, 경제적 제국으로 통합하여 5세기 동안 지배했다. 하지만 투르크족의 발칸 정복은 느닷없이 이루어진 것이 아니었다. 정복하기 전부터 이미 그 지역에서 기독교 세력의 동맹자 혹은 원조자로 활발한 활동을 벌이다, 그것이 정복으로 이어졌던 것이다. 이후에도 투르크족은 기독교 병사들을 계속 이용했고, 그 같은 상황은 특히 아나톨리아와 중동 원정 때 두드러졌다. 이렇게 볼 때 기독교도와 무슬림의 관계는 여러 세대가 교류하는 것에 근거한 것이었으며, 정복과 협력의 형태는 독일의 폴란드 침공보다는 오히려 영국의 인도 탈취와 유사한 점이 많다.

심지어 1453년 콘스탄티노플이 함락되기 전부터 기독교인들은 이미 이런저런 이유로 이슬람으로 개종하고 있었다. 15세기의 한 그리스인 대주교는 "돈 벌 욕심과 유력 인사가 되어 호화롭게" 살고 싶은 욕심에 사로잡혀 자발적으로 개종하는 이들을 역겹다는 듯 언급하기도 했다. 16세기 초이슬람으로 개종한 기독교인들의 수는 이미 수십만 명에 이르렀다. 보스니아와 비잔티움 귀족들도 기독교인 신분 그대로 혹은 점점 더 많은 사람이 무슬림으로 개종하여 술탄의 관료로 봉직했는데 그중에는 팔라이올로구스 황가 사람들도 있었다. 1457년 오스만의 대공 마무드 파샤 앙겔로비치M. P. Angelovic가 협상을 벌인 세르비아 군주 미카엘 앙겔로비치M. Angelovic는 실제로 그의 이복형제였다. 훗날 마무드 파샤가 비잔티움의 속주인 트레비존드*의 항복을 받아내기 위해 협상을 벌인 사람도 그의 사촌인, 비잔티움 철학자 게오르기오스 아미로치스G. Amiroutzis였다. 기독교인 아미로치스는 이후 오스만 궁정으로 피신하여 술탄의 총애를 받았고, 그의 두 아들은 이슬람으로 개종해 궁정의 고위 관리가 되었다. 문벌 좋은 마무드 파샤는 스스로 세르비아인과 비잔티움인 자손이었으며, 메메드 2세(1453년 콘스탄티노플을 함락한 정복자 메메드)의 다른 대공들은 그리스 태생이거나 혹은 알바니아 태생이었다. 이들 대부분은 비잔티움제국의 궁정인으로 양성된 기독교도 명문가의 자제들이었다. 그 밖의 다른 아이들은 발칸의 기독교 사회에 부과한 아동 징집을 통해† 신분이 낮은 농민층에서 충원하였다.7

17세기 초까지도 오스만 궁정은 이 같은 노예들에게 의존했다. 17세기

---

* 일명 트라브존.
† 발칸의 기독교도 어린이를 차출하여 만든 예니체리제도를 말한다.

에 무스타파 알리는 이렇게 썼다. "룸Rum‡ 영토의 주민은 거의가 혼혈인이다. 명문가 중에는 고결하고 뛰어난 무슬림으로 성장했음에도 족보를 거슬러 올라가보면 이슬람으로 개종하지 않았거나, 외가 쪽이든 친가 쪽이든 인종적으로 더러운 이교도의 피를 물려받지 않은 사람이 없을 정도다." 제국의 지배 엘리트들은 바로 이 같은 엘리트적 특성에 힘입어 유럽 전역에서 존경받았으나, 연구자들은 최고위 관리들 중에도 때로는 비천한 집안 출신이 있다는 사실을 알고 무척 놀랐다. 1610년 조지 샌디스G. Sandys§는 오스만제국에는 세습 귀족, 즉 "태생적 귀족이라는 것이 없다. 투르크인들 중 흠 없는 사람은 거의 없다는 말이다"라고 일침을 가했다. 오스만제도의 특징을 투르크적으로 말하는 것에는 사실 어폐가 있다. 19세기만 해도 이런 말이 언급돼 있었다. "무슬만 치고 자신을 투르크인이라 부르는 사람은 아무도 없다. 그런데도 그를 투르크인이라 부르는 것은 곧 그를 모욕하는 것과 같다."(투르크인은 아나톨리아 농민을 지칭하는 말로 쓰였다.) 오스만 궁정에 이토록 개종자가 넘쳐나다 보니, 한동안은 슬라브어와 투르크어가 궁정의 공식 언어 자리를 놓고 각축전을 벌이기도 했다. 윌리엄 리스고에 따르면, "고상한 쪽은 슬라브어를 썼고, 비천한 쪽은 타타르어에 기원을 둔 말로, 공식 용어는 페르시아, 종교 용어는 아랍, 전쟁 용어는 그리스, 항해 용어와 명칭은 이탈리아에서 빌려온 투르크어를 사용했다"라고 한다. 레이디 메리 워틀리 몬터규는 이렇게 말했다. "수도의 시민들은 투르크어, 그리스어, 헤브루어, 아르메니아어, 아랍어, 페르시아어, 러시아어, 스클라보니아

‡ 아나톨리아.

§ 1578~1664. 해외에서 식민지 업무를 보기도 한 영국의 여행가 겸 시인.

어, 왈라키아어, 독일어, 네덜란드어, 프랑스어, 영어, 이탈리아어, 헝가리어로 말을 했다. 그보다 더 불편했던 것은 우리 식구들 간에도 이 수십 개언어를 썼다는 것이다."8

개인적으로는 이슬람으로 개종하는 것이 정부 관료로 출세할 수 있는 선결 조건이었다. 하지만 전체적으로 볼 때 이슬람으로 대규모 개종하는 것은 발칸의 몇몇 지역에 한정되었다. 오스만에 최초로 정복당한 지역인 트라키아*와 마케도니아의 경우, 제국은 이들 지역의 기독교인 마을에 아나톨리아인들을 이주시켜 살게 하였다. 그렇다고 오스만제국의 이주 사업이 기독교도의 이슬람화에 결정적인 역할을 했느냐 하면 그것은 또 아니었다. 보스니아, 불가리아의 일부 지방, 그리고 나중에는 키프로스와 알바니아, 크레타에서는 투르크인들이 이주하지 않아도, 상당수 기독교도 농민들이 자발적으로 개종했고 때로는 집단으로 개종하기도 했다. 불가리아에는 "한 마을 전체가 이슬람으로 개종한다"든지, "이교도들이 사는 큰 마을 주민들이 시간이 흐르면서 모두 이슬람으로 개종함"에 따라, 공동체에 제공해줄 모스크의 신축을 명하는 또 하나의 오스만 파트와fatwa†가 시작됐다는 글이 전해져 오고 있다. 1536년 11월 자그레브 주교는 불안한 어조로 이렇게 말했다. "여생을 좀더 평화롭게 보내려는 마음에서 사람들이 자꾸만 이슬람으로 개종하고 있다."9

대규모 개종은 오스만 말기까지도 이어져, 알바니아의 기독교인들은 18세기에 이슬람을 받아들였을 정도다. 19세기 중반 한 여행가는 로마 가

---

* 일명 트라케.
† 이슬람의 법령.

100

톨릭 신자들이 대부분인 드리나강 유역 마을에서 "근래에 박해가 너무 심해져 많은 사람이 이슬람으로 개종했다"는 사실을 알게 된 내용을 전해주었다.[10]

개종에 대한 설득력 있는 주장은 오스만 세계에서 비이슬람교도들이 차지한 이류적 지위로도 설명할 수 있다. 오스만제국은 기독교도(와 유대인)를 "성경의 민족people of the Book"이라 하여 관대하게 대해주었으나, 그래도 종교로 인한 차별과 냉대를 피할 수는 없었다. 가령 기독교도들은 말을 타지도 못했고, 녹색 옷을 입지도 못했으며, 교회도 일정한 높이 이상으로는 지을 수 없었다. 오스만 궁정에서도 기독교인의 말은 무슬림의 말보다 낮게 취급했으며, 군복무를 하지 않는다는 이유로 세금도 무겁게 물렸다. 하지만 이 같은 고난에도 발칸인들은 대부분 비투르크어 특성을 지닌 기독교인으로 남아 있음으로써, 셀주크 지배로부터 수세기 동안 투르크어와 이슬람에 압도된 아나톨리아의 오스만 영토와 뚜렷한 대조를 보여주었다.[11]

오스만 유럽에서는 인구의 태반―80퍼센트는 될 것이다―이 기독교도로 남아 있었다. 심지어 이슬람이 침투한 농촌 지역에서조차 투르크어는 힘을 쓰지 못했다. 보스니아 무슬림들은 여전히 자신들의 모국어인 슬라브어를 썼고, 무슬림인 잔니나의 알리 파샤도 투르크어가 아닌 알바니아어와 그리스어를 썼다. 크레타의 무슬림 농민들은 그리스어를 쓰면서, 그들 대부분의 조상인 기독교인들만큼이나 크레타의 서사시 에로토크리토스Erotokritos를 즐겨 읽었다. 에디르네 일대 투르크족 중심지를 벗어난 외곽 지역에서는 투르크어가 도심에서만 쓰는 행정 언어로 역할이 축소되었다. 보스나 세라예(사라예보), 스코페, 소피아 같은 도시들은 거의가 이슬람 일색이었고, 기독교 해역에 속하는 오스만 지배하에 투르크어를 사용하는 섬들도 독일어를 쓰는 도시들만큼이나, 슬라브어 사용 지역인 동유럽에서 제 역할을 다했다.[12]

발칸이 또 하나의 이슬람 영토가 되지 않았던 것은 술탄이 그것에 별 열의를 보이지 않았던 탓도 있었다. 기독교도들은 높은 세금을 물고 있었고, 이들이 대규모로 개종할 경우 제국의 재정이 허약해질 우려가 있었던 것이다. 17세기 여행자들은 이렇게 말했다. "아주 많은 그리스인들이 이같이 무자비한 폭정을 더 이상 감내할 수 없어 투르크인이 되고자 했으나, (그들의 지배자에 따르면) 이들을 무슬림으로 받아들일 경우 세금이 크게 줄어들기 때문에 많은 사람이 개종을 거부당했다는 것이다." 거기에는 또 무형적인 요인도 한몫을 했다. 오스만 정부가 두 차례(1517년과 1647년)에 걸쳐 발칸 기독교도들을 이슬람으로 강제 개종시킬 것을 진지하게 고려하자, 코란에 근거한 종교적 반대가 일어났던 것이다. 전반적으로 무슬림 사회에는 이단자와 이교도를 다 몰아내려고 한, 기독교 사회에 만연한 광기 같은 것이 없었다. 광기는커녕 이슬람 율법에는 기독교와 유대인 공동체의 신앙인들에게 관용을 베풀 것을 명하는 내용이 들어 있었다. 이슬람 율법은 무슬림이 다른 종교로 개종하는 것을 금하기는 했지만 그렇다고 다른 종교에 이슬람으로 개종할 것을 요구하지도 않았다. 실제로 많은 개종자는 진정한 신앙을 받아들이려는 자신들의 욕구가 물질적이거나 저열한 동기로 생겨난 것이 아님을 애써 보여주어야 했다.

결과적으로 이슬람 지배가 정교회 측에 끼친 폐해는 로마 가톨릭보다 훨씬 약했다. 가톨릭 군대는 1204년과 1444년의 십자군원정 때 발칸의 기독교도들을 파멸로 몰아넣었고, 베네치아 또한 크레타와 펠로폰네소스를 가혹하게 통치했다. 1694년 베네치아에 잠시 점령당한 적이 있는 키오스 주민들은 그 후 "투르크인 지배를 받을 때가 백 번 나았다"라고 당시를 회고했다. 1641년에는 정교회 수도승이 한 가톨릭 선교사에게 이렇게 말했다. "우리를 미워하고 박해한 당신네 라틴인들에게 합류하느니 차라리 투르크인이 되겠소이다." 하지만 실상 정교회와 가톨릭 관계는 제국의 외곽보다는 내부에서 더 조화로울 때가 많았다. 17세기 키클라데스제도만 해도, 가톨릭 신자가 소수에 불과했던 그곳 섬 주민들은 정교회 신자와 가톨릭 신자가 서로의 교회를 오가며 사이좋게 예배를 보기도 했고, 나란히 이웃하여 각자의 교회를 짓기도 했던 것이다. 1749년까지도 정교회 총대주교는, 정교회 예배 의식과 가톨릭 예배 의식의 차이점을 모른다 하여 시프노스*와 미코노스 주민들을 질타할 정도였다. 하지만 전체적으로 보면 발칸 지역에서 활동한 예수회와 다른 선교 단체들의 노력에도 불구하고 정교회에서 가톨릭으로 개종한 농민 수는 극소수에 불과했다. 오스만 정부는 정교회 총대주교와 가톨릭 교황 사이에서 정교회 쪽으로 기우는 정책을 취했고, 그것은— 교황과 달리— 총대주교가 특히 오스만 정부의 시녀 역할을 해준 때문이었다.[13]

18세기 중반, 안티오크 총대주교구의 성직 임명을 둘러싼 논란이 불거지자 총대주교는 불현듯 제국 내의 로마 가톨릭 활동에 대해 정교회가 그동안 너무 안이한 태도를 취했다는 경각심을 갖게 되었다. 에큐메니컬 총

---

* 키클라데스제도에 속해 있는 한 섬.

대주교Ecumenical Patriarchate*가 장차 '밀레트millet'제도로 알려질 중앙집권적 교회 지배제도의 초석을 깔아놓으며—오스만 정부의 행정 개혁 시도와 병행하여—정교회 신자 사회를 강하게 통제하기 시작한 것이 바로 이 시점이었다. 하지만 정교회는 이보다 훨씬 이전, 최소한 술탄 메메드 2세†가 기독교도 '신민flock'(re'aya)에 대한 새로운 통치 지침을 마련할 때부터 이미 느슨하게나마 오스만 정부에 예속돼 있었다. 기독교도들은 유대인들과 마찬가지로 짐미zimm‡, 즉 '보호받는 민족'으로 인식되었기 때문에 제국에 충성을 다하며 세금만 잘 납부하면 그들 관습에 따라 스스로 통치하는 것이 허용되었다. 정교회 총대주교— 이들 중에는 콘스탄티노플 에큐메니컬 총대주교와 같은 뛰어난 인물도 있었다—는 이 두 가지 요건에 대한 보증인이었고, 그렇게 되자 총대주교는 점점 '이교도 집단'의 수장으로 간주되었다. 그에 대한 보상으로 총대주교는 공동체를 위해 정교회 신자들에게 세금을 징수할 권한과 교회 법정을 통한 기독교도의 재판권을 갖게 되었다. 총대주교 대리인들은 세금을 징수하러 다닐 때 투르크인 병사들을 대동하는 등, 직무상 특권을 누렸다. 그러자 술탄은 교회 성직자들에게 새로운 역할을 부여했다. 즉 비잔티움제국에서 행사하던 영적 기능 외에도, 오스만제국 내 정교회 백성의 대변자로서 정치와 행정 기능까지 담당하도록 한 것이다.14

이러한 방식으로 발칸을 정복한 오스만은 정교회 기독교를 압살하기는

---

* 동방정교회의 수장으로 콘스탄티노플 총대주교.

† 정복자 메메드.

‡ 일명 딤미dhimmi. 이슬람법은 비이슬람 백성을 짐미와 이교도로 구분.

커녕, 총대주교와 그의 적敵, 라이벌 모두가 느낄 수 있을 만큼 교회에 많은 이점을 가져다주었다. 교회는 비잔티움제국 붕괴라는 최후의 혼란기를 보내고 나자 그때부터 회복력을 발휘해, 실제로 발칸과 아나톨리아에서는 교세를 확장하기도 했다. 투르크족 덕에 정교회는 지중해 동부 베네치아인과 제노바인들이 가하는 가톨릭 위협에서도 자유로울 수 있었다. 알고 보면 발칸도 오스만 세력에 의해 몇 세기만에 처음 통합을 이룬 것이었다. 16세기 말 오스만 수도에 거주하는 기독교인들은 "투르크 정부가 아닌 다른 어떤 정부의 지배도 원치 않는다"라고 말했다 한다. 1715년에는 베네치아군을 격파하고 펠로폰네소스를 재정복한 투르크군을 그곳 그리스 농민들이 쌍수를 들어 환영하기도 했다.[15]

오스만제국은 발칸에 종교적 자치권을 부여해준 것은 물론 번영도 가져다주었다. 처음부터 세금의 일부는 교회가 징수하도록 해주었고, 그 덕에 몇몇 사람들은 엄청난 부를 축적하기도 했다. 15세기에는 총대주교를 만들어내기도 하고 파멸시키기도 한 미카엘 칸타쿠제노스M. Kantakuzinos가 파샤 및 와지르(고관)들과 교분을 맺어, 그들에게 존칭을 들었던 것으로 전해지고 있다. 훗날 베네치아인과 같은 교역 경쟁자들이 쓰러졌을 때는 정교회 상인들이 중부유럽과 남부러시아에 새로운 시장을 개척, 그로 인한 덕을 톡톡히 보기도 했다. 정교회 상인들은 교역으로 부를 축적한 다음 커다란 상선대商船隊를 조직했다. 서구에서 교육받고 상당한 재력을 지닌 콘스탄티노플의 그리스인 유력 가문들 — 거주지인 파나르를 따라 파나리오테로 불렸다 — 은 오스만 정부 최고위층의 대변자로 활동하며, 총대교구의 속인 업무를 관장하기 시작했다. 그리스인 통역자들 또한 17세 중반 크레타에서 있었던 베네치아 항복 협상과 1698년 합스부르크제국과 한 카를 로비츠 평화 협상에서 중요한 역할을 담당했다. 알렉산드로스 마브로코르 다토스가 오스만 측의 주 협상가였던 라미 메메드 에펜디 옆에서 뛰어난 활약을 보여준 것이 바로 이 협상이었다. 마브로코르다토스의 아들은 그리 스인들 중에서 최초로 도나우강 유역 자치 구역의 군주로 임명되어, 18세 기에 부쿠레슈티와 이아시를 오스만, 러시아, 이탈리아, 중부유럽의 영향 력이 교차하는 그리스 학문과 문화의 중심지로 변모시켰다. 태생적으로는 기독교도 그리스인이고 충성심과 이기심을 통해 오스만인이 된 파나리오 테들은 그들 중 가장 널리 알려진 인물이 세련되긴 했지만 어딘가 좀 모호 하게 표현한 것을 빌리면, "더 이상 훌륭할 수 없는 그리스인들"이었다. 그 들에게 그리스인의 존재는 곧, 술탄에 대한 봉사로 얻어지는 명예, 부, 영 광을 의미했다. 알렉산드로스 마브로코르다토스는 이렇게 썼다. "우리는 복음서에 나오는 '카이사르의 것은 카이사르에게 돌리고'의 규정을 따르 고 있다. 우리 기독교인들은 본래 덧없고 타락하기 쉬운 것과 영원하고 신 성한 것을 혼동하지 않는다."[16]

"타락하기 쉬운 것"이라면 파나리오테들도 경험해봐서 잘 알았다. 총대 주교구 내에서 재정·윤리적 문제가 불거져 나오는 것과 비례해 그들의 출세도 빨라졌기 때문이다. 1495년 이후 15세기에만 총대주교가 열아홉 번이나 바뀌었고, 그 다음 세기에는 무려 61명의 총대주교가 배출되었다. 교회는 오스만 관리들에게 전달하는 막대한 뇌물로 최고위 성직이 매관됨 에 따라 심하게 부패했다. 때로는 총대주교 후보가 부유한 파나리오테들 에게 빌려서 마련하기도 하는 그 돈은 결국, 교회가 기독교도 농민들에게 부과하는 세금으로 충당되었다. 에큐메니컬 총대주교 아래 자꾸만 심해지던 교회의 중앙집중화 또한 재원 고갈을 가중시키고, 그 결과 문제를 더욱 악화시키는 요인이 되었다. 한 영국인 여행객에 따르면 그 당시 "그리스인 농민들은 흔히, 이 나라는 성직자, 지방의 기독교도 유력 인사cogia bashis, 투르크인이라는 세 가지 재앙 아래 신음하고 있는데 이 재앙들은 늘 위에 열거한 순서로 일어난다"라고 말했다는 것이다. 19세기 보스니아에서는 "그리스 총대주교가 손을 써, 주교들은 모두 파나리오테들로 채워졌고 그리하여… 인구의 태반을 차지하고 있던 보스니아 정교회 기독교도들은 혈통, 언어, 감정적으로 전혀 생소한 성직자들에게 복종해야만 하는 상황에 처하게 되었다. 이 성직자들로 말하면 투르크 관리들과 손잡고 정교회 신자들을 억압하는가 하면, 때로는 그들보다 더 심한 도덕적 타락을 저지르기도" 했다. 일이 그렇게 된 까닭은 간단했다. 즉 "매년 타락의 원인이 된 자에게 성직자들이 막대한 뇌물을 바쳐야 했기 때문"이다. 이 같은 착취와 부패의 결과 정교회는 자신들이 일찍이 표방한 세계 교회주의의 종말을 맞게 되었고, 교회와 신도들 간의 불신을 초래했으며, 그리스어를 쓰지 않는 곳에서는 농민들이 '그리스' 교회에 착취당했다는 감정을 갖게 되어 결과적으로 발칸 민족주의가 태동하는 원인이 되었다.[17]

하지만 부패가 교회 조직을 갉아먹는 동안에도 발칸의 정교회는 나날이 발전하여, 그 교세가 지중해에서 흑해, 북이탈리아에서 러시아까지 뻗어나갔다. 정교회 발칸 사회에서 높은 교육 수준과 기동력을 갖춘 기독교인들에게 허락된 이동과 사고의 자유가 어느 정도였는지는 교육자 겸 학자였던 이오시포스 모이시오닥스I. Moisiodax와 같은 걸출한 인물들의 여행과 이력을 통해 추적해볼 수 있다. 1725년 현 루마니아의 도나우강 남쪽 둔덕에서 블라키아인으로 태어난 모이시오닥스는 살로니카, 스미르나*, 아토스산 등지에 있는 학교들을 다니며 그리스화가 된 뒤 파도바에서 다시 공부해, 발칸 그리스 학문의 요람이던 이아시와 부쿠레슈티의 귀족 학교에서 학생들을 가르쳤다. 이아시와 부쿠레슈티뿐 아니라, 베네치아, 빈, 부다페스트로도 여행을 한 그는 "해외에 거주하는 그리스인들은 빠짐없이 다" 보았다고 큰소리쳤다. 그와 동시대인으로 스코펠로스Skopelos에서 태어난 콘스탄티누스 다폰테스C. Dapontes 역시, 콘스탄티노플에서 교육받고 오스만 영토를 광범위하게 여행한 인물이었다. 그는 자신의 수도원에 있는 진실 십자가True Cross를 들고 발칸을 횡단하는 8년간의 여행을 시작했다. 그는 먼저 배편으로 아토스산을 출발하여 장차 불가리아 땅이 될 곳을 횡단, 도나우강과 몰다비아에 도착한 다음 거기서 다시 남쪽으로 방향을 돌려 콘스탄티노플에 온 뒤―그 자신의 말을 빌리면, 그 덕으로 다른 곳에서는 기승을 부린 역병이 콘스탄티노플을 피해갔다고 한다―1765년 의기양양하게 성산†으로 돌아왔다.

다폰테스의 인생 주유周遊는 그의 고향 섬이 곧 그의 '조국'이던 세계에서 일어난 일이었다. 요컨대 그에게 '그리스'는 어떤 정치적 의미나 영토적 의미도 없는 말이었다는 것이다. 남동부유럽은 국가가 아닌 정교도의 상징들로 규정되었다. 시간도 세속적 의미의 역사로 측정되는 것이 아니라 동방정교회의 흐름으로 측정되었다. 거룩하고 초자연적인 존재가 생활 전반

---

* 현 이즈마르.
† 아토스산의 다른 이름.

을 지배했다. 그렇다고 발칸 정교회가 온통 영혼으로만 뒤덮였던 것은 아니다. 거기엔 물질적 보상도 있었다. 사모스와 키프로스에서는 향기로운 포도주를 생산하였고 알레포에서는 피스타치오를 재배하였으며, 스미르나에서는 무화과, 몰다비아에서는 사과를 재배하였고, 왈라키아는 치즈가 유명했다. 역사가 크리스토퍼 도슨C. Dawson‡이 비잔티움제국은 어째서 교황이 지배한 서구와 달리, 유럽의 비잔티움 영역에서 문화·종교적 기반을 다지지 못했느냐는 의문을 제기했을 때, 그는 비잔티움 문화가 실제로 오스만제국의 지배를 받으며 정교회의 지도 아래 면면히 발전하고 있었다는 사실을 간과한 것이었다. 비잔티움 문화는 술탄의 수도에 살면서 비록 오스만 정부에 대한 충성과 비잔티움제국의 부활을 바라는 희망 사이에서 때로 길을 잃기는 했지만, 그런 가운데서도 정교회와 헬레니즘의 충실한 지원자로 남아 있었던 그리스 파나리오테들의 허영심 많은 글 속에서 계속 발전했다. 그리고 다시, 에우게니오스 불가리스E. Voulgaris(1771~1806) ― 아마도 18세기 정교회의 가장 중요한 인물일 것이다 ― 와 같은 교회 지성인들의 손에서 발전을 거듭했다.[18] 불가리스는 자신이 태어난 (베네치아 지배하의) 코르푸, 투르크 지배하의 잔니나, 그리고 파도바대학교에서 공부한 다음, 그 학식을 아토스와 콘스탄티노플에 이어 저 멀리 러시아의 예카테리나 2세(재위 1762~1796)에게까지 전수하면서 그녀에게 동유럽으로 세를 뻗치려 하는 가톨릭의 위험성을 경고해주었다.

독립적이면서 공존하는 종교제도는 오스만 통치 기구의 기본 방침이었

---

‡ 1889~1970. 영국의 저명한 가톨릭 사학자.

다. 술탄의 신민들은 신앙 공동체로 나뉘어져, 랍비, 주교, 카디cadis*가 사법, 민사, 서로 다른 종교를 가진 신도들에게서 세금을 징수하는 것을 비롯한 각종 경제 문제를 책임지는 교회 조직의 지배를 받았다. 이때 종교는 공동체와 개인을 구분 지으며 때로는 이 둘을 분리하는 역할도 했지만, 삶의 문제와 딜레마에 있어서는 공동의 입장을 취하였다. 그 점은 특히 유럽 다른 지역의 지배 체제와 비교할 때 미증유의 종교적 관용—리스고의 말을 빌리면 "술탄의 전 영역에서 모든 종교에 완전한 양심의 자유가 허용"되는— 을 베풀어준 지배 체제하에서는 진실이었다.[19]

종교의 힘은 모든 신앙인에게 두려움과 존경의 대상이자 상담자 역할도 하는 공유 자원이었다. 기독교인들은 모스크나 (성소를 뜻하는) 테케tekkes †에서 부적 혹은 거룩한 땅을 채집하며 무슬림의 지혜를 이용했다. 한 기독교 순교자의 전설에는 무슬림 여성이 총대주교에게 치료받은 내용이 전해지고 있다. 이 총대주교는 처음에는 "우리와 다른 종교를 가진 사람을 받아들이는 것은 적절치 않다"라는 이유로 이 여인을 물리쳤으나, "내게 오는 자는 내가 결코 쫓지 아니 하리라"‡는 성경 말씀을 읊조리며 마음을 고쳐먹었다고 한다. 무슬림들도 기독교 성직자, 유대인, 랍비, 누구든 가리지 않고 찾아다녔다. 그에 대해서는 이런 일화가 전해져오고 있다. 즉 16세기에 이스탄불의 한 남자가 생명이 위독할 정도로 몸에서 열이 펄펄 끓자, 병상에서 일어나면 다시는 어린 소년에게 손을 대지 않겠다고 맹세해놓고

---

* 이슬람의 법관.

† 페르시아어로는 자위야.

‡ 요한복음 제6장 37절에 나오는 구절.

병이 낫자 마음이 바뀌었으나, 그래도 뭔가 찜찜하여 맹세는 깨지 못하고 있었다. 이스탄불 울라마§의 가르침까지 받은 처지에 한번 맹세한 것을 쉽사리 깰 수 없었던 것이다. 그래서 그는 고심 끝에 살로니카의 랍비에게 가 묘책을 구했다는 것이다(랍비는 그에게 남자가 아닌 여자를 상대하라는 권고를 했다고 한다).[20]

뱃사람과 같이 특별한 위험에 노출된 사람들도 보편적인 정교회 신앙을 자주 찾았다. 뷔스베크A. G. de Busbecq는 이렇게 썼다. "투르크인들은 항해 준비를 마치고 나면 그리스인들에게로 와, 바다에 신의 축성이 내려졌는지 물어보았다. 이때 신의 축성이 내리지 않았다는 말을 들으면 항해를 연기했고, 의식을 통해 축성이 내려졌다는 말을 들으면 배를 띄워 항해를 시작했다." 온갖 종교를 다 믿는 사람들답게 선원들 — 특히 해적과 해적선 — 은 성모마리아상도 숭배했다. 언젠가 프랑스인이 바다에서 폭풍을 만나자 한 투르크인 선원이 성모마리아께 기도를 드려보라는 말을 하면서, 그 까닭을 빈에 포로로 잡혀 있을 때 누군가 성모마리아의 기도가 효험이 있다는 말을 해주었기 때문이라고 했다. 이 풍진 세상을 살아가는 데는 누구든 종류에 관계없이 신의 도움을 필요로 했고, 이 말은 곧 안 믿는 것보다는 어떤 신이든 믿는 게 낫지, 그렇지 않으면 나락에 떨어질 수도 있다는 말이었다. 투르크군 전함에서 복무한 한 영국인 노예는 그것을 이렇게 말했다.

노예들이 처음 배에 오르자 투르크군이 그들에게 무슨 종교를 믿는지 물어보

---

§ 회교 지도자.

았다. 그들이 가톨릭 기독교를 믿는다고 하자, 투르크군은 기독교를 버리고 무슬림이 되는 게 어떠냐고 그들의 의향을 떠보았다. 노예들이 한사코 그것을 거부하자 투르크군은 진정한 종교를 받아들이길 거부하니 어쩔 수 없다고 하면서, 그럼 차선책으로 기독교라도 믿어 신께 구원을 청해야 한다고 말했다. 그러더니 그들은 곧 작은 선실 하나를 떼어주며 그것을 예배실로 개조해 매일 규칙적으로 기도를 올리게 했다.[21]

역병, 가뭄, 홍수, 지진, 해적, 전쟁, 화재, 오스만 발칸인들의 일상적 삶을 위협한 이 모든 인간고人間苦들이 종교적 경계를 넘나드는 사람들 사이에, 하늘의 힘과 지혜 그리고 지식을 숭상하게 만드는 요인이 되었다. 몇몇 성인聖人들이 특정 도시의 수호신으로 받들어 모셔진 것도 그런 예에 속했다. 위험을 물리치는 수호신의 힘은 기독교인과 무슬림 사이에 공통적으로 받아들여졌다. 메초본Metsovon*의 성 니콜라오스 유골이 트리칼라시†의 역병을 잠재우고 메뚜기 떼를 퇴치해주자 '기독교인과 투르크인 모두 기뻐' 날뛰었다. 또 다른 경우로 키프로스에 메뚜기 떼—태양 광선도 뚫기 힘든 시커먼 먹구름과도 같은—가 내습했을 때는 성 미카엘의 오른손이 막아주어 사람들을 안심시켜주었다. 정교회 신자가 순교당했을 때는 기독교인들과 함께 무슬림들도 어떤 거룩한 징후—시체에서 뿜어져 나오는 '형언할 수 없이' 향기로운 냄새, 초현실적인 광채, 시체가 부패하지 않는 현상 등—를 느낀 것으로 전해지고 있다. 아기아Agia에서도 일어났듯이, '손에

---

* 메초보의 다른 이름.
† 그리스 테살리아의 지명.

커다란 횃불을 들고 미끄러지듯' 나타나는 뱀파이어들로 마을이 공포에 휩싸일 수도 있는 상황에서는 더더욱 종교 간의 장벽이 있을 리 없었다. 1872년 에디르네에서는 이슬람 성직자 호쟈hodja와 기독교 성직자의 힘으로도 마을에 출몰한 뱀파이어를 쫓아내지 못하자 투르크인 마법사를 청하여 푸닥거리를 한 뒤에야 겨우 불안감을 해소할 수 있었다고 한다.[22]

오스만 발칸은 이렇게 해롭기도 하고 유익하기도 한, 보이지 않는 유령들에게 지배당하고 있었다. 어떤 가문은 인간의 탈을 쓴 뱀파이어 집안으로 알려져 있어 사람들에게 두려움의 대상이 되었다. 심지어 속옷 속에 꼬리를 감추고 다니는 인간들에 대한 이야기도 전해지고 있을 정도다. 종류에 관계없이 모든 종교의 열성 신도들은 흉안을 막는 액막이로 부적을 사용했고, 그 밖에 마늘, 매듭지어진 끈, 멧돼지의 엄니 같은 동물의 뿔, 특정 딸기류도 액막이로 사용하였다. 성직자들도 그 나름으로 신자들의 부탁을 받고 부적을 써주기에 바빴고, 이들이 써준 부적이 효력을 나타내지 못하면 기독교도들은 무슬림들에게로 가 부적을 빌리는 경우도 있었다. 이 같은 미신은 우스갯감이 될까 두려워 겉으로 내색만 안 할 뿐 오늘날에도 많은 사람이 믿고 있다.[23]

하지만 이 웃음거리야말로 외부인들을 끌어들이는 자석과 같은 요소였고, 그들 눈에 이 같은 현상은 미신에 집착하는 무지함에, 매혹, 재미, 인종에 얽매이지 않는 초연함, 끔찍함이 뒤섞인 현상으로 비쳐졌다. 가톨릭 교인들은 신자들에게 거의 절대적인 장악력을 행사하는 정교회 마을 사제들에게 특별히 불쾌감을 드러내면서 그들의 무지를 질타했다. 두브로브니크의 슬라브-이탈리아 문화권에서 태어난 제수이트 교단의 천문학자 겸 수

학자 보슈코비치R. G. Boscovich(1711~1787)는 1762년 콘스탄티노플 외곽에서 불가리아 시골 마을 성직자와 대화를 나눈 뒤 받은 충격을 이렇게 이야기했다. "그의 무지함과 이 모든 가난한 이의 무지함은 믿을 수 없을 정도로 심하다. 이 사람들은 금식과 휴일, 십자가 형상, 무슨 성상인가의 숭배… 어떤 기독교인의 이름을 빼면 자신들의 종교에 대해 아무것도 아는 것이 없다. 그날 저녁 내가 알아본 바에 의하면… 이들은 주기도문도 몰랐고, 사도신경도 몰랐으며, 기독교의 바탕이 되는 신비적 요소조차 알지 못했다." 그 후 1세기 뒤 왈라키아 지방을 두루 여행하고 다닌 워링턴 스미스w. Smyth*도 그와 비슷한 어조로 개탄을 금치 못했다. "이들 사이에 만연한 무지함의 정도는 매우 심각하다. … 성직자의 지식이래야 농사꾼보다 나을 게 없고, 교구의 '사제'라는 사람이 가죽옷을 입고 신자 중에서도 최하층민이나 하는 쟁기질을 하고 있다."[24]

마을 사제가 그 정도였으니 신자들은 더 말할 것도 없었다. 1615년 세니Senj†의 가톨릭 주교는 자기 교구의 새 신도들에 대해 이렇게 말했다. "그들은 신성로마 교회를 믿고 있으면서도 기독교 교리에 대해서는 당최 아는 것이 없다." 그 후 3세기 뒤 그리스의 한 민족지학자는 "농부들도 신앙심이 깊긴 했으나, 그것은 기독교의 본질에 대한 믿음에서 나온 것이라기보다는 두려움에서 비롯된 것이다"라고 말했다. 발칸 농부들은 성인聖人들이 자신들을 무시한 사람을 벌 준 정도에 따라 성인들에 대한 '경', '중'의 등급을 매겼다. 18세기 후반 세르비아의 프로타 마티자 네나도비치P. M. Nenadovic는 마을

---

* 1817~1890. 영국의 지리학자.

† 크로아티아의 항구 도시.

사제의 자격으로 행한 지극히 초보적인 교육을 머리에 떠올리며, 당시의 상황을 이렇게 말했다. "어떤 노부인들, 심지어 남자들까지도 내 어머니께 이런 식으로 말하는 겁니다. '자매님은 참 좋으시겠어요. 성인들 이름을 알려주는 유식한 아드님을 둔 덕에 하기 싫은 공부는 안 해도 되잖아요.'"[25]

하지만 교리의 무지를 부각시키는 이 같은 관점은, 발칸의 보통사람들과 그 사제들보다는 오히려―서방 방문객, 학자, 교리상의 오류를 경계하는 고위 성직자, 직업적 이교도 사냥꾼 등의―국외자들이 지니고 있던 기독교(와 종교 그 자체)의 특수한 개념에 더 많은 초점을 맞춘 것이었다. 19세기 초 한 프랑스 학자의 눈에 발칸 농민들은 "전혀 계몽되지 않은 사람들"로 비쳤다. 이 말 역시, 교리보다는 예배에 더 많은 비중을 둔 무지한 정교회 농촌 신자들보다는 유식한 도시 엘리트들 사이에 더욱 의미 있게 받아들여진, 다시 말해 지극히 명쾌한 교리를 전제로, 종교 역시 교리의 문제일 수밖에 없다는 의미가 내포돼 있었다. 또한 종교는 집단적 신앙이나 예배의 문제이기보다는 개인적이고 사념적인 신학의 문제라는 점도 내포돼 있었다. 다시 말해 이 관점은 과학과 기술적 지식에서 종교를 뚜렷이 구분 짓는 것은 물론, 마법적이고 초자연적인 세계와도 분명히 선을 긋고 있었다. 신학적 정밀함의 면에서 정교회 사제들이 일반적으로 가톨릭 사제들보다 교육과 지식 수준이 떨어졌던 이유는, 발칸에서는 경건함이나 도덕적 안내자 역할보다 예배 의식이나 계율 준수를 더 중시했기 때문이다.[26]

민간 종교에 더 동정적인 또 다른 관점은, 삶의 모험을 회피하려는 갈망, 살아가면서 부딪힐 수도 있는 뜻하지 않은 위험을 설명하거나, 또 할 수만 있다면 그러한 위험과 비극을 미리 예측하려는 갈망이 정교회에 있다는 점을 지적하고 있다. 요컨대 그 안에는 농민적 합리성이 내포돼 있다는 말이다. 마늘로 흉안을 피하려 한다든지, 적절한 방식으로 수집하고 기독교 사제나 이슬람의 호쟈hodja가 가족구성원의 이름을 부르며 채집한 신성한 흙과 유골을 그 구성원이 앓아눕거나 사고를 당했을 때 극약처방으로 사용하는 것 역시 그 같은 경우에 속했다. 극단적으로 말하면 이런 해석은 종교를 보험의 형태로 전락시키는 면이 있기는 하지만, 한편으로는 농민들 스스로 교리의 차이는 별문제가 되지 않는다는 점을 인정하는 장점을 지니기도 했다. 심지어 교회 상황이 척박한 농촌 지역에서는 이것이 (오스만정부를 비롯한) 외부인들을 별개로 본 종교 간의 심각한 차이로 발전해가기도 했다. 20세기 초 알바니아의 한 투르크인 전신 기사는 "이곳의 이슬람교도는 진정한 이슬람교도가 아니다. 기독교인도 진정한 기독교인이 아니다"라고 말했다. 레이디 메리 워틀리 몬터규는 이렇게 주장했다. "기독교도와 무슬림 사이에 끼어 살며 논쟁에 익숙지 않은 사람들은, 이 둘 중 어느 것이 더 좋은 종교인지 도무지 분간이 안 간다고 털어놓는다. 그러면서도 진리를 거부하면 안 된다는 생각으로 아주 신중하게 두 종교를 함께 믿으면서 금요일에는 모스크에 가고 일요일에는 교회를 다닌다." 어떤 종교를 믿느냐는 질문에 마케도니아의 농부들은 성호를 그으며 "우리는 성모마리아를 믿는 무슬림입니다"라고 조심스럽게 답했다. 그보다 수세기 전 렘노스 그리스 교회에서 투르크인들의 모습을 보고 놀란 뷔스베크도 이들에게서 그와 비슷한 말을 들었다. "무슬림에게 교회 다니는 이유를 물으면 그들은, 오랜 경험으로도 입증되었듯이 예로부터 유용성보다는 관습이 더 오래 가는 경우가 많았고, 따라서 우리보다 더 많이 알고 더 많이 볼 줄 알았던 고대인들이 인정한 관습을 우리 멋대로 바꾸는 것은 옳지 않기 때문이라고 말했다."[27]

　서로 공유하며 사는 오스만 세계에서 신에 대한 예배는, 초자연적인 영역뿐 아니라 일상적이고 세속적인 삶의 영역에서도 신학적 경계를 허물어뜨렸다. 무슬림, 비무슬림을 막론하고 누구나 다 이슬람 법정과 이슬람 정부를 이용할 수 있었던 것도 그 때문이었다. 비무슬림들은 이슬람 법정을 항소법원으로 사용하는 것은 물론, 때로는 자신들의 종교기관이나 관습법원을 기피하는 수단으로도 이용했다. 무슬림 관리는 이슬람법에 따라 세금을 부과하고 상업이나 토지 문제를 처리해주는 식으로 기독교인과 유대인에게 도움을 주었다. 16, 17세기에 오스만의 지방 관리들은, 자신들 관할 하의 기독교 사회에서 감독주교직의 임명을 둘러싸고 벌어진 분쟁에 끼어들어 조정 역할을 하기도 했다. 무슬림, 기독교인, 유대인들은, 스스로 수호성인, 셰이크, 또는 성인聖人의 보호 아래 두는 비잔티움 방식을 이용하여 길드 회원이 되기도 했다. 정교회 신자들 또한 무슬림이 연루되지 않은 사건에서도 샤리아sharia* 법정을 이용할 때가 있었다. 키프로스 출신의 한 기독교인 농민은 이슬람 법정에서 이런 진술을 한 것으로 전해진다. "제 아들 놈에게 소 한 마리를 팔았는데, 글쎄 이 놈이 뺀들거리며 영 돈을 주려 하지 않습니다. 샤리아에 따라 돈을 받도록 조치해주십시오."[28]

　두 종교의 이 같은 공존은 가장 내밀한 사생활의 영역까지도 결정했다. 혼인에 대한 기독교의 입장만 해도, 전혀 예상치 못한 강적을 만나게 되었다. 이슬람법 아래서는 일부다처와 일시적 혼인 형태 모두가 가능했고, 이

---

* 이슬람의 성법.

혼도 용이했으며(특히 여성들에게), 성관계 또한 혼인한 관계에만 국한되지 않았고 생식으로만 결정되지도 않았다. 이 같은 조건이라면 어느 종교가 사람들에게 더 본래적 매력을 지닌 것으로 보였을지는 너무도 자명했다. 기독교 성직자들은 일부다처(발칸의 무슬림들에게도 이것은 흔한 현상이 아니었다)에 대해서는 기존 입장을 고수한 듯하지만, 일시적 혼인은 그것과는 별개의 문제였다. 1600년 개신교 성직자였던 윌리엄 비덜프W. Biddulph도 언급했듯이 일정 기간, 정해진 금액을 주고 한 여인과 관계를 맺는 것은 비단 무슬림만이 아니라 기독교인들에도 상당히 매력적인 것으로 여겨졌다. 일이 그렇게 되자 교회도 마지못해 그 행위를 묵인해주었고, 그리하여 18세기에는 이 행위가 상당히 광범위한 현상이 되었다. 몇몇 지역에서는 이것이 지참금을 받는 수단, 다시 말해 합법적 매춘으로 변질되기도 했다. 키클라데스제도를 찾은 샬레몽 백작Lord Charlemont(1728~1799)은 그 같은 상황을 보고 어안이 벙벙하여 이렇게 말했다.

어떤 나그네가 미혼의 젊은 여성과 즐기고 싶으면 그는 즉각 그 여성의 양친에게로 가 자신을 소개하고 그녀와 혼인할 것을 요구한다. 그러면 그 거래는 곧 성사되고 두 남녀는 지방장관에게로 가 남자가 섬에 거주할 동안 서로에게 충실할 것과, 신랑은 즉석에서 돈을 지불하는 것은 물론 섬을 떠날 때 상당액의 돈을 별도로 지불할 것을 약속하는 서약을 한다. … 그러면 그 돈은 신부 몫이 되고, 서약에 따라 남자가 떠나면 이제 여자는 그곳 사람 중에서 진짜 남편을 구하는데, 이 경우 남자들은 그녀를 과부로 생각하여 이전 관계는 따지지 않고 그녀를 여전히 중히 여긴다.

118

이것은 키클라데스제도의 기독교인들이 투르크 관리와 마을 사제의 묵인 아래 이슬람 관습을 자신들 편의에 맞게 이용한 것이다.[29]

이 같은 독특한 방식 외에도 발칸에서는 오스만제국이 지배하는 동안 무슬림 남성과 기독교인 여성이 혼인하는 경우가 많아 기독교인 어머니를 둔 무슬림들이 많이 생겨났다. 그로 인해 모계 쪽 종교를 비밀리에 접하고 때로는 기독교인이 되는 경우도 더러 있었다. 세르비아의 전제군주 게오르기오스 브란코비치G. Brankovic도 아마 술탄 무라드 2세의 환심을 사려고 딸 마라를 1453년 그에게 혼인시켰던 모양이나, 결과는 그리 신통치 못했다. 잔니나의 알리 파샤는 기도교도 그리스인을 아내로 맞아 그녀를 위해 예배당을 지어준 것으로 유명하다. 이후에도 알바니아 태생의 오스만 관리 이스마일 케말 베이는 그리스 여인과 혼인하려다 신부 계모의 반대에 부딪히자 (신부 동의하에) 그녀를 납치하여 혼인식을 치르기도 했다. 상류층 밑으로도 기독교인과 무슬림의 혼인이 비일비재하게 일어났다.[30]

개종은 불행한 결혼생활에서 헤어나지 못하는 기독교인 여성들에게 특별한 이점으로 작용했다. 여성들이 이슬람으로 개종하는 즉시, 기독교도 남편이 이슬람으로 개종하지 않는 한 혼인이 자동적으로 취소되었기 때문이다. 그것은 다음과 같은 절차로 이루어졌다. 즉 카디 법정이 "차코는 무슬림들 앞에서 이슬람이 되어 파트마라는 이름을 얻었다. 남편에게도 개종할 기회가 주어졌으나 그는 거절했다"라고 심리하는 것으로 끝났던 것이다. 비슷한 경우로 파트마 빈트bint 압둘라*라는 여성이 정식으로 이슬람

---

* 여기서 '빈트'는 여성에게 붙이는 명칭으로 압둘라 집안의 여성이거나 딸, 즉 압둘라 성을 가진 파트마라는 의미.

이 된 뒤, "내 남편 얀노 빈bin 마놀리야*에게도 이슬람으로 개종할 것을 제의했으나 그는 거절했다. 파트마에 대한 권리가 없다는 점도 인정했다"라고 하면 모든 것이 끝났다. 무슬림의 결혼도 이렇게 간단히 배교背敎만으로 좌우되었다는 사실은 사뭇 놀라운 일이 아닐 수 없다. 18세기 이슬람 법정 진술에는 다음과 같은 내용이 전해져오고 있다.

질의 : 제이드와 그의 아내 힌드는 교회에 다니며 이교도들의 특정 행위를 옳다고 여기다 끝내 불신자가 되었다. 이 경우 제이드와 힌드는 신앙과 결혼을 갱신해야 하는가?

답변 : 그렇다.31

1993년에 쓴 한 기고문에서 미국의 정치학자 새뮤얼 헌팅턴은 보스니아 내전을 "문명의 충돌"이라 말하고, 발칸을 이 충돌의 단층선상의 하나에 있는 것으로 규정했다. 미래에 대한 비전으로 그 관점이 어떤 가치를 발휘하든, 이제 그것은 발칸의 과거를 말해주는 모델의 기능은 할 수 없게 된 것이 분명하다. 오스만 정부와 이슬람 종교 지도자들이야 물론 이슬람, 정교회, 가톨릭 간의 관계를 명확히 구분 지어놓았다. 그러나 실생활에서는 이 셋의 구분이 그다지 뚜렷하지 않았다. 그에 따라 유라시아 힘의 균형 속에 이들 경계지에서 폭발할 가능성이 있는 분쟁은, 그것이 토착적 요인에 의한 것이든 외부적 요인에 의한 것이든, 서로 공유하고 있는 지역 관습으

---

* '빈'은 남성에게 붙이는 명칭, 따라서 마놀리야 집안의 남자 혹은 아들이므로, 마놀리야 성을 가진 얀노가 된다.

로 무뎌지거나 진정될 수밖에 없을 것이다.

관습은 종교의 경계지들에 안전과 보험을 제공해주는 쪽으로 발전해갔다. 서로 다른 집안, 심지어 서로 다른 종교를 가진 젊은이들 사이에선 혈맹 의식을 통해 서로 우의를 다지는 일이 생겨났다. 리브노―베네치아, 합스부르크, 오스만의 세력이 충돌했던 지역―에서 한 투르크인은 이런 글을 남겼다. 즉 17세기 그곳에서 벌어진 한 전투에서 투르크군은 수많은 기독교인 포로들을 생포했는데, 이때 승리를 거둔 투르크군 파샤가 자기 몫 포로들의 처형을 명하자 그의 부하 한 명이 기독교인 포로 한 명의 목숨을 구해달라고 간청했다는 것이다. 이에 파샤가 그 연유를 물었더니 그 병사는 이렇게 답했다. "전투 중 이 이교도는 저의 종교를 받아들였고, 저 역시 그의 종교를 받아들였습니다. 우리는 서로를 형제라 불렀습니다. 파샤가 그를 죽이시면 그는 저의 종교로 천국에 갈 것이고 그것은 저에게 너무도 슬픈 일이 될 것이기 때문입니다." 파샤가 그 말을 듣고 어리둥절해하며 다른 병사들에게 그 의미를 물었더니 병사들은 이렇게 말했다.

이 국경지대에 복무하는 우리 유나크들yunaks(원군) 중 하나가, 이교도들과 먹고 마시다 그들의 포로가 되면 이교도 중 한 명이 그를 풀어줄 것을 청하게 됩니다. 무슬림도, 이교도가 투르크군의 포로가 되면 그를 구해주겠다는 약속을 합니다. 그러면서 두 사람은 "나의 종교가 너의 종교고, 너의 종교가 나의 종교다"라는 말로 약조를 하지요. 그런 다음 서로의 피를 나눠 마시면 두 사람은 '종교로 맺어진 형제'가 되는 것입니다. … 물론 무슬림의 책 어디에도 이런 내용은 나오지 않고, 그것은 이교도의 경우도 마찬가지입니다. 하지만 이 같은 이단은 국경지역에서 꽤 자주 벌어지는 현상이지요.

이 말을 듣고 정나미가 떨어진 파샤는 두 병사 모두를 풀어주었다.[32]

3대 일신교의 경계가 허물어지는 이 같은 현상은 17세기와 18세기 발칸에서 가장 빠르게 확산하고 있던 종교 운동의 하나, 즉 벡타시교Bektashism *로 알려진 일종의 이슬람 신비주의에 나타난 특징이었다. 벡타시 교리는 수니 이슬람의 형식적 교권제도에 반대하는 입장을 취하며, "성인saint은 전 세계에 속한다"라는 주장을 폈다. 19세기 말의 한 팸플릿에 따르면 "벡타시는 하나님, 카디자†, 파티마‡, 하산, 후세인§을 믿고… 그와 더불어 고대와 현대의 모든 성인도 믿는데 그 까닭은 이들이 선을 믿으며 그것을 경배하기 때문이다. 그리고 이들을 믿고 사랑하듯 모세, 미리엄♦, 예수, 그들의 종들도 똑같이 믿고 사랑한다"는 것이다. 벡타시교는 기독교 성인들의 유골에 그들 고유의 이름을 다시 지어 불렀고, 기독교인들은 기독교인들대로 벡타시가 찾아낸 유적지를 기독교 성인들의 성소로 여겨 즐겨 찾았다. 이 같은 상황에서 종교적 경계는 쉽게 허물어질 수밖에 없었다. 한 영국인 여행자가 벡타시 테케의 성직자들에게 이상하다는 듯 "나는 이곳 분들이 모두 무슬림인 것으로 알고 있었는데요"라고 말하자, 그들은 "맞습니다. 우리는 무슬림이에요. 하지만 우리는 또 성 게오르기오스의 날도 엄수하

---

* 기독교적 요소가 혼합된 이슬람 시아파의 일종.

† 무함마드의 첫 부인.

‡ 무함마드의 딸.

§ 파티마의 아들들.

♦ 모세의 누이.

지요"라고 말했다. 수세기 동안 오스만 법정의 노예 개종자들과 관련돼 있던 벡타시교는, 제국의 확산과 함께 남동부유럽으로 퍼져가면서 알바니아 남부 일대에서 크게 성했고, 그곳에서 공산주의가 몰락한 뒤에도 굳건히 살아남았다.[33]

종교적 관점에서 보면 알바니아는 좀 독특한 경우에 속했다. 그곳의 한 유력 인사는 에디트 더럼에게 이렇게 말했다. "우리 알바니아인들의 생각은 상당히 특이합니다. 예컨대 권총을 마음대로 휴대할 수 있게만 해주면 어떤 종교라도 믿을 수 있다는 말이지요. 그러니 대다수가 무슬림일 수밖에요." 19세기 사람들은 "알바니아인들이 경박한 방식으로 종교를 믿는다"는 생각에 젖어 있었다. 하지만 이 말의 신빙성을 따지기에 앞서 우선 이 점을 유념해둘 필요가 있다. 즉 개종하면 으레 배교, 실존적 고뇌, 개인, 국가적 배신을 떠올리기 마련인 우리와 달리, 오스만제국의 많은 사람은 '진정한 신앙'을 위해 '이교도 종교'의 '무지한 세계'를 떠나는 것을 크게 중요시하거나 갑작스러운 일로 여기지 않았다는 것이다. 그들의 관점으로는 한 종교에서 다른 종교로 이동하는 것이 한 종교를 포기하고 다른 종교에 빠져드는 행위라기보다는, 구종교에 새로운 종교를 하나 덧붙이는 행위로 보였다. 실제로 개종자들은 이슬람에 완전히 귀의하지 않았다는 의심을 받지 않기 위해 그 같은 사실을 종종 숨기기는 했지만, 옛 종교의 관습과 습관을 그대로 유지하는 경우가 많았다. 기독교에서 이슬람으로 개종한 사람이 부활절이 되면 계란에 계속 색칠을 했고, 유대인에서 무슬림으로 개종한 자들도 ─ 이른바 돈메Donmeh ─ 자신들 집에서 비밀리에 유대교 예배를 보았다.[34]

중복 이름을 갖는 관습에도 이 같은 비밀이 숨어 있었다. 가령 슐레이만이라는 자는 콘스탄티노스라는 이름도 함께 갖고 있었고, 후세인도 게오르기오스라는 이름을 별도로 갖고 있었다. 두 개의 이름을 가짐으로써 이들은 공식적 구분이 필요할 때의 불편함도 피해갈 수 있었고, 실명實名을 감출 수도 있는 일거양득의 효과를 거두었다. 알바니아의 프란체스코 수도회 사제들은 신도들이 기독교 세례명이 아닌 이슬람식 이름을 사용하는 것을 알고 경악했으나, 그래도 젊은이들이 중복 이름을 갖는 것을 막지는 못했다. 중복 이름을 갖는 것을 탓하는 사제들에게 이들은 마녀의 저주를 막을 수 있는 방법으로 실명을 감추는 것보다 더 좋은 방법이 있으면 말해보라고 따졌다. 그것이 마법이나 세금징수원을 막기 위한 것이든 몇몇 경우처럼 베네치아 종교재판소의 심문을 피하기 위한 것이든, 여하튼 중복 이름을 갖는 것은 강자에 대한 약자의 무기, 성계와 속계의 권력자들에 대한 개인의 무기로 사용되었다. 따라서 누군가 자신의 실명을 밝히는 것은 곧 권력에 대항하여 자기를 주장하는 중요한 순간임을 의미했다. 성 일라이어스Saint Elias의 생애에도 순교에 앞서 행한 결정적 대화가 있었다. 즉 우리가 전해 듣기로, 무거운 세금을 피할 요량으로 이슬람에 귀의할 생각을 한 그는 이런 질문을 받은 것으로 되어 있다. "그대는 무스타파 아르두리스가 아닌가?" 그러자 그는 이렇게 답했다. "맞습니다, 하지만 무스타파라기보다는 정교회 기독교인 일라이어스라 하는 편이 옳습니다."[35]

위와 같은 사실에도 불구하고 종교의 경계가 완전히 허물어진 것은 아니었고, 종교 간의 공존도 반드시 관용을 의미하지는 않았다. 19세기 후반 영국의 한 민족지학자는 "아르메니아인(과 그리스인들)은… 멸시받아 마땅한 개와 돼지들이다"라는 말을 하기도 했다. 그 전에도 지배 종교의 신자들은 이미 '이교도 개들'이라는 경멸조의 말을 일상생활에서 자주 사용했다. 여행객들 또한 아래와 같은 온갖 모욕적인 말이 일상적으로 쓰이는 것에 깊은 충격을 받았다.

페라가 '돼지우리'로 불리는 이유는 아마도 투르크족 관습과는 달리 프랑크족*이 그곳에 살며 돼지고기를 먹기 때문인 것 같다. 그에 반해 (외국 사절의 수행 임무를 맡은) 투르크인 병사들은 '돼지 떼거리'로 불리었고, 이탈리아인들은 '사기꾼'을 뜻하는 '총천연색 인간들'로 불리었으며, 영국인들은 '아마포 상인'으로, 프랑스인들은 '무뢰한', 독일인들은 '요란스레 맹세하는 자들', 에스파냐인들은 '게으름뱅이들', 러시아인들은 '저주받은 자들', 폴란드인들은 '시끄러운 이교도', 베네치아인들은 '어부', 왈라키아인들은 '쥐', 몰다비아인들은 '뿔 없는 양' 또는 '어리어리한 촌놈', 그리스인들은 '산토끼', 아르메니아인들은 '흙 먹는 인간', 유대인들은 '개', 아라비아인들은 '멍청한 인간', 페르시아인들은 '빨간 머리' 혹은 '이교도', 타타르인들은 '썩은 고기를 먹는 자들'로 각각 불리었다.

17세기에 열린 오스만의 한 법정에서 무스타파 빈 메메드는 "아브디가 나를 이교도의 아들, 이교도로 부른다"라고 하소연하면서 '거짓 신자들'에게 일상적으로 가해지는 욕설, 고통에 격분을 참지 못했다. 또 다른 사람은 "메메드 [베이]가 나를 유대인으로 부른다"라고 주장하기도 했다.[36]

---

* 즉 서유럽인들.

기독교인들은 무슬림처럼 쉽사리 하소연할 수 있는 입장도 못 되었다. 오스만제국 내에서 이들은 이류 신민이었고, 그로 인해 많은 교회가 모스크로 전환했다. 교회 신축 허가를 받기도 힘들었다. 무슬림과 함께 사는 지역일 때는 더더욱 힘들었다. 그런 지역에서는 교회 종소리도 마음대로 울리지 못해, 딱다기로 널빤지를 쳐서 신자들을 불러 모았다. (하지만 1836년 레반트 출신의 한 프랑스 여행객은 이렇게 말했다. "세르비아에서는 기독교가 완전한 자유를 누렸다. 그 덕에 우리도 오랫동안 들어보지 못한 교회 종소리를 들으며 기분 좋은 놀라움을 느꼈다.") 그러나 이조차도 때로는 '이교도'의 자극적인 행위로 간주되어 금지되었다.[37]

농촌 지역에서는 사정이 이와 달라, 무슬림과 기독교인의 차이를 굳이 감추려들지 않고 두 공동체가 사이좋게 공존했다. 일상생활도 늘 분쟁이나 긴장으로만 얼룩지지는 않았다. 한 불가리아인은 회고록에서 1870년 당시의 삶을 이렇게 묘사했다.

투르크인과 불가리아인들은 사이좋게 지냈다. 투르크인들 집에 인접해 살고 있는 불가리아 마을 아낙네들은 투르크인 아낙네들과 이웃사촌처럼 지냈고, 아이들도 불가리아 친구들과 다를 바 없이 투르크인 아이들과도 잘 어울려 놀았다. 투르크인 아녀자들은 불가리아어를 잘 구사했다. 불가리아인들도 투르크어를 아이들만큼은 쓸 줄 알았고, 그 결과 일종의 방언 같은 것이 생겨났다. 불가리아인 가정에서 일하는 투르크인들은 그 가정의 절친한 친구로 받아들여졌다. … 이렇게 우리는 투르크인들에게 익숙해져갔다. 그렇다고 해서 우리가 투르크인이 된 것은 아니었다. 우리는 불가리아식으로 살았고, 불가리아 의복을 입었으며,

불가리아의 관습과 불가리아 신앙을 믿었다. 투르크인들도 물론 그들 방식대로 살면서 그들 의복을 입었고, 그들 관습과 신앙을 지켜갔다. 우리는 이 모든 것을 사물의 이치로 받아들였다.[38]

무슬림의 위세가 강한 곳에서는 무슬림과 비무슬림 간의 접촉이 소문, 광신, 비무슬림들에 대한 폭력으로 비화되는 이와는 좀 다른 양상을 보였다. 콘스탄티노플만 해도 19세기 초까지는 비무슬림들에게 위험한 곳이어서, 조심성 있는 사람이라면 라마단 때 거리에 모습을 드러내는 따위의 무모한 짓은 하지 않았다. 17세기와 18세기에는 예니체리들이 처벌도 받지 않고 기독교인과 유대인을 멋대로 공격했다. 하지만 예니체리 부대를 제거한 뒤에는 이들에 의한 위협이 사라졌고, 투르크의 현대화 또한 무슬림과 비무슬림이 공존하는 신부르주아 문화의 탄생을 불러와 이것이 다시 종교의 경계를 허무는 쪽으로 나아갔다. 그 결과 오스만제국 최초로 종교가 아닌 계급에 기반을 둔 도시의 대단위 주거 단지 패턴이 나타나기 시작했다. 그리하여 부유한 기독교인들은 탄지마트 개혁Tanzimat*이 일어나기 전만 해도 세인의 주목을 받지 않으려고 집을 일부러 초라하게 지었으나, 19세기 말 무렵부터는 웅장하고 화려한 모습으로 외양을 꾸미기 시작했다. 살로니카에서는 노동조합, 길드, 부르주아 클럽에서 무슬림, 기독교인, 유대인들이 교제를 했다. 그렇다고 해서 계층 차이가 종교적 구분까지 없애준

---

* 탄지마트는 터키어로 '개조'를 뜻하며, 1839년 귈하네 헌장 발포를 시작으로 1876년까지 오스만 제국에서 시행한 일련의 서유럽적 개혁 조치를 말한다. 귈하네 헌장의 골자는 종교나 인종에 관계없이 제국의 모든 신민에게 생명, 재산, 명예, 재판공개제 등을 보장해주는 것으로 되어 있다.

것은 아니었으나, 여하튼 그 때문에 다른 종류의 결속과 이익 단체가 생겨났다.

　오스만제국이 좀더 견고했더라면 아마 종교적 구분까지 사라졌을지도 모른다. 공동체 간 관계의 조건은 공간과 더불어 시간의 문제이기도 했다. 이 말은 곧, 가톨릭 오스트리아와 정교회 러시아가 등장해 오스만제국의 종교들은 새로운 긴장 상태에 놓이게 되었다는 의미다. 이전에는 그토록 우호적이고 협조적이던 정교회와 가톨릭의 관계가 18세기 중반부터 급격히 악화하기 시작했다. 19세기에 등장한 그리스 민족주의와 세르비아 민족주의 운동도 정교회에 대한 오스만의 태도가 바뀌는 요인으로 작용했다. 그에 따라 오스만제국이 피상적이나마 헌정적 진보주의로 나아가는 순간은 곧, 기독교인의 적개심에 대한 무슬림의 불안감이 증폭되는 순간이기도 했다. 수십만 명의 타타르인과 체르케스인들이 러시아의 흑해 진출을 피해 오스만 영토로 들어와 도나우강 연안과 불가리아에 둥지를 틀었다.

　1876년 왕위에 오른 압둘 하미드 2세의 치세 때 서유럽의 간섭에 대항하여 오스만 정부가 취한 조치는 특히 주목할 만하다. 1876년 압둘 하미드 2세는 이슬람을 '국교religion of state'로 하는 오스만 헌법을 공포했다. 이에 강대국의 오스만 내정 개입에 반대하는 관민官民의 분노는 점차 폭동의 형태를 띠기 시작했고, 그러다 마침내 1895년의 아르메니아 학살과 그 이듬해 크레타의 기독교도 그리스인에 대한 학살로 폭발했다. 최근의 한 역사학자도 언급했듯이, 오스만 정부는 서방측이 요구하는 '종교의 자유'를, '기독교도의 멸시에서 자신들의 종교를 지키기 위한 자유'로 해석했다. 오스만제국의 쇠락이, 강력하게 부상하는 새로운 기독교 세계 속에서 무슬림들의 방어 의식을 더욱 강화시켜준 것이었다. 이렇게 보면 오스만제국 치세 말기의 근대화는 오히려 공동체들 사이의 종교적 골을 더욱 깊게 만들어 이들이 정치적 날을 새롭게 세우는 결과를 가져온 것이라 볼 수 있다.[39]

사라져가던 옛 의식 또한 17세기의 한 라리사* 주교의 순교담을 통해 다시 살아났다. 즉 그는 "악한 마음을 가지고 악한 행위를 저지른 자로, 악마의 도움으로 어떤 유럽인들의 말과 약속에 속아 흡족한 수의 군중을 끌어모은 뒤 당시의 지배 민족이던 투르크인들에 대한 전쟁을 선포하였다. … 그 후 얼마 안 가 그는 곧 생포되었고, 하느님의 부르심에 합당치 않은 짓을 저지른 자로서 하느님의 허락 아래, 투르크인들에게 죽음으로써 자신이 저지른 행위에 대한 적절한 죄 값을 치렀다"라는 것이다.[40]

이 순교담에는 반항적인 기독교 주교와 무자비한 투르크인의 세계가 묘사돼 있다. 하지만 (기독교인) 서술자는 이 기독교 성직자를 영웅으로 보지 않았고, 그 점은 훗날의 민족주의적 역사가들도 마찬가지다. 라리사의 주교는 그저 악마에 현혹된 인간일 뿐이었다. 투르크인들이 그를 죽인 것은 잔인한 행동이었지만 그것은 어디까지나 하느님의 뜻을 따른 것이었다. 따라서 이 순교담은 분쟁이나 종교적 적개심이 없는 사회를 말하는 것이 아니라 폭력적이고 불안정한 세계를 말하는 것이며, 더불어 기독교인들이 무슬림 국가에 충성을 빚지고 있는 세상, 무엇보다 인간의 행위는 여전히 민족적 관점이 아닌 종교적 관점으로 이해되고 있는 세상을 그리고 있는 것이다.

---

* 그리스 테살리아 지방의 도시.

신앙, 기호, 관습 면에서 기독교 농민층은 당연히 무슬림 문화의 영향을 깊숙이 받았을 것이다. 하지만 그와 동시에 또 그들은 기독교 제국의 부활 내용이 담긴 민요와 고래의 전설도 소중히 간직해오고 있었다. 전조, 애가 哀歌, 예언은 1453년 콘스탄티노플이 함락된 이래 그들 사이에 계속 유포되고 있었다. 세르비아 정교회 주교와 마니인 족장들 역시 툭하면 베네치아, 오스트리아 외교관들과 공모하여 투르크에 대항해 봉기를 일으키곤 했다. 1657년에는 정교회 총대주교를 이슬람의 종말과 기독교 지배의 부활을 예언했다 하여 교수형에 처하기도 했다. 최초의 유럽 정교회 세력으로서 러시아의 부상 역시, 북쪽에서 금발머리 전사족이 나타나 콘스탄티노플의 이슬람 세력을 몰아낼 것이라는 예언으로 기독교의 재정복과 오스만의 몰락을 내다본, 그 같은 종류의 수많은 예언의 최신판을 장식해주었다. 1766년에는 어떤 자가 예카테리나 2세의 불행한 남편이자 죽은 남편인 러시아 황제 표트르 3세를 사칭하면서 몬테네그로에 나타나 투르크에 대항한 동맹군을 이끌기도 했다. 그러자 이 사기꾼의 행동에 자극 받은 예카테리나 2세는 그곳에 사절까지 보내, '고대 그리스제국의 수도인 콘스탄티노플'로 확대할 것이 분명한 그 봉기를 지지한다고 발표했다. 몬테네그로인들이야 물론 콘스탄티노플의 재정복에 관심이 있을 리 없었다. 하지만 예카테리나는 분명 관심이 있었고, 그래서 그녀는 자신이 총애하는 알렉세이 오를로프A. Orlov 백작(1786~1861)을 사절로 보내 오스만 정부에 대한 정교회 봉기를 선동하도록 했다. 하지만 1770년 봉기의 조직자들인 그곳 그리스인들은, 오를로프가 비록 "고대 역사와 신화의 탐독으로 상상력이 불타 오른" 인물임을 알고 있었지만, 봉기에는 그를 포함시키지 않았다.[41]

오를로프는 "모든 그리스 민족을… 분발, 해방시키고"자 하는 러시아의 욕구를 강력하게 피력했다. 그러나 펠로폰네소스 반도와 크레타 기독교 농민층의 그에 대한 열렬한 호응에도 불구하고 봉기는 오스만 군대에 의해 간단히 진압되었다. 이 봉기로 4만여 명의 사람들이 죽거나, 노예가 되거나, 도주했다. 이것을 최초의 민족주의 봉기로 보아야 할까? 그럴 수도 있겠다. 어찌 됐든 대수도원장 바를람 Varlaam까지 1774년 예카테리나 2세에게 편지를 보내 그녀의 성공이야말로 "우리가 소망해 마지않는 완전한 해방의 순간을 더욱 가속화시켜줄 것"이라고 치하했기 때문이다. 하지만 1779년 그리스 족장들은, 그 지역을 유린하고 다닌 알바니아 비정규군을 진압하기 위해 오스만 군대와도 협력했고, 유명한 그리스 파나리오테인 니콜라우스 마브로예니와도 협상을 했다. 오스만제국 내, 특히 엘리트 층에는 기독교도가 많았다. 그런데 이들은 러시아의 실패를, 특히 그것이 사람들 사이에 널리 유포된 예언, 즉 술탄이 패배하리라는 예언을 맞추지 못한 것이라 여겨, 일종의 경고로 받아들였다. 콘스탄티누스 다폰테스는 이렇게 썼다.

만일 하느님께서 우리가 강요해 어쩔 수 없이―이처럼 무례한 말을 하는 저를 부디 용서해주시길―계시로 확인된 것을 정해진 시간에 일어나지 못하게 막으셨다면, 다시 말해 수많은 천문학자, 학자, 성인들의 말을, 이 제국에는 말할 것도 없고 삶 자체에 아무짝에도 쓸모없는 인간들에게 제국을 넘겨주는 것보다 못한 것으로 여기셨다면, 그 같은 상황에서 어찌 그리스제국의 부활을 바랄 수 있으리오…? 일이 이러하매 그리스인도 러시아인도, 세상의 종말이 올 때까지는 그

도시*를 지배하지 못하리라. 원컨대 하느님께서는 우리를 불쌍히 여기시어 하늘 나라를 허락해주시고, 이승의 나라는 괘념치 마시옵소서.[42]

하지만 흥미롭게도 그의 이 같은 체념에도 불구하고, 다폰테스야말로 유럽 계몽주의 사상을 발칸에 확산시켜 오스만제국 이후 세계의 모습을 규정 지을 새로운 어휘를 제시해준 정교회 지성인들 중 한 사람이었다. 처음에는 이들의 기여가 그다지 정치적으로 흐르지 않았다. 정교회 지성인들은 중부유럽의 인문학을 습득하여 그것을 정교회에 힘껏 접목시킨 뒤, 과학 지식, 고전 학습, 철학의 가치를 설파하며 발칸 문화의 후진성과 야만성을 공격했다. 그리하여 18세기 말에는 인쇄 문화의 확산과 저작물의 증가에 힘입어, 그리스인들이 처음 시작할 때보다 무려 일곱 배나 많은 그리스어 책들을 매년 출간하기에 이르렀다.[43] 하지만 이 지성인들 대부분은 교회 품을 빠져 나와 성직을 통해 학문의 길로 접어든 사람들이었다. 그리고 본인들은 그것을 깨닫지 못했겠지만, 한편으로는 과학의 합리성에 젖어들고, 다른 한편으로는 성서적 의미의 역사보다는 세속적 의미의 역사에 전념함으로써, 종교적 권위가 갖는 전통적 기반을 손상시켰다.

오스만제국 내 기독교인들 대부분이 이보다 앞서 언급한 정신세계 속에 푹 파묻혀 있는 동안, 국가와 민족성이라는 새로운 언어를 가다듬기 시작한 사람들이 바로, 이 소수의 엘리트 학자들이었다. 역사가 파스칼리스 키트로밀리데스P. Kitromilides(1949~)는 자신들이 지향하는 바를 "유럽 변방의

---

* 콘스탄티노플.

잊혀진 국가들에서 유럽대륙 공통의 역사적 운명"에 편입되는 것이라 묘사했다. 발칸의 계몽주의 지성인들은 시대를 기독교적으로 파악하는 정교회의 구개념을, 시대를 민족의 역사로 보는 세속적 개념으로 새롭게 바꿈으로써 근대 민족주의로의 길을 열어놓았다. 18세기 초 그리스 파나리오테인 알렉산드로스 마브로코르다토스A. Mavrokordatos(1791~1865)는 역사를—천지창조에서부터 그리스도 재림기까지—여섯 단계로 구분한 다음, 그 뒤에 "영원한 처소에 언제까지나 머물러 있는" 제7의 시대가 이어지는 것으로 파악했다. 문명과 문화의 개화에 새롭게 초점을 맞춤으로써 피해를 입은 것은 바로 시대를 바라보는 이 같은 성서적 개념—역사의 각 시대를 요일과 일치하는 것으로 보는—이었다. 고대 그리스(18세기)와 비잔티움(19세기)은 처음에는 재발견해야 할 지난날의 역사가 되었다가, 나중에는 정치적 운동을 통해 새롭게 태어났다.

정치적 해방을 바라는 지성인들은—볼테르가 그러했듯이—18세기 내내 플라톤적 철인 왕이나, 예카테리나 2세 혹은 신성로마제국 황제 요제프 2세†가 구현한 계몽전제군주, 다시 말해 근대인이 자신들을 구해줄 것이라 믿고 있었다. 러시아도 발칸의 잠재적 구원자로 남아 있었다. 특히 1806년에서 1812년까지 계속된 러시아-투르크 전쟁 기간 동안에는 러시아군이 도나우강 남쪽에 주둔해 있어, 마치 '이반 할아버지'가 발칸을 구해줄 것처럼 보이기도 했다. 하지만 그들은 프랑스혁명을 통해 처음으로, 해방은 민중 스스로 행동할 때만 얻어질 수 있다는 것을 깨닫게 되었다. 프랑스

---

† 재위 1765~1790. 마리아 테레지아의 아들.

왕정의 붕괴, 나폴레옹의 등장, 그리고 무엇보다 1798년 나폴레옹이 오스만 이집트를 침공한 것이 발칸 기독교도 지성인들의 정치적 생각을 급진적으로 바꿔놓는 계기가 됐다.[44]

그리스 파나리오테 출신의 전직 대신인 리가스 벨레스틴리스R. Velestinlis도 이 새로운 급진파들 중 한 사람이었다. 그는 빈에서 오스만 왕조의 축출과 인간의 기본권에 근거한 새로운 공화국 창건을 부르짖는 내용의 그리스어로 된 팸플릿을 발간했다. 국민은 언어나 종교에 관계없이 주권을 가질 수 있다는 내용이 담긴 그의 『루멜리아, 소아시아, 에게해, 도나우강 연안 공국의 새로운 헌법New Political Constitution of the Inhabitants of Rumeli, Asia Minor, the Archipelago and the Danubian Principalities』(1797)은 신 '그리스 공화국Hellenic Republic'의 건설을 위한 청사진이었다. 근대적 시각을 가진 사람들은 앞으로 전개될 인종 분열을 머릿속에 그리며, 새로운 국가의 공용어는 그리스어가 될 것이라는 리가스의 주장에 경악을 금치 못했다. 그보다 더욱 놀라운 것은 리가스의 글에는 교회에 대한 언급이 전혀 없었다는 것이다. 리가스의 글 속에서 오스만 왕조와 정교회는 아직 윤곽도 잡히지 않은 '국가Nation'에 완전히 밀려나 있었다.[45]

신을 인정하지 않는 불경과 평등주의를 내포한 이 같은 급진성은 많은 무슬림과 기독교인을 동시에 놀라게 했다. 오스만 관리들은 "수년 전 프랑스에서 일어나 재앙과 폭동의 불씨를 사방에 퍼뜨린 선동과 사악함의 커다란 화마"라며 이것을 맹비난했다. 하지만 오스트리아의 합스부르크 정부는 이때다 싶어 리가스를 체포, 오스만 당국에 넘겨주었고 1798년 그는 살해되었다. 정교회도 불안감을 감추지 못했다. 많은 주교는 정치적 자유를, 신도들을 현혹해 술탄에 대한 충성의 의무를 저버리게 하는 악마의 소행으로 간주했다. 그래서인지 정교회는 리가스가 죽은 해에 총대주교의 "간곡한 권면Paternal Exhortation"을 발표하고, "악마의 술수이자 치명적 독소인… 자유라는 허울 좋은 제도"를 통렬히 비난하면서, 하느님이 어떻게 "무無에서, 어찌 보면 정교회에서 시작되었다고도 할 수 있는 (비잔티움) 제국이 있던 자리에 이 강력한 오스만제국을 세우셨고, 또한 신의 뜻으로 일어난 것임을 보여주기 위해 오스만제국을 그 어느 왕국보다 높이 일으켜 세우셨는지"를 기독교인들에게 일깨워주었다. 그와 거의 같은 시기 콘스탄티노플에 떠돌아다니던 반지성적 그리스어 풍자문은 친불파들을 "'나는 계몽되었다, 나는 프랑스어를 할 줄 안다, 나는 유럽식으로 옷을 입는다'라고 말하는 낭만적 젊은이, 계몽된 인사들"에 빗대며 그들을 조롱했다. 이렇게, 신학문에서 파생돼 나온 정치적 운동은 엘리트와 대중 모두의 저항을 받았다.[46]

더디기는 했지만, 그리스어 — 서구의 라틴어처럼 — 가 곧 학문에 이르는 길이라는 의식도, 농민 언어의 문화적 가치를 강조하는 낭만적 민족주의 사상이 발칸으로 확산하면서 도전을 받았다. 19세기 초에는 불가리아, 세르비아, 루마니아 지성인들 — 때로 그리스 학교에서 교육받은 — 이 처음으로 문화적 공동체 이름으로 자신들을 정의하기 시작했다. 이들은 그리스어가 과연 자신들의 언어인지, '헬라스Hellas'가 과연 자신들의 조국인지에 대한 의문을 공개적으로 제기하면서, 그리스의 지배라 여겨지는 것에 강한 불만을 표시했다. 파이시 킬란다르스키P. Khilandarski는 자신의 책 『슬라보니아 불가리아 역사Slavonian Bulgarian History』에서, "자기 나라 불가리아에 대해서는 아무것도 모르고 외래적인 것과 외래어에만 눈을 돌리는 사람들이 있다. 이들은 자기 나라 말인 불가리아어에는 관심도 두지 않고 그리스어로만 읽고 말하려 하면서, 자신을 불가리아인이라고 말하는 것에 대해 수치심을 느낀다"라고 썼다.[47]

하지만 당시 킬란다르스키가 대상으로 한 독자층 중에 불가리아어로 글을 읽을 줄 아는 사람은 극소수에 불과했다. 정치와 문화의 제휴라는 새로운 사고가, 빈, 트리에스테, 이아시, 오데사에서부터 오스만제국의 핵심 지역들에 이르기까지, 지식인, 서적, 도시들에서부터 소도시와 문맹의 촌부들이 사는 가정까지 도달하는 데는 상당한 시간이 걸렸다. 대부분의 사람들은 여전히 책과 책 속에 들어 있는 새로운 교리에 무지한 채, 지극히 제한된 농촌의 환경 속에 살고 있었다. 일례로 1810년 (장차 세르비아 수도가 되는) 베오그라드 지방에는 초등학교가 단 두 곳밖에 없었고, 그것도 모두 그리스어로 수업을 했다. 몬테네그로에는 1834년에 초등학교가 처음 생겨났으며, 루마니아에서는 그리스 군주들을 제거하려는 귀족들의 탐욕과 루마니아니즘이 서로 죽이 맞아 농민들을 헐벗게 만들었다. 불가리아 민족주의는 19세기 중반 진정한 불가리아 학교 몇 곳이 문을 열 때까지 기다려야 했다.[48]

정교회의 총대주교 측도 민족주의가 자신들의 옛 지지층을 잠식해 들어가자 그것에 대응하기 시작했다. 이그나티우스 대주교는 서로 다른 기독교 그룹이 존재하는 특수성은 받아들이되, 공통의 종교적 헌신을 주장하는 총대주교 측의 기존 입장을 이렇게 표현했다.

그리스인, 불가리아인, 왈라키아인, 세르비아인, 알바니아인들은 오늘날 모두 고유의 언어를 지닌 국가를 형성하고 있다. 하나 동방에 사는 민족들과 더불어 자신들이 믿는 신앙과 교회로 통일돼 있는 이들 민족은, 그리스인이나 로마인(로마이오이)이라는 이름 아래 하나의 조직체, 하나의 국가를 이루고 있다는 점 또한 명심해야 한다. 그렇기 때문에 오스만 정부도 제국의 정교회 신민들은 로마인이라 부르고, 정교회의 총대주교는 로마인들의 총대주교라 부르는 것이다.[49]

하지만 '로마인들의 총대주교' 입지는 여러 면에서 타격을 받고 있었다. 그리스 지성인들만 해도 총대주교를 '바보 아니면 목동에서 늑대로 변한' 매국노로 치부했고, 슬라브 지성인들도 정교회 총대주교를 점점 그리스인으로 간주하기 시작했다. 투르크인들 역시 오스만 정부에 불충한 신하로 총대주교를 믿지 않게 되어, 그리스 혁명가들에 대한 파문장을 공표했음에도 1821년 오스만 정부는 그리고리오스 5세 총대주교를 처형했다.[50]

총대주교의 힘은 1830년 이후 발칸에 국가들이 등장하면서 더욱 약해지기 시작했다. 남동부유럽의 자치 민족들은, 오스만 정부 관리 손에 남겨진 민족들에게 최고 종교의 명령(17세기 러시아인이 했던 것 이상으로는)이 내려지는 것을 용납하지 못했다. 콘스탄티노플 총대주교의 허락 없이 1833년 아테네에서 조직된 그리스 교회의 한 일파는 이렇게 말했다. "동방정교회는 국가에서 결코 분리되지 않은 채 모든 곳에 결합해 있다. 또한 비잔티움시대 이래 군주들에게서 한 번도 분리된 적 없이 늘 종속돼 있었다." 다른 곳에서도 이와 똑같은 현상이 벌어졌다. 불가리아(심지어 독립을 이루기 전부터)는 슬라브어로 예배를 보는 성직자의 필요성 문제를 놓고 총대주교와 장기간 싸움을 벌이다 1870년 마침내 독자적 교회—이른바 총대주교 대리 관구—를 갖는 데 성공했고, 이듬해에는 루마니아 동방자치교회를 설립하였다. 터키에서도, 같은 과정을 통한 논리적 귀결로, 터키 정교회의 설립 취지가 담긴 법률안이 1921년 앙카라 국회에 상정되었다. 1929년에는 알바니아 정교회가 수립되었다. 발칸 국가들 중에서는 오직 세르비아만 교회법을 준수하여 1879년 총대주교의 허락을 받아 세르비아 정교회를 수립하였다. 그리고 이 모든 조치는 총대주교의 신자가 점점 줄어드는 것으로 보고 있던 콘스탄티노플 총대주교와의 불화가 심화되는 결과로 이어졌다. 하지만 총대주교도 끝내 나중에는 새로운 정치 현실을 받아들일 수밖에 없었다. 그로부터 정확히 1세기 후 총대주교의 신자는 그야말로 보잘 것 없는 규모로 줄어들었다. 발칸과 아나톨리아의 정교회 인구를 다 합쳐 봐도 그랬고, 수만 명에 불과한 콘스탄티노플의 정교회 인구를 봐도 그랬다. 이렇게 보면 오스만제국의 가장 강력하고 부유하고 성공적인 기독교 제도는 사실상 기독교 국가들의 등장으로 파괴된 것이나 다름없었다.[51]

그렇다고 발칸의 계몽주의자들이 그들 마음대로 모든 것을 다 처리할 수 있었던 것은 아니다. 진보적이고 갈수록 점점 민족주의적으로 변해간 계몽주의 지성인들이야 물론 민족 공동체 성립을 위한 그들 주장의 일환으로 교회를 공격했다. 하지만 현실적으로 국가를 탄생시킨 것은 농민 봉기였고, 농민들은 여전히 자신들의 교회를 신봉했다. 가톨릭 선교사들도 발칸의 농촌 정교회로는 침투해 들어가지 못했다. 1820년대에 미국의 개신교 선교사들은 25만 달러의 비용과 100만 권 이상의 팸플릿을 찍어 수많은 소년을 교육시켰는데, 이 모든 것은 다 계몽주의자, 농민, 어린 학생을 개종시키기 위해서였다. 이렇게 보면 18세기 발칸의 많은 무신론적 지성인이 돌밭에 떨어진 것*도 무리는 아니었다. 정교회 기독교(와 종교 일반)는 오스만제국이 붕괴한 뒤에도 여전히 발칸에서 중요한 정치적 요소로 남아 있었다. 하지만 종교의 성격은 바뀌었다. 종교는 과거에는 몰랐던 방식으로 국가의 정체성을 드러내는 상징이 되었고, 그로 인해 주변국들의 종교와 더욱 뚜렷이 구분되었다. 그 결과 발칸의 종교는 서유럽과 이탈리아에서 가톨릭과 투쟁하는 과정에서 생겨난 일종의 반反교회적 세속주의가 끼어들 여지가 없는, 요컨대 그리스 작가 게오르기오스 테오토카스G. Theotokas가 말하는 이른바 '국가 종교'로 변질되었다. 오늘날의 상황은 가톨릭 교황이 여전히 전 세계의 막강한 정치 세력으로 남아 있는 것과는 달리, 콘스탄티노플 총대주교는 터키에 거주하는 극소수 정교회 신자들에게만 관할권을 행사하는 유명무실한 존재가 되었다. 이 모두 남동부유럽의 현대 국가—고작 2세기의 역사를 가졌을 뿐인—가 정교회의 가치를 철저히 몰아낸 결과였다.[52]

---

* 마가복음 4장 5절에 나오는, "더러는 흙이 얇은 돌밭에 떨어지매…"의 성서 구절을 인용한 것.

3

동방문제

세계의 위대한 시대가 새롭게 시작된다.
황금기가 도래하는 것이다. …
하늘은 미소 짓고, 종교와 제국은
흩어지는 꿈의 파편처럼 어렴풋이 빛을 발한다.
— 퍼시 비시 셸리[1]

우리가 만일 투르크제국이 내적으로 쇠퇴한
원인에 대해 의문을 품고, 가장 일반적인 유형에서
그 원인을 찾으려 할 때, 그것은 투르크제국이 그들과는
비교도 안 될 만큼 강력한 힘을 지닌 세계의 또 다른 지역과
대치하고 있다는 사실에서 비롯한 것임을
유념해둘 필요가 있다. 세계의 그 또 다른 지역은 제국을
일순간에 가루로 만들 수도 있을 것이다. 그러나 제국도
그 나름의 이유로 존재하기 위한 고통스런 몸부림을 칠 것이고,
그와 더불어 은밀한 필요성에 의해서도, 세계의 또 다른 지역에
우회적이고 눈에 안 보이는 영향력을 발휘할 것이다.
— 레오폴트 폰 랑케[2]

　현대 발칸의 정치 지형도는 프랑스혁명을 시작으로 1923년 오스만제국이 최후로 붕괴하기까지 기나긴 19세기를 거치며 서서히 그 모습을 드러냈다. 민족성의 원칙으로 구성된 독립 국가들이 로마인들의 계승자, '신의 노예이며 이 세상의 술탄'인, 오스만제국의 황제 아래 500년 역사를 이어 온 제국을 대신해 들어선 것이다. 이 같은 발칸 민족주의의 승리는 일부, 봉기와 저항으로 오스만 지배가 붕괴하는 데 도움을 준 발칸인 자신의 노력으로 이룬 것이었다. 그런 반면 이들의 노력은 또, 그 자체로는 결실을 맺지 못하고 유럽 강대국들의 힘을 빌려서야 결실을 맺은 무기력한 것이기도 했다. 제1차 세계대전은 해방을 위한 발칸의 이 같은 투쟁과 유럽 국가 체계의 복잡한 관계가 정점에 달한 사건이었다.

　투르크의 발칸 지배를 종식시키려 한 외세의 노력은 15세기부터 시작되었다. 하지만 그 노력은 오스만제국이 기독교 국가들의 압력을 받고 방어태세를 갖추기 시작한 뒤에야 가시적 성과를 거둘 수 있었다. 1699년 이후 오스트리아는 헝가리와 크로아티아를 정복했다. 러시아도 흑해로 진출하여 1774년까지 계속된 러시아-투르크 전쟁에서 투르크 해군을 격파하고 쿠추크-카이나르지 조약을 맺어 오스만제국의 내정에 간섭할 수 있는 외교적 발판을 마련했다. 그런 다음 도나우강 연안 공국들의 독립을 얻어내고 투르크제국 내 기독교 신민들에 대한 보호국으로 행세했다. 하지만 18세기 말 (프러시아와 더불어) 이 두 약탈국들의 희생양이 된 것은 궁극적으로 터키가 아닌 폴란드였다. (그 결과 동유럽의 그 어느 곳보다 몇 세대 앞서 남동부 유럽에서 국가가 탄생하는 의도하지 않았던 결과가 나타난다.) 하지만 이 나라들의 군주들은 폴란드의 분할로도 성이 차지 않았다.[3]

요제프 2세와 예카테리나 2세*가 마련한 발칸 분할안은 오스트리아가 보스니아, 헤르체고비나, 세르비아의 일부, 달마치야와 몬테네그로를 차지하고, 러시아가 그 외의 나머지 발칸 지역을 차지하도록 되어 있었다. 그렇게 되면 이스탄불의 비잔티움제국 황제 자리는 예카테리나의 손자— 이름도 그에 걸맞게 콘스탄틴이었다— 가 차지하게 될 터였다. 1787년 오스트리아와 러시아 군주들은 해외 순방길에 나서, "비잔티움에 이르는 길"이라는 문구가 새겨진 개선문 아래를 지나 러시아가 새로 획득한 흑해 연안의 영토를 둘러보았다. 그러나 예카테리나 2세가 꿈꾼 '그리스 계획Greek Project'은 다른 강대국들이 훼방을 놓아 뜻을 이루지 못했다. 러시아는 크림 반도를 차지하는 것으로 만족해야 했다.[4]

이 계몽군주들은 발칸의 독립 운동을 지지하지 않았다. 독립 운동을 지지하기는 고사하고 무슬림 지배를 기독교도의 지배로 바꿔놓으려는, 다시

---

* 신성로마제국의 황제.

말해 수개 국어를 쓰는 발칸의 드넓은 지역을 술탄 지배에서 전제 왕조들의 지배로 바꿔놓으려는 생각에 젖어 있었다. 하지만 프랑스혁명은 이들의 생각을 변화시켰다. 그리스 독립 전쟁에서 싸운 콜로코트로니스T. Kolokotrónis 장군(1770~1843)은 그의 회고록에서 이렇게 말했다. "프랑스혁명과 나폴레옹이 한 행위들로 세상은 새롭게 눈을 떴다. 국가는 이전에는 아무것도 알지 못했고, 백성도 왕을 이 세상의 신으로 여겨, 왕이 한 일은 무조건 잘한 일로 말해야 하는 줄 알았다. 하지만 현재 일어나고 있는 변화 때문에 백성을 지배하기는 더욱 어려워졌다." 과연 러시아가 투르크제국에 대한 정교회인들의 보호국임을 자처하고 있는 동안 합스부르크 왕가는 날이 갈수록 더욱 보수적이 되더니, 메테르니히 수상 때부터는 아예 자국 문 앞에서 벌어지는 슬라브인들의 독립 투쟁을 혐오하기에 이르렀다. 프랑스와 영국은 무슬림 전제주의로 핍박받는 기독교인들도 지원해주어야 했고, 러시아의 세 확산을 막기 위해 오스만도 지켜주어야 했기 때문에 이러지도 저러지도 못하는 궁지에 빠져 있었다. 자치를 바라는 발칸인들의 열망은 강대국들의 이 같은 이해타산의 충돌로 제약받을 수밖에 없었다. 1829년 러시아 외무장관 카를 네셀로데K. Nesselrode(1780~1862)는 이렇게 썼다. "투르크제국 몰락이라는 거대한 문제를 생각하면 할수록 실타래 같은 미궁 속으로 빠져든다." 오스만제국 와해와 민족주의 분출이라는 이 같은 예측불허의 일들을 국제적으로 처리해가는 과정이 이른바 역사에서 말하는 동방문제Eastern Question다.[5]

오스만제국의 쇠락에도 불구하고 발칸의 기독교도들은 외국의 원조 없이는 자유를 얻지 못할 만큼 지극히 허약했다. 그들은 아직도 세계 강대국

중의 하나로 남아 있는 나라를 압도할 정도의 조직력도, 지도력도, 능력도 갖추고 있지 못했다. 나폴레옹시대에 이스탄불 정부를 위협한 가장 심각한 내부의 적은, 비무장 이교도들이 아니라―보스니아의 베이, 헤르체고비나의 카페탄kapetan, 알바니아의 총독, 도나우강 유역의 항구 도시 비딘의 군사 지도자 파스바노글루와 같은―지금은 거의 사라지고 없는 무슬림 엘리트들이었다. 18세기 중반 술탄은 허구한 날 보스니아에서 일어나는 반란을 보다 못해 그 지역의 '재정복'을 고려하기까지 했다. 하지만 상황은 더욱 악화되기만 했다. 1803년 한 영국인은 그것을 보고 이렇게 말했다. "파샤나 지방 총독들은 유럽 봉건시대의 봉신이 왕 밑에서 누린 독립보다 더 많은 독립을 술탄 밑에서 누리고 있다. 유럽 쪽 터키의 거의 전 지역이 혼란, 반란, 야만의 아수라장을 이루고 있다."[6]

술탄이 북쪽의 파스바노글루를 휘어잡기 위해 온힘을 기울이고 있는 동안 합스부르크제국의 강 건너편, 그 옆에 붙은 베오그라드의 작은 파샤 경계 구역에서는 반항적인 예니체리 장교들이 그들만의 봉건제국을 개척하느라 여념이 없었다. 19세기 역사가 레오폴트 폰 랑케는 이렇게 썼다. "오스만제국의 모든 예니체리 중에서 베오그라드의 예니체리만큼 술탄에 적대적인 예는 어디에도 없었다." 이들은 자신들의 권력 기반을 다지기 위해, 술탄의 대리인인 베오그라드 와지르를 친기독교적이라는 이유로 살해한 것으로도 모자라, 기독교도 유력 인사들(크네즈kneze) 중 그를 지지한 자들도 함께 살해했다. 이 기독교도 유력 인사들은 술탄의 이름으로 무기를 들긴 했으나, 이들이 애초에 무기를 들었던 것은 독립에 대한 꿈이라기보다는 오히려 자기방어 때문이었다. 하지만 술탄은 주저하며 이들의 지원을 받아들이지 못했다. 무슬림의 반항이 아무리 심하고 기독교도의 충성이 아무리 강하다 해도, 무슬림에 대항하여 기독교도들을 무장시키는 것이 술탄으로서는 꺼림칙했던 것이다.[7]

일이 그렇게 되자 세르비아 크네즈들도 하는 수 없이 1806년 러시아에 원조를 요청했다. 그 과정에서 단순한 지역 반란에 불과했던 것이 독립 투쟁으로 바뀌었다. 한편 러시아는 정교회 기독교도들의 충성심을 높이 사면서도, 오스만제국이 와해되어 나폴레옹 손에 떨어지는 것 또한 원치 않았다. 게다가 일단 나폴레옹의 침략을 받자 그것을 감당하기에도 벅차 베오그라드에 신경 쓸 겨를이 없었다. 이 틈에 투르크군은 베오그라드 지배권을 되찾았다. 이렇게 해서 최초의 세르비아 봉기는 유럽에서 일어난 열강들의 싸움에 치여 패배로 끝이 났다. 하지만 오스만 역시 문제가 없지는 않았다. 형편없는 무장에 규율도 엉망이었던 기독교도 농민과 상인군을 상대로 한 소규모 국경 분쟁을 진압하는 데 무려 9년이란 세월을 소요했기 때문이다. 그것은 좋은 징조가 아니었고, 그로 인해 오스만제국의 전면적 개혁을 주장하는 근대주의자들의 주장은 더욱더 힘을 받게 되었다. 계속해서 더 최악의 상황이 이어졌다.

반란을 일으킨 세르비아인들은 주동자 조르제 페트로비치D. Petrović(카라조르제Karajordje)처럼 모두가 국외로 도주한 것만은 아니었다. 국내에 남아 오스만 정부의 관대함에 기대를 걸어보기로 한 반도들 중의 한 명은 이렇게 말했다. "텅 빈 나라를 소유한다 한들 그것이 술탄에게 무슨 도움이 되겠는가? 세르비아인들이 다 죽고 나면 세르비아의 가치는 어디에 있을 것인가?" 교활한 주동자 밀로슈 오브레노비치도 국내에 남아 술탄을 위해 봉사하다, 나라를 진정시킬 임무를 띤 대공으로 임명되었다. 2년 뒤 그는 두 번째 반란의 주동자가 되었다. 1815년 봄 그는 피를 나눈 자신의 무슬림 형제 아신 베이를 먼저 안전하게 도피시킨 뒤, '투르크제국에 대한 새로운 전쟁'의 개전을 선포했다. 무슬림의 상징인 초록색 옷을 입은 사람은 만나는 족족 살해하라는 명이 방방곡곡에 내려졌다.[8]

　이번 반란은 이전보다는 타이밍이 좋았다. 나폴레옹의 워털루전투 패배로 여유가 생긴 러시아가 발칸 종속국들을 돌볼 여유가 생겼기 때문이다. 투르크는 러시아의 압력이 거세어지자 하는 수 없이 세르비아에 양보했다. 한 투르크군 수비대가 베오그라드에 잔류하기는 했지만 무슬림들은 이제 파샤 구역 도시들에 거주하는 것이 제한되었다. 밀로슈는 술탄에 대한 자신의 충성을 재확인하는 차원에서 사실상 그곳 지배자가 되었다. 그리고는 세르비아인들을 오스만 파샤가 했던 방식으로 지배하면서, 그의 정적 카라조르제의 머리를 베어 술탄에게 보냈고, 자신의 권위에 이의를 제기하는 자들은 암살했으며, 농민 반도들은 교수형에 처했다. 하지만 오스만 정부로서 그것은 하찮은 파샤 구역 하나를 진정시킨 것일 뿐 그다지 대수로울 게 없었다. 그도 그럴 것이 에피루스와 보스니아에서 잘 무장된 지방 베이들이 술탄의 권위에 이의를 제기하며 오스만의 지배에 한층 심각한 도전을 하고 나섰기 때문이다. 그리스에서 폭동이 일어나자 밀로슈는 현명하게도 한 발짝 뒤로 물러서 술탄에 대한 충성을 선언했다. 밀로슈의 이 같은 행위는 1828년에서 1829년까지 계속된 러시아-투르크 전쟁에서 오스만이 러시아에 또 한 번 양보하게 되었을 때 보상받았다. 이때 그는 세르비아의 세습 군주로 인정받은 것은 물론, 내정에 대한 완전한 자치도 보장받았다. 사실 이 시점부터는 세르비아를 독립국으로 보는 것이 가능했다. 그런 반면 세르비아는 또, 공식적으로 독립을 인정받은 1878년 베를린 회의 때까지는 도나우강 연안 공국들이나 새로 형성된 사모스 공국처럼, 오스만제국 내의 기독교 자치 공국으로도 볼 수 있었다. '국가'라는 궁극적 승리는 아직 먼 곳에 있었던 것이다.[9]

19세기 초 술탄에 반기를 든 지방 총독들 중에 가장 강력하고 생명이 길었던 인물은 아마 성자의 모습을 띠었으나 속은 독사였던, 교활한 알바니아인 알리 파샤였을 것이다. 그의 영향력은 자신의 본거지가 있는 잔니나에서 동쪽으로 저 멀리 바르다르강, 남쪽으로 코린트만까지 미쳐 있었다. 그는 오스만 정부와 장기간 투쟁을 벌이고 영국, 프랑스 외교관들과 이중거래를 하는 와중에 또 그리스인들을 이용해 먹을 생각까지 했다. 오데사, 빈, 그 밖의 다른 곳에 근거지를 둔 그리스 혁명 단체들이 오래전부터 해방을 위한 투쟁을 계획하고 있다는 것과, 유사 비밀 단체인 우애조합도 봉기를 일으킬 준비를 하고 있다는 것을 알고 있었던 것이다. 그런 생각으로 그는 자신도 그리스어를 할 줄 알고, 아내 또한 그리스 정교회 신자인 상황에서 또 그리스인들을 자신의 고문으로 채용한 다음, 기독교 개종을 권하는 그들에게 짐짓 격려라도 해주듯, '로마인들 제국' 수복에 대해 말해주기도 했다. 그리스학파가 번성하고 있던 그의 본거지 잔니나는 기독교 학문과 교육의 중심지였다.[10]

1821년 오스만 정부는 알리를 격파할 준비를 갖추고, 잔니나로 군대를 파견했다. 이 일을 진행하는 동안 한 건도 아닌 두 건의 그리스 봉기가 수백 마일 간격으로 일어났다. 그중 성공을 거두지 못한 첫 번째 봉기는 흑해의 번성하는 그리스 지역과 가까운 도나우강 유역에서 일어났는데, 그 주동자는 그리스 파나리오테이자 전 러시아군 장교였던 알렉산드로스 입실랜티스A. Ypsilantis였다. 이 무렵 러시아는 상류층 외교 무대에서 부, 음모, 동정의 중심지로 그리스인들의 주요 원조국이 되어 있었던 것이다. 입실랜티스는 러시아 알렉산드르 1세 황제(재위 1801~1825)의 부관이었고, 폭동의 주동자가 되는 것은 거절했지만 훗날 독립 국가 그리스의 초대 대통령이 된 이오아니스 카포디스트리아스I. Capodistrias(1776~1831)는 러시아 외교 무대의 영향력 있는 인물이었다. 키시뇨프 인근에서 쓴 글을 통해 푸슈킨은 그리스인들이 선언문을 발표할 때의 모습을 이렇게 묘사했다.

(그리스인들이) 발표한 선언문들은 모든 곳으로 재빨리 퍼져나갔고, 그 선언문들에는 이런 내용이 적혀 있었다. 즉 그리스의 불사조는 잿더미에서 솟아오를 것이며, 투르크 몰락의 시간은 다가왔고, 위대한 힘은 위대한 영혼을 가진 공적을 알아본다는 것이었다. 그리스인들은 세 개의 기치 아래 구름 떼처럼 모여들었다. 그중 첫 번째 깃발은 삼색 깃발이고, 두 번째 깃발은 "이 징표로 정복하라By this sign conquer"(신이 콘스탄티노스 대제에게 하신 약속)는 문구와 함께 월계관을 머리에 쓴 십자가가 그려진 것이었으며, 세 번째 깃발은 잿더미에서 솟아오르는 불사조가 그려진 것이었다.11

입실랜티스가 바라던 대로 러시아가 정말 원조를 해주었다면 도나우강 연안 지역의 봉기는 성공을 거두어, 파나리오테들이 꿈꾸던 비잔티움 제국 부활의 길이 열렸을지도 모른다. 그러나 러시아 황제는 유럽의 평화가 보전되기를 바랐다. 카포디스트리아스는 한 친구에게 이런 글을 썼다. "황제는 입실랜티Ipsilanti* 공이 그리스 해방에 써주기를 바란 것으로 보이는 방법들을 아주 못마땅하게 여기셨어. 전 유럽이 혁명의 폭발로 몸살을 앓고 있는 와중에, 황제는 어째서 동일한 효과가 있는 똑같은 파괴의 원칙, 전쟁의 재난을 불러오는 똑같은 음모… 선동적 전제주의라는 가장 성가신 일이 두 공국에서 일어났다는 사실을 알아채시지 못하는 걸까?" 투르크군은 러시아만이 아닌 루마니아 농민들도 그곳 봉기에 대한 지원을 거부하자 그리스 반군을 손쉽게 진압했다. 루마니아 반군 지도자 튜도르 블라디미레스쿠T. Vladimirescu(1780년경~1821년)는 이렇게 말했다. "나는 아직 그리스인들을 위해 루마니아인들의 피를 흘릴 준비가 되어 있지 않다." 이 봉기가 실패하자, 도나우강 북부에서 파나리오테의 영향력은 감퇴했고, 그 때문에 그리스 학문의 중심도 사라졌다.[12]

그로부터 한 달 뒤 봄이 오자 새로운 투쟁 시즌도 막이 올랐다. 이번에는 저 남쪽 펠로폰네소스 반도에서 두 번째 그리스 봉기가 일어났다. 펠로폰네소스 반도는 농민 대부분이 그리스어를 쓰는 데다, 1770년 러시아의 선동으로 폭동이 한번 일어나 피투성이 결과를 맞은 적이 있는 곳이었다. 입실랜티스의 봉기와 달리 이곳 봉기가 성공을 거두면 장차 등장할 독립 그리스 국은, 유럽과 아나톨리아 전체를 아우르는 새로운 비잔티움제국이 아닌, 오스만의 조그만 시장 도시 아테네를 수도로 하는 중간 크기의 소왕국이 될 터였다. 하지만 이곳의 봉기 역시 아직 성공하고는 거리가 멀었다.

---

* Ypsilantis의 루마니아식 표기.

그 까닭은 우선, 모든 사람의 눈이 오스만 정부와 반항적이고 교활한 북쪽의 알리 파샤 사이에 일어난 분쟁에 쏠려 있었기 때문이다. 펠로폰네소스 반도 파트라스 항구의 그리스인들은 여전히 잔니나의 알바니아인 무슬림 통치자가 오스만에 '승리를 거두어' 오스만 통치를 받는 '그들을' 구해주기를 바라고 있었다. 아닌 게 아니라 그 지역 오스만 관리들도 내심 그런 일이 일어나지 않을까 마음을 졸이고 있었다. 그래서 그들은 알리의 기독교도 지지자들에 대한 선제공격으로, 그리스 유력 인사들을 닥치는 대로 투옥하여 부지불식간에 반란을 촉발시키고 있었다. 이런 상황에서 그리스인들은 체포당하느냐 반란을 일으키느냐의 기로에서 후자를 선택하고, 무슬림 거주 지역을 공격하기 시작했다. 마케도니아의 한 영국인은 봉기가 발발했다는 소식을 듣고 이렇게 말했다. "그리도 오랫동안 서쪽에 드리워져 있던 검은 구름이 이제는 그 황폐하고 끔찍한 그림자를 이 나라에도 드리우기 시작하는 모양이다. 독립을 바라는 이 같은 혁명적 기운은 그리스의 다른 곳들에서도 일어나고 있는 듯하다." 이 반란으로 펠로폰네소스 반도에 살고 있던 무슬림 4만여 명 중 1만 5000명이 첫 몇 달 동안 반도들에게 살해되었고, 살아남은 자들은 안전한 도시와 요새들로 도망을 쳤다. 그해 여름 그리스군은 트리폴리시를 포위 공격하고 약탈도 자행했다. 한 그리스인은 당시를 이렇게 회고했다. "도심으로 진입한 그리스군은 금요일부터 일요일까지 남자, 여자, 어린아이 할 것 없이 무슬림들을 마구 살해했다. 전해지는 바로는 그 와중에 3만 2000명이 죽었다고 한다. … 그리스군 사망자는 100여 명에 불과했다. 하지만 그것도 이젠 끝났다. 살해를 멈추라는 포고령을 발령했기 때문이다."[13]

1821년 말 그리스 봉기의 주동자들은 모임을 갖고 헌법을 공표한 뒤 유럽에 도움을 요청했다. 이 동조자들은, 오스만의 유럽 영토 지배는 "계몽국가들에 대한 영원한 수치"라고 선언했다. 하지만 그리스인들은 ─ 이전의 세르비아인들처럼 ─조직화가 안 되어 어수선했고 걸핏하면 분쟁을 일으켰다. 내분을 벌이며 이전의 성공을 공으로 돌려놓았다. 1825년 이후에는 잘 조직된 투르크-이집트 침략군이 펠로폰네소스 반도를 쑥대밭으로 만들어버렸다. 이 시점에서 유럽이 구원에 나서지 않았다면 역사책에는 아마 또 하나의 실패한 봉기만 기록되었을 것이다. 이브라힘 파샤의 군대가 펠로폰네소스의 기독교인들을 노예로 만들 것을 우려한 영국 수상 조지 캐닝이, 자신은 "인구절멸 정책을 시행하는 것을 결코 묵과하지 않을 것"임을 경고하고 나선 것이다. 그는 이브라힘에게 "모레아(펠로폰네소스) 주민들을 아시아와 아프리카로 옮겨놓고, 그곳 주민들을 펠로폰네소스로 이주시켜 바르바리국*으로 만들려는 이집트의 의도를… 부인하거나 공식적으로 철회하라"고 엄포를 놓았다. 이보다 앞서 3년 전에는 오스만이 키오스에서 행한 복수로 그리스인 수천 명이 살해되고 또 다른 수천 명이 노예로 팔려가는 일이 벌어져, 이를 본 유럽의 진보적 양심이 크나큰 충격을 받기도 했다. 들라크루아는 그 사건을 그림†으로 그려 그것에 영원한 생명을 부여해주었다. 강대국들은 이 같은 상황에 유의하면서 펠로폰네소스 반도에 소함대를 파견, 나바리노해전‡을 벌였고, 이 해전에서 영국-러시아-프랑

---

* 모로코, 알제리, 리비아, 튀니지를 포함하는 북아프리카 지중해 연안 지역의 총칭.

† 프랑스 낭만주의 화가 들라크루아가 1822년에 그린 「키오스의 학살」을 말한다.

‡ 1827년 10월 20일.

스 함대는 이집트-투르크 함대를 격파했다. 이집트 육군도 프랑스 원정대의 감시 아래 군대를 철수시켰다. 이렇게 해서, 주로 외부의 간섭에 힘입어 1830년 독립 그리스 왕국이 탄생했다. 그 후 2년 뒤에는 열일곱 살의 가톨릭 신자 바이에른의 오토 공이 열강에 의해 그리스 왕으로 선출되었다.[14]

　역사가들은 종종 과거를 그럴 수밖에 없었던 필연성으로 설명하고는 한다. 발칸 국가들이 생겨난 배경을, 상인 이주민의 등장과 서구 이데올로기의 영향으로 기독교 민족주의가 승리했기 때문인 것으로 진단한 것도 그 같은 경우에 속한다. 하지만 이 요인들도 오스만제국 군대와 행정의 허약함―특히 제국의 경계 지역이 심했다―이 없었다면, 그리고 국제적 힘의 균형이 변하지 않았다면 효력을 발휘하지 못했을 것이다. 군사적으로 봐도 세르비아는 1810년, 그리스는 1827년 투르크군에 각각 패했다. 그런데도 양국은 독립을 했다. 한 역사학자는 이렇게 썼다. "세르비아가 하나 혹은 그 이상 강대국들에 의한 전폭적 지원을 받지 않고도 오스만제국으로부터 독립을 할 수 있었을지는 의문의 여지가 있다." 이 점은 그리스도 마찬가지였다. 이 두 나라 모두, 발칸 혁명가들이 꿈 꾼, 다시 말해 제국의 부활이라는 거대한 환상에서 나온 결과는 고작 창백한 그림자, 보잘것없고 불안정한 나라에 불과했기 때문이다.

　발칸의 지배 세력은 여전히 오스만제국이었다. 오스만 정부는 그리스(와 이집트)를 잃자 그동안의 방해 세력이던 예니체리 부대를 제거하고, 군의 현대화와 일련의 개혁에 착수했다. 1822년에는 알리 파샤가 죽었고, 1831년에는 보스니아 베이들이 격퇴되었으며, 제국 정부의 중앙집권화도 이루어졌다. 오스만제국은 개혁의 일환으로, 지방 베이들이 행하는 발칸 기독교도들에 대한 임의적 억압을 줄이기 위해서도 노력했다. 1837년 오스만제국의 한 관리는 일요일에도 농민들에게 일할 것을 강요하는 지주들을 책망하며 이렇게 말했다. "라야rayah*는 지금까지 당한 고통만으로도 충분하다. 그들을 보호해주고 그들의 종교를 마음껏 믿을 수 있게 해주어야 한다는 것이 술탄의 뜻이다."15

"유럽의 병자Sick Man of Europe"는 혈기가 여전히 왕성했다. 1897년까지도 투르크군은 전쟁에서 그리스군을 격파했고 경제적으로도 활력이 넘쳤다. 많은 그리스인과 세르비아인이 오스만제국의 신민으로 남아 있으면서, 그들의 '새로운 조국'으로 이주할 기미를 보이지 않았다. 이주는커녕 일부 사람들은 신생 그리스 왕국의 높은 세금과 어두운 전망을 피해, 오스만 아나톨리아나 흑해 항구들로 도망을 쳤다. 오스만제국의 시장들에도 기독교인 상인들이 계속 몰려들었고, 정교회 신자들도 대사나 영사의 직책을 맡아 오스만 정부를 위해 일했다.16

이 두 신생국들은 준비 없이 즉흥적으로 세워진 촌티 나는 나라였다. 라마르틴A. de Lamartine†의 말을 빌리면 세르비아는, 인간보다 돼지가 더 많은 "숲의 바다"였다. 세르비아의 지적 생활도 베오그라드보다는 합스부르크 제국에서 한층 발달돼 있었다. 그리스의 경우, 대략 80만 명의 사람들이 신생 그리스 왕국에 살았던 반면, 200만 명 이상의 사람들은 여전히 오스만 제국의 신민으로 남아 있었다. 그리스 도시들 또한, 스미르나, 살로니카, 제국의 수도 이스탄불 등 오스만 도시들의 세련미와 부에 견줄 만한 곳은

---

* 오스만제국 내 비무슬림 신민을 부르는 통칭.
† 1790~1869. 프랑스의 정치가 겸 시인.

단 한 곳도 없었다. 물론 굳이 찾으려고 한다면, 인상적인 활력의 징조가 없지는 않았다. 현대적인 격자형 도시 계획에 맞춰 지어진 뉴타운들이 급속도로 확산하면서 아테네, 파트라스, 트리폴리, 그 밖의 옛 오스만 주거지들을 대체한 것이라든지, 신고전주의풍 저택이나 공공건물들이 신생 독립 정부에 의해 발주된 것이 그러한 예에 속했다. 1841년 아돌프 블랑키는 베오그라드에서 이렇게 썼다. "우리 방식으로 병영 몇 곳, 병원 한 곳, 교도소 한 곳을 지은 것을 보니 개화가 시작된 것이 분명하다." 비슷한 경향의 도시계획과 유럽풍 건축물들도 오스만의 도시들을 변화시키고 있었다.[17]

신생국들의 주민들은 전쟁 때와 마찬가지로 평화시에도 양분되었다. 세르비아의 경우, 중앙 정부에서는 카라조르제파와 오브레노비치파가 권력 투쟁을 벌였고, 지역민들은 소위 독일인들(합스부르크제국 영토에서 이주해온 자들)과 경쟁을 벌였으며, 친터키파는 친러시아파와 반목했다. 그리스도 사정은 나을 게 없었다. 지역 간 분쟁, 서로 다른 강대국을 등에 업은 당파 지지자들 간의 분쟁, '토착인'과 '이방인'들 간의 싸움으로 어수선했다. 이러한 분열로 신생국들의 정치는 시초부터 격랑에 휩싸였다. 신생국들은 무슬림 지배에서 해방되었다. 그러나 자신들도 이제는 세계에서 한 자리 차지하게 되었다는 이들의 자부심은 강국들에 대한 쓰라린 열등감으로 감퇴되었다. 이들이 얻은 승리 또한, 발칸인들은 그 즉시 모든 것을 '국가'의 개념으로 생각해도 좋다는 것을 의미하지는 않았다. 그렇기는 고사하고 '루마니아'나 '불가리아'라는 말은 1830년도까지도 일부 지식인과 운동가들에게만 의미 있는 말이었고, '알바니아'와 '마케도니아'도 그 점에 있어서는 다를 게 없었다. 그 때문에 독립국으로서 국가Nation—낭만적 민족주

156

의자들이 생각하듯이—와는 거리가 멀었던 남동부유럽의 신생국 지도자들은, 오스만의 세계관에 푹 젖어 있는 농촌 사회에서 국가를 새롭게 창조해야 하는 과제를 안고 있었다. 블랑키는 이렇게 썼다. "세르비아가, 숲을 뚫어 만든 최초의 길, 재정 질서의 재확립, 세르비아 민족주의 창조라는 세 가지 과업을 이룬 것은 다 밀로슈의 덕이었다."[18]

도나우강 연변의 왈라키아 공국과 몰다비아 공국 — 미래의 루마니아 — 에는 루마니아어를 쓰고 극심한 가난에 시달리는 농민들이 살고 있었다. 이들은 그 지방 토착 지주계급의 억압 속에 술탄에 대한 충성의 의무를 지고 있던 그리스인 군주들의 통치를 받았다. 이 두 공국이 18세기 내내 투르크와 러시아 분쟁의 각축장이 되어, 오스만제국에 완전히 편입하느냐 독립하느냐의 갈림길에 섰던 자치 구역의 대표적인 예가 되었다. 1821년 이 공국들은, 그곳의 그리스 봉기가 실패로 돌아가 파나리오테의 힘이 약해지자 루마니아인 토착 귀족들 중에 군주를 뽑을 수 있는 길이 열려, 토착 지배 엘리트가 탄생하는 중요한 첫걸음을 내딛게 되었다. 오스만도 1826년 러시아의 압력에 밀려 이 변화를 받아들일 수밖에 없었다. 1829년 러시아는 사흘간 콘스탄티노플 진군을 감행한 뒤, 명목상으로는 여전히—세르비아처럼—술탄의 지배하에 있는 그 두 곳에 군정을 실시했다. 러시아-투르크 전쟁을 종식시킨 아드리아노플 조약(1829)으로, 도나우강 연안의 공국들은 이제 "예배의 자유, 안전보장, 독립 정부, 통상의 자유를 누리게 될" 터였다.[19]

하지만 국가의 독립에 대한 약속은 러시아 군정이라는 현실과 부합할 수 없는 것이었다. 당대의 영국, 프랑스 농지개혁 이론에 영향을 받은 현대화된 러시아 행정가들은 투르크인이나 파나리오테가 했던 것보다 더욱 심하게 이 공국들의 내정에 간섭했다. 교회도 러시아에서처럼 국가에 종속되었다. 부쿠레슈티는 도시계획자들에 의해, 번호 매겨진 집들과 이름 붙여진 거리들(베를린보다 고작 20년 늦었을 뿐이다), 조명과 배수로 설치로 새롭게 변모했다. 러시아도 바이에른의 조종을 받은 오토의 그리스 왕국처럼, 계몽된 보수적 관료주의 이론에 개혁의 토대를 두고 있었다. 1832년의 기본법에 따라 러시아 당국은 토지에 현금경제를 도입했고, 곡물 생산을 장려했으며, 토지에 대한 지주의 법적 소유권을 공식화하여 농촌 지역의 계층 간 긴장을 더욱 격화시켰다.[20]

그 후 오래지 않아 루마니아의 새 지배자들도 옛 지배자들만큼이나 주민들의 인심을 잃었다. 1848년 유럽에서 혁명이 일어나자 러시아는 투르크와 합세해, 부쿠레슈티와 이아시에서 일어난 진보적 민족주의자들의 봉기를 진압했다. 이렇게 되자 이전의 그리스인들처럼 러시아도 루마니아에서 영향력을 잃게 되었고, 그에 따라 루마니아는 라틴주의, 특히 자신들의 라틴 '형제국'인 프랑스 문화를 받아들이기 시작했다. 사교계에는 그리스어 대신 프랑스어가 등장했다. 관보에도 프랑스어를 사용하였으며, 일부 사람들은 왈라키아의 수도 부쿠레슈티를 '발칸의 파리'로 만들 꿈에 젖어들기도 했다.[21]

프랑스는 러시아가 크림 전쟁에서 패하자 두 공국을 통일시켜, 러시아의 콘스탄티노플 침투를 막을 수 있는 방벽으로 사용할 계획을 세웠다. 이 계획은 프랑스의 원조와 루마니아 지방 엘리트들의 교묘한 책략이 맞아떨어져 마침내 실현되었다. 1859년 두 공국은 의회를 열어, "나랏일보다는 자메이카 럼주를 더 좋아하는 카드 플레이어" 알렉산드루 쿠자A. Cuza

(1820~1873)를 대공으로 뽑고, 두 공국의 통일을 의결했다. 루마니아는 이렇게 기묘한 방식으로 탄생했다(탄생만 했을 뿐 정식으로 국제적 인정을 받은 것은 1878년이었다). 쿠자의 통치기는 ― 신생 발칸국들의 지배자들이 으레 그러했듯이 ― 암살까지 모면했음에도 지극히 짧았다. 농지개혁으로 지주들의 원한을 사 1866년 권좌에서 밀려났기 때문이다. 이전의 그리스처럼 루마니아 지방 엘리트들도 토착민 국가원수의 꼴을 보지 못했고, 이 때문에 군주는 해외에서 수입해 들여와야 했다. 전해지기로는, 프러시아 왕의 사촌인 독일 호엔촐레른-지크마링겐의 카를 공작은 루마니아 왕으로 지명되기 전까지만 해도 루마니아에 대한 말을 들어본 적이 없었다고 한다. 하지만 그런 결점에도 불구하고 국왕 카롤 1세King Carol I는 그와 동시대인인 그리스의 게오르기오스 국왕(영국 빅토리아 여왕에게서 "선량하기는 하나 총기 없이 지극히 평범한 젊은이"라는 말을 들었다)과 마찬가지로, 1914년 죽을 때까지 루마니아를 오래도록 성공적으로 통치했다.

이 나라들과 비교하면 불가리아의 등장은 다소 늦은 감이 있고― 1877년 오스만 유럽에 대한 러시아의 마지막 침략이 있은 후―과정도 순탄치 않았다. 불가리아에도 물론 19세기 내내 소수의 인텔리겐치아가 존재했고 민족주의 문화와 경제도 부활했다. 그러나 콘스탄티노플과 가까이 있다 보니 불가리아의 슬라브족은 상대적으로 오스만과 정교회 총대주교의 지배를 받기 쉬운 입장에 있었다. 1841년에 일어난 농민 봉기는 알바니아 비정규군이 무자비하고 효율적으로 진압하였다. 그 결과 많은 불가리아인이 북쪽의 도나우강 연안 공국들, 러시아, 그리고 나중에는 세르비아로 도주했다. 남아 있던 소수의 혁명 세력은 부쿠레슈티와 이아시의 커피숍이나 여관 등지에서 폭동을 일으켰다. 도나우강을 건너온 불가리아 무장대원들도 오스만 군대가 쉽게 진압하였다. 불가리아의 유력 인사들은 거의 문화적으로는 그리스, 정치적으로는 오스만에 기울어져 있었다. 1830년 러시아의 학자 유리 베넬린Y. Venelin(1802~1839)도, 불가리아 민족에 대한 역사 연구와 민족지적 연구를 하기 위해 그곳을 찾았으나 사람들에게서 냉대만 받았다. 불가리아인이라는 말 자체도 상당히 모호했다. 1900년 한 관측통은 이렇게 썼다. "불과 40년 전만 해도 불가리아인이라는 말은 지극히 생소하여 그 나라 출신의 학식 있는 사람들은 자신들을 모두 그리스인이라 여겼다."22

불가리아 혁명가들은 농민과 상인들의 애국심 결여와 자신들의 무장봉기가 실패로 돌아간 것에 환멸을 느끼고 비군사적 방식으로 투쟁의 방향을 돌려, 술탄과 권력을 나눠 갖는 기독교-정교회 자치연맹을 꿈꾸기 시작했다. 이들 눈에는 1867년 오스트리아와 대타협을 이뤄 합스부르크 왕가와 손잡고 이중 제국을 탄생시킨 헝가리가, 평화적 투쟁으로 얻어지는 이점의 좋은 본보기로 보였다. 게다가 한동안은 오스만 정부 아래서도 개혁이 가능할 것처럼 보이기도 했다. 이들이 이렇게 생각한 까닭은 불가리아인들 중 많은 수가, 관리를 임명할 때ㅡ적어도 이론상으로는ㅡ기독교인들에게도 동등한 기회를 제공해준 개혁주의자 미드하트 파샤 지배하의 도나우 빌라예트vilayet에 살았기 때문이다. 하지만 알고 보면 이 기독교인들은 거의가 불가리아인이 아닌, 폴란드인, 헝가리인, 크로아티아인 이주민들이었고, 미드하트 자신도 오스만 행정부의 오랜 두통거리였던 불안정한 정정의 희생양이 되어 3년 뒤에는 이 직책에서 물러났다.23

불가리아인들이 의식을 형성하는 데에는 애국적 활동보다는 오히려 종

루마니아 왕 카롤 1세(1913년 제1차 발칸 전쟁 참전 당시 모습)

교의 변화가 더 많은 역할을 했다. 미국 개신교 선교사들이 불가리아 농민도 읽을 수 있는 언어로 신약을 번역하자 그리스어의 독주에도 제동이 걸리기 시작했다. 하지만 선교사들은 곧 불가리아 농민들 중 모국어를 읽을 줄 아는 사람은 극소수에 불과하다는 사실을 알게 되었다. 그래서 슬라브어 문자로 표기된 터키어 성서를 발행하는 것을 심각하게 고민하기도 했다. 1849년 불가리아는 콘스탄티노플 소재 불가리아 길드들의 압력에 직면하여 스테판 보고리디s. Bogoridi의 집터에 불가리아 교회를 봉헌했다. 스테판 보고리디는 불가리아 태생으로 술탄의 고문과 사모스 군주를 지낸 탁월한 인물이었다. 1870년에는 그리스 총대주교구 지배에 반대하고, 농민에 대한 그리스 주교들의 가렴주구에 저항하는 선동이 일어나 콘스탄티노플과 분리된 불가리아 정교회가 설립되었다. 하지만 그 후에도 오랫동안 불가리아 농민들 중에는 (이후 마케도니아에서 분명히 드러나게 되듯) 불가리아어를 쓰면서도 그들 스스로 그리스인이라 여기는 사람들이 많았다. 그렇다고 해서 그것이 꼭 남쪽으로 영토를 확장할 계획을 가진 그리스 왕국을 지지했다는 말은 아니고, 그들은 다만 총대주교가 관할하는 교회에서 예배를 보았을 뿐이다. 불가리아어를 쓰는 것은 곧 불가리아 국민이라는 생각이 이들에게는 더디게 찾아왔다.[24]

1876년 그동안 계속된 봉기 중 가장 최근에 일어난 불가리아 봉기가 농민이나 도시민의 어느 쪽 지지도 받지 못한 채 실패로 끝났다. 바바라 젤라비치B. Jelavich*는 이렇게 썼다. "최근 불가리아 민족주의 신화의 가장 중요한 사건인 4월 봉기는 혁명으로는 완전 실패작이었다." 유럽은 10여만 명의 투르크 민간인들이 반도들에게 희생되건 말 건 시큰둥한 반응을 보였다. 하지만 발칸 서쪽에서 일어난 반란을 진압하느라 여념이 없던 술탄은 제국 중심부의 코앞에서 또다시 반란이 일어나자, 깜짝 놀라 반란을 가차없이 빨리 진압하라는 명령을 내렸다. 오스만제국의 비정규군이 자행한 '불가리아 공포'에 관한 뉴스가 나가자, 유럽도 그제야 이 사건에 관심을 갖기 시작했다. 영국은 심지어 이 사건을 선거 운동의 이슈로 삼기까지 했다. 술탄은 유럽이 요구하는 오스만제국의 내정개혁 실시를 거부했다. 그러자 러시아는 1877년 발칸을 침공했고, 예상치 못한 투르크군의 완강한 저항에 직면했으나 콘스탄티노플로 진군하는 데 성공했다. 같은 해 오스만제국에 강요된 평화 조약으로 루마니아와 세르비아-몬테네그로는 독립을 얻었고, 이로써 수세기 동안 계속된 오스만의 유럽도 막을 내리게 되었다. 하지만 이 평화 조약은 서쪽으로 스코페와 바르다르강 계곡, 남쪽으로 살로니카와 에게해에까지 미치는 거대한 신생 불가리아 공국을 탄생시킴으로써 커다란 논란을 야기하였다. 이른바 조약의 이름을 따라 붙인 명칭 산스테파노 불가리아가 그것이었다.[25]

산스테파노 불가리아는 불과 수개월밖에 생존하지 못했다. 다른 강대국들, 특히 영국이 그것을 러시아가 발칸으로 영토를 확장하는 것이라고 여겨 거부하고 나섰기 때문이다. 1878년에 열린 베를린 회의에서 영국수상 디즈레일리는 신생국 불가리아 영토는 산스테파노 불가리아 영토의 절 반도 안 되는 크기로 축소해야 마땅하다고 주장했다. 마케도니아는 다시 오스만 지배하에 놓이게 되었고, 불가리아와 콘스탄티노플 사이에는 동루멜리아라는 자치 지역이 새롭게 탄생했다. 이 지역은 곧 불가리아에 병합되었다. 불가리아는 술탄에게 조공을 지불하는 자치 공국에서 완전 독립을 이루는 데 불과 30년밖에 걸리지 않았음에도, 러시아가 당초 약속한 나라를 결코 잊지 않았었다. 특히 '잃어버린 땅' 마케도니아는 영토 확장을 바라는 불가리아 꿈의 목표가 되었다.

발칸 지역의 국가 건설은 19세기 내내 계속되었다. 그것은 장기간에 걸친 지루한 실험이어서 발칸의 여러 '힘없는 민족들'은 이 기간에도 여전히 오스만제국의 신민으로 남아 있거나— 크로아티아인, 슬로베니아인, 세르비아인, 루마니아인, 그 밖의 다른 민족들처럼 — 합스부르크제국의 신민으로 남아 있었다. 자치는 결국 오스만제국 내외의 여러 연방주의자들이 바라던 대로 국가 독립에 대한 대안이 아니라, 독립에 선행하는 준비 단계였던 것이다. 자치에서 독립으로 가는 데 걸린 기간은 도나우 공국들의 경우 1세기 이상, 세르비아와 불가리아는 수십 년, 그리스는 30년이 채 못 걸렸다. 이들과 마찬가지로 자치를 부여받은 크레타와 사모스는 제2차 세계대전이 일어나기 전 그리스에 편입되었다.

열강들은 신생국들의 내정에 깊숙이 개입했다. 실직 상태에 있던 유럽 왕가 자손들을 이 나라들의 국왕으로 앉혔는가 하면, 헌법 초안을 작성했고, 군민 합동 고문단을 파견했다. 1840년대에 오토 국왕 밑에서 그리스 국정을 좌지우지한 바이에른 고문단이라든지, 1880년대에 군대와 전쟁부를 포함해 불가리아 국정을 다각도로 운영한 러시아가 그 좋은 예다. 또한 강대국들은 외교 회담장에서 국경선을 임의로 정했고, 영토를 조정했으며,

무력시위와 경제적 압박을 통해 자신들의 요구사항을 모든 당사국에 강요했다. 그럼에도 신생국들에 대한 이들의 지배는 불완전했다. 루마니아와 불가리아에 대한 러시아 지배가 그랬고, 세르비아에 대한 오스트리아 지배도 마찬가지였다. 결국 열강들은 민족주의의 힘에 굴복, 이들을 독립국으로 만들어주었다. 하지만 강대국들은 오스만제국의 나머지 부분은 어떻게든 잃지 않으려고 했다. 그러나 이들의 노력도, 강대국들이 탄생시킨 나라들의 대중정치에 초점을 맞춘 팽창주의의 힘 앞에 가로막혔다.

발칸 정치에서 사명감의 추진력이 된 것은 영토 확장에 대한 꿈이었다. 모든 나라는 강대국들에게서 분배받은, 다시 말해 자국 영토 외곽에 놓인 '회복 안 된' 이웃사촌들의 땅이나 역사적 땅은 모두 자국 땅이라 고집했다. 루마니아는 헝가리에 속한 트란실바니아를, 세르비아는 합스부르크에 속한 크로아티아와 오스만 영토를, 불가리아는 사기를 당해 빼앗긴 산스테파노 영토를 회복하겠다고 별렀다. (신비잔티움제국 건설이라는 '위대한 계획'에 얽매여 있던) 그리스는 크레타에서 흑해까지 오스만제국을 가로지르는 헬레니즘 세계의 부활을 꿈꾸고 있었다. 대중적 실지失地 회복 운동은 여론을 결집시켰고, 국경 침입을 일삼는 비정규군의 자금 조달원이 돼주었으며, 강대국들의 조언이나 소망에 반하는 무모한 행위를 하도록 발칸의 군주들을 윽박질렀다. 밀란 오브레노비치M. Obrenović*만 해도 보스니아의 정교회 기독교인 반도들을 지원하기 위해 1876년 자신의 의지와는 상관없이 투르크에 선전포고를 했고, 1885년에는 불가리아를 침입했다. 하지만

---

* 밀란 4세, 세르비아의 대공(1868~1882)과 국왕(1882~1889)을 지낸 인물.

이 두 전쟁 모두 실패로 돌아가, 세르비아는 강대국들이 개입하고서야 겨우 더 이상의 수모를 면할 수 있었다. 그리스도 1854년부터 1897년까지 오스만 영토를 끊임없이 공격했으나 한 번도 성공을 거두지 못했다. 그러다 1922년 소아시아의 재난으로 착각에 빠진 그리스 군사원정은 마침내 끝을 맺었다. 이 실패는 나중에 강대국들의 원조 부족에 그 책임이 돌아갔다.[26]

하지만 발칸 국가들에게 실지 회복 능력이 부족했다면, 강대국들에게도 이들의 의견을 심각하게 받아들이지 않은 실책이 있었다. 강대국들은 자신들이 탄생시킨 신생국들을 무시하고 때로는 그들을 꼭두각시처럼 여기기까지 했다. 1873년 오스트리아-합스부르크제국의 외무장관 안드라시G. Andrássy 백작*은 근동의 이웃국가들을 가리켜 "길들여지지 않은 야생마처럼, 한 손으로는 먹이를 주고 다른 한 손으로는 채찍질을 해야 하는 사나운 인디언들"이라 묘사했다. 오스트리아의 프란츠 페르디난트 대공도 세르비아를 "도둑, 살인자, 산적, 몇 그루의 자두나무가 있을 뿐인" 땅으로 묘사했다는 점에서 그와 다를 바 없었다. 1878년 합스부르크 군대가 오스만 지배하의 보스니아를 점령하여 세르비아와 긴 국경을 접하자 빈 외교관들은 세르비아의 영토 확장 길이 막혀, 부패한 오브레노비치도 이제 그들 손에 들어온 것으로 생각했다. 하지만 발칸 대중은 강대국들에게 굴종하는 것에 분노했다. 그로 인해 강대국들에 대한 아첨이 지나친 군주들은 세르비아군 장교들에게 살해당한 알렉산다르 오브레노비치A. Obrenović†처럼 비명횡사할 가능성이 높았다. 그가 죽은 뒤 세르비아 왕권은 노예 근성이 덜

---

* 1823~1890. 헝가리의 정치가.

† 재위 1889~1903. 그의 암살과 함께 오브레노비치 왕조도 끝났다.

한 친오스트리아 성향의 페타르 1세^{King Peter}‡에게 돌아갔다.

러시아도 자신들에 대한 슬라브인들의 확고부동한 충성을 믿어 의심치 않았다. 그러나 루마니아와 불가리아가 러시아 덕에 독립을 하긴 했지만, 그들도 북쪽의 강대국이 자신들 나라의 내정에 간섭하자 즉각 불만을 나타냈다. 아마도 슬라브인들 나라의 충성에 대한 러시아의 과신이 가장 극명하게 표현된 예는, 1912년 오스트리아-헝가리 제국의 세력 팽창을 막기 위해 러시아 외교관들이 발칸 국가들을 부추겨 발칸동맹을 체결하도록 만든 일일 것이다. 하지만 이 동맹은 본래의 의도와 맞지 않게 반투르크적 성향을 띠면서 오스만제국을 유럽에서 몰아냈고—러시아의 원래 흉정에는 없던 것—그 다음에는 동맹국들끼리 분란을 일으켜 발칸동맹은 와해되고 말았다. 발칸-러시아 관계는 서방인들이 노심초사한 것에 비해서는 슬라브적 요소로도 정교회적 요소로도 그다지 굳게 결속돼 있지 못했다.

1878년이 발칸에 대한 열강의 지배가 최고조에 오른 시기였다면 이후 30년간은 발칸에 대한 열강의 지배가 와해된 기간이었다. 오스트리아와 러시아가 우호관계를 유지하는 한 유럽의 안정은 보장되었다. 이 두 나라 사이에서 비스마르크의 독일은 중개인 역할을 했고, 세 나라가 손을 잡자, 발칸 국가들이 그들 간의 경쟁으로 이익을 얻을 수 있는 가능성도 사라졌다. 하지만 1890년 비스마르크가 실각한 후 그의 후임자들은 점차 반反러시아적으로 돌아서기 시작했다. 오스트리아는 다른 강대국들이 아프리카 대륙을 분할하며 해외에서 제국주의 팽창을 하고 있는 동안, 남슬라브인

---

‡ 카라조르제비치 왕조 출신으로 1903년에서 1918년까지는 세르비아 왕, 1923년까지는 세르비아-크로아티아-슬로베니아 왕국의 왕으로 재위.

들의 영토로 눈길을 돌렸다. 그런 가운데서도 1897년 오스트리아와 러시아는 "폭발 직전의 발칸 반도 영토 위에 수립한 유럽의 평화에 재난이 될 수 있는 적대감의 위험을 제거하기" 위한 조약을 체결했다. 하지만 이 무렵 러시아 외교 정책의 초점은 발칸보다는 오히려 극동에 더 맞춰져 있었다. 러시아는 1905년 일본에 패한 뒤에야 남동부유럽에 다시 관심을 쏟기 시작했고, 오스트리아-헝가리제국과의 긴장관계는 더욱 높아졌다. 이들의 긴장관계는 결국 남아 있던 오스만 유럽의 심장부, 마케도니아에서 폭발했다.

마케도니아는 정해진 국경선이 없는 것은 물론 오스만 행정 조직으로서 공식적 실체도 없는 곳이었다. 신생국들(남으로는 그리스, 북으로는 세르비아와 불가리아)에 둘러싸인 이질적 민족들의 집합체인 이 지역은 바로 그런 이유 때문에 19세기 후반 주변국들의 영토 팽창 야욕의 표적이 되었다. 하지만 발칸의 골수 민족주의자들에게는 이곳의 민족지가 하나의 도전이었다. 이 곳은 알렉산드로스 대왕 시대의 모습은 찾아볼 수도 없을 만큼 완전히 변해 있었다. 마케도니아의 농민층은 주로 정교회를 믿는 슬라브인들이었고, 해안가나 도시 지역에 사는 사람들은 그리스어를 썼다. 한 논평가가 "몹시도 탐나는 도시"라 말했던 마케도니아의 수도 살로니카는 구두닦이들도 6개 국어는 이해할 만큼 오스만의 대표적인 다언어 항구 도시였다. 하지만 다언어 도시였던 것만큼이나 이곳은 또 한 가지 뚜렷한 특징이 있기도 했다. 그 숱한 인종들 중에서 이 도시의 다수 인종은 그리스인도, 투르크인도, 알바니아인도, 슬라브인도 아닌 바로 세파르디 유대인이었다는 것이다. 도시의 안팎을 막론하고 살로니카를 압도하는 인종은 하나도 없었다. 그 때문에 이런 지역에서 민족주의가 통치 기반을 마련하려면 극단적 폭력과 낙관적 생각이라는 두 가지 도움이 반드시 필요했다.

1900년 영국 외교관 찰스 엘리엇c. Eliot은 "어찌 보면 마케도니아에서 인종은 하나의 정당이라고도 볼 수 있다"라고 썼다. 친그리스파와 친불가리아파 간에는 정교회 슬라브 농민층의 충성을 얻기 위한 불꽃 튀는 경쟁이 벌어졌다. 양측 모두 학교를 세워 자국의 국가적 이상을 전파했고, '자국' 주교에 충성하는 교회를 설립했으며, 자국의 주장을 정당화하기 위해 지도와 민족지를 만들어 보급했고, 평화적인 방법으로 성공하기 어렵다고 판단되는 지역에는, 자국의 대의에 찬성하는 농민 지지층을 끌어 모으기 위해 무장 애국 단체들— 일부는 지역 단체, 일부는 외부기관이 운영하는 단체 —에게 자금을 지원해주었다. 세르비아와 루마니아도 전력을 기울이지는 않았지만 나름대로 운동을 했다. 하지만 그리스는 조직을 결성하는 데 시간이 너무 오래 걸렸고, 불가리아는 대★불가리아를 원하는 측과 마케도니아 자치를 원하는 임로 단원들 간의 피비린내 나는 내분으로 조직이 약화되었다. 그런 가운데 오스만 당국은 느긋하게 기독교인들끼리 싸우는 꼴을 바라보고 있다가, 사태가 폭발 직전에 이르면 알바니아 비정규군을 투입하고는 했다.[27]

인종성은 마케도니아 정정 불안의 원인이자 또한 결과이기도 했다. 다시 말해 혁명적 폭력은 민족 친화력의 원인이자 결과였다는 말이다. 불행한 농민들로서는 민족주의를 위해 죽는 것보다는 자신들 삶의 안정을 되찾는 것이 더 중요했다. 어떤 농민은 "우리 조상은 그리스인이었고, 불가리아인에 대한 말은 들어본 적도 없어요"라고 말하는가 하면, 또 다른 농민은

"우리는 불가리아인이 되었고, 우리는 이겼어요. 세르비아인이 되어야 한다면 그것도 괜찮겠죠. 하지만 지금은 불가리아인이 되는 게 더 좋아요"라고 말했다. 많은 사람이 강경한 혁명주의자와 종잡을 수 없도록 억압적인 오스만 정부 사이에 끼여 불가리아, 그리스, 중부유럽 등지로 이주를 하거나 혹은 대서양을 건너 이민을 갔다. 그 땅에 남아 있는 사람들은 양측이 벌이는 정치 투쟁의 볼모가 되었고, 양측은 이들의 충성을 끌어내기 위해 갈수록 더 폭력적이 되었다.[28]

친불가리아 운동원들이 주마이아에서 봉기를 일으키려 할 때 그곳 지역민들은 무관심한 태도를 보였는데도, 오스만 당국은 그들의 집을 불사르고 소들을 마구잡이로 헐값에 팔아 치우며 보복을 했다. 이듬해 봄에는 임로가 살로니카의 테러 목표물들에 폭탄을 투하했고 가을에는 일린덴 봉기를 일으켜 대단위 농민 폭동을 유발하는 데 성공했으나, 이 역시 오스만의 보복을 받았다. 이 혁명주의자들의 목적은 강대국들을 반목하게 하여, 그에 대한 어부지리로 자치를 얻어내는 데 있었다. 하지만 이것은 실패로 돌아갔고, 이에 러시아 황제 니콜라이 2세*와 오스트리아-헝가리 제국 황제 프란츠 요제프가 마지막으로 오스만 지방에 대한 개혁안을 마련했다.[29]

이 뮈르츠슈테크개혁Murzsteg reform은 발칸과 관련해 두 강대국이 보여준 최후의 진정한 협력이었다. 오스트리아는 친오스트리아 성향의 알렉산다르 오브레노비치가 암살된 뒤 세르비아가 독단적으로 행동하는 것에 크게

---

* 1895~1917. 러시아의 마지막 황제.

당황했다. 1905년에는 세르비아와 불가리아가 비밀리에 관세동맹을 체결하자, 그것을 깨게 만들었다. 이듬해에도 세르비아가 합스부르크제국이 아닌 프랑스에서 무기를 사들인다 하여 양측 간에는 새로운 분쟁이 야기되었다. 오스트리아는 또 '돼지 전쟁'을 일으켜, 이번에는 경제제재를 통해 세르비아를 또 한 번 굴복시키려고 했다. 세르비아 수출품의 80~90퍼센트가 합스부르크제국 수송로를 통해 나가는 것을 감안할 때 세르비아는 이 전쟁에서 당연히 항복할 것으로 예상되었다. 하지만 예상과 달리 세르비아는 남쪽 러시아와 가까운 곳으로 수송로를 바꿨다. 조르주 소렐G. Sorel†의 말을 빌리면 이것을 보고 오스트리아는 "동방문제를 해결하면 이제 오스트리아 문제가 유럽 전면에 부상하리라"는 생각에 불안감을 감추지 못했다고 한다. 19세기 중반 소국 피에몬테가 합스부르크제국 지배하에 있던 지방들을 그러모아 이탈리아를 건설했다. 빈은 세르비아도 합스부르크제국 치하의 남슬라브인들을 그러모아 같은 일을 벌이지 않을까 불안해했던 것이다.

1908년 마케도니아의 개혁파 군장교들은 오스만의 허약함과 서방의 계속적인 간섭에 분개하여 오스만 정부를 상대로 봉기를 일으켰다. 이에 술탄 압둘 하미드 2세가 1876년의 오스만 헌법을 부활시키겠다고 선언하자 마케도니아 전역은 흥분에 휩싸였고, 제국은 금방이라도 곧 모든 사람에게 종교적 평등과 공민권이 보장되는 다인종 국가로 변모할 것만 같았다. 마케도니아는 짧은 기간이나마 축제 기분을 만끽했다. 같은 해 7월 한 도시에서는, "물라들Mullah‡이 기도를 드렸고, 그리스 주교와 '통일진보동맹

---

† 1847~1922. 프랑스의 사회주의 사상가.

‡ 이슬람 세계의 왕, 술탄, 귀족, 종교 지도자, 학자 등에 붙이는 경칭.

League of Union and Progress＊의 대표들도 연설을 했다"라는 보도가 흘러나왔다. 7월 23일에는 봉기의 중심지 살로니카에서 영국의 한 외교관이 "군장교와 민간인들이 정부 건물 계단에서 군중에게 일장 연설을 했다"라는 말을 전해주기도 했다. "그들은 자유와 대의제 정부에 찬성하는 말을 하면서, 헌법도 정식으로 공포되었다고 주장했다."[30]

하지만 제국 내에는 오스만제국의 구제를 탐탁지 않게 여길 만한 이유를 가진 사람들이 있었다. 오스만 왕조의 눈에는 압둘 하미드 2세의 개혁이 기독교인들의 지지를 얻기보다는 무슬림들의 지지를 잃을 가능성이 더 큰 것으로 보였다. 압둘 하미드가 처음 기차여행을 할 때 연도에 늘어선 무슬림 구경꾼들은 "술탄께서 이교도giaour(기독교도)가 되셨다네"라며 그를 맹렬히 비난했다. 입헌주의도 철도와 마찬가지로 오스만 이슬람의 계층 사회에 기독교적 가치라는 성가신 일이 끼어드는 것을 의미했다. 하지만 이 같은 헌정적 혁명이 불안하기는 오스만의 영토 보스니아-헤르체고비나를 1878년에 점령한 오스트리아도 마찬가지였다. 빈은 행여 청년투르크당이 그곳으로까지 선거권을 확대하는 일이 없도록, 여봐란 듯이 그 지역을 오스트리아에 재빨리 병합했다.[31]

그 와중에서도 합스부르크 왕가의 한 남슬라브인 전문가는 장차 벌어질 재난을 훤히 내다보고 있었다. 1908년만 해도 보스니아의 많은 농민은 합스부르크 황제를 여전히 '오래된 우리의 국부stari otac'로 여겼다. 하지만 왕가에 대한 이 같은 전통적인 존경심은 사그라지고 있었다. 그것은 오스트

＊ 당시의 영향력 있는 청년투르크당.

리아가 신축한 학교, 도로, 철도들을 타고 세르비아 민족주의가 보스니아 정교회 신도들 사이로 빠르게 확산하였기 때문이다. 게다가 세르비아 민족주의는 농촌 문제와도 연관돼 있었다. 크로아티아, 헝가리, 세르비아의 자유농들과 달리 보스니아-헤르체고비나는 농민의 5분의 4가 여전히 오스트리아에 의해 유지되던 오스만의 봉건제도 아래 신음하며 해방을 기다리고 있었다. "간단히 말해 누구도 잠시 멈춰서, 드리나강과 사바강 건너편에는, 수확의 3분의 1을 매년 가로채 베그Beg나 아가Aga†에게 갖다 바치는 하급 관리가 없다는 사실을 아는 사람들의 마음을… 휘저어놓았을 상황을 생각하는 사람이 없었다." 보스니아 국민성을 고쳐시키려 한 합스부르크제국의 노력은 실패로 돌아갔다.[32]

합스부르크가 보스니아를 지킬 수 있는 방법은 이제 '남슬라브의 중심을 오스트리아 안으로 옮겨놓는' 방법밖에 없었다. 19세기를 거치며 세르비아인과 크로아티아인에 대한 헝가리의 독재적 횡포가 날이 갈수록 심해지자 남슬라브인들 사이에서는 그들의 결집을 부르짖는 운동이 일어났다. 당시 빈 참사원에 속해 있던 요시프 슈트로스마예르J. Strossmayer 주교(1818~1905)도 세르비아인, 크로아티아인, 슬로베니아인 간의 강력한 유대를 모색해온 인물들 중 한 사람으로, 유고슬라브 아카데미와 자그레브대학교 등의 기관들을 통해 합스부르크제국 내의 남슬라브인 권리 찾기를 위한 운동의 초석을 깔아놓았다. 하지만 이 시책은 제국 내에서조차, 남슬라브인들과 권력을 나눠 가질 생각이 없었던 헝가리인들의 강력한 저항에

---

† 오스만제국에서 사회적으로 높은 위치에 있는 사람을 지칭했던 말.

부딪혔다.

한편 합스부르크제국 외곽에서는 세르비아가 남슬라브인들을 속박에서 해방시켜주어야 할 사명을 지닌 발칸의 피에몬테를 자처하고 나섰다. 세르비아는 오스트리아-합스부르크제국의 보스니아 합병을 자신들에 대한 도전으로 받아들였다. 오스트리아가 남쪽 에게해로 철도를 건설하려한다는 것을 알고 있던 러시아도 이 병합에 반대했다. 영국 외교관은 "발칸에서 오스트리아와 러시아의 전쟁이 초읽기에 들어갔다"고 논평했다. 러시아와 세르비아는 오스트리아에 보상을 요구했으나, 두 나라 모두 얻은 것은 아무것도 없었다. 세르비아는 오스트리아에 선전포고를 하는 시점에 이르러서도 러시아의 지원을 기대했다. "모두가 하나같이 러시아의 원조가 없으면 불가능한 보복을 꿈꾸고 있다"라고 베오그라드 주재 오스트리아 대사는 말했다. 하지만 러시아는 러시아가 세르비아를 원조해주면 독일도 빈을 원조해주겠다고 나서자 계획을 철회했다. 러시아 외무장관은 세르비아에 "러시아는 아직 군대가 준비되지 않아 전쟁을 할 수 없다"라고 통보했다. 1914년에는 이와는 다른 답변을 보냈다.[33]

한편 세르비아와 보스니아에서는 합스부르크제국의 통치에 반대하는 비밀 결사 조직들이 생겨나기 시작했다. 이 결사 조직들 중 "단결 아니면 죽음Union or Death"*이라는 비밀 조직이 1914년 사라예보 암살 사건과 연루돼 있었다. 1913년 10월 오스트리아의 한 관계자는 보스니아에 일고 있던 친세르비아 정서를 이렇게 묘사했다. "발칸 전쟁에서 거둔 세르비아의 성

* 일명 블랙 헨드.

공은 1년 전만 해도 희망에 불과했던 것을 뿌리가 단단한 운동으로 바꿔놓았다." 오스트리아-헝가리제국의 딜레마는 더욱더 깊어졌다. 한 분석가는 이렇게 말했다. "우리는 세르비아를 없애든지, 그게 아니라면 좋아하기라도 해야 한다." 오스트리아 정부는 프란츠 페르디난트 대공이 암살되자 이 중 첫 번째 안을 택하여 1908년†과 거의 동일한 수순을 밟아 일을 진행시켰다. 하지만 1914년은 1908년과 상황이 달랐다. 러시아가 두 번씩이나 후퇴할 수는 없다고 여긴 것이다. 유럽의 두 번째 발칸 위기는 이렇게 해서 제1차 세계대전으로 발전해갔다.[34]

그러나 이 무렵에는 이미 발칸 지도가 유럽에서 오스만 세력이 거의 붕괴하는 바람에 크게 바뀌어 있었다. 청년투르크당 혁명은 발칸의 오스만 신민들을 다독여 오스만 품안으로 끌어들이기는 고사하고 제국의 와해를 더욱 촉진시키는 결과를 가져왔다. 합스부르크제국도 이제 곧 알게 되겠지만, 민족주의는 제국의 옛 유대를 도리어 끊어놓는 역할을 했다. 통일진보위원회 혁명가들이 제국 현대화의 기초가 되기를 바랐던 투르크 민족주의는 기독교도의 적대감만 부추겨놓았다. 그 때문에 1911년 마케도니아에서 활동 중인 게릴라 단체들의 수는 200개를 넘어섰고, 수년 앞의 전망은 그보다 더 어둡게 나왔다.

제국의 현대화를 바란 오스만 정부의 노력은 특히 전통적으로 제국에 충실했던 알바니아인들의 등까지 돌리게 만드는 결과를 초래했다. 기독교도와 무슬림으로 이루어진 알바니아인들은 비정규군과 호위병들을 제공하

---

† 이 해에 일어난 보스니아-헤르체고비나 병합을 말하는 것.

여 술탄에 봉사했고, 그들의 이 같은 충성심은 오스만 정부의 무기 제공과 자치 부여로 보상받았다. 알바니아에 동정적인 에디트 더럼은 그곳 마을 주민들의 태도를 이렇게 묘사했다. 즉 그곳 남자들은 "군복무를 하라는 요구에는… 기독교인이라 둘러대며 면제받았고, 이후 오스만 정부가 군세軍稅를 징수하러 사람들을 보내면 자신들은 무슬림이기 때문에 안 내도 된다며 그들을 권총으로 쫓아버렸다"는 것이다. 1910년 알바니아 북부에서 일어난 봉기는 오스만 군대 2만 명의 지원을 받고서야 간신히 진압되었다. 그이듬해 — 이탈리아가 리비아에서 오스만제국과 전쟁에 돌입하여 알바니아 침공까지 고려하고 있던 해 — 에 일어난 봉기는 이전 봉기보다 더욱 규모가 커서, 반도들은 처음으로 알바니아를 개별 국가로 인정해줄 것과 사실상의 자치 정부 수립을 요구했다. 콘스탄티노플 주재 영국 대사는 그것을 이렇게 말했다. "알바니아인을 '무슬림'이나 '비무슬림'이 아닌 '알바니아인'으로 호적에 올려달라는 알바니아인들의 요구를 논의하기 위해 위원회가 구성되었다는 것은 실로 중대한 일이 아닐 수 없다. 그들 자신도 무슬림일 게 틀림없는 위원회의 구성 인사들이, 종교적 지위가 아닌 민족적 지위를 요구하는 안을 논의해야 한다는 사실은 아주 새롭고 괄목할 만한 발전이다."[35]

알바니아 봉기는 발칸의 힘의 균형에 커다란 변화가 올 것임을 예고하는 전조였다. 투르크 당국에 대한 무장봉기가 성공할 수 있다는 것을 보여주었고, 이에 자극을 받은 발칸 국가들이 오스만 영토에 대한 권리를 주장하고 나선 것이다. 또한 이 봉기는 조직적이고 투쟁적인 알바니아 민족주의의 탄생을 불러와, 알바니아어를 쓰는 주민 상당수가 포함된 지역의 권리를 주장하고 있던 세르비아와 그리스를 바짝 긴장시키는 결과를 가져왔다. 오스트리아-헝가리제국과 이탈리아는 이 봉기를 계기로 자신들도 남동부유럽에 새로운 발판을 마련할 수 있으리라는 기대에 부풀었는데, 이것이 또 발칸 국가들을 불안하게 했다.

1912년 3월 세르비아와 불가리아는 마침내, "그들 나라의 독립과 영토 보전을 위해, 그리고 오스만제국 지배하에 있는 발칸 영토에 대한 강대국의 여하한 침략 시도도 막기 위해 서로 힘을 합치기로" 뜻을 모았다. 그리스와 몬테네그로도 이 나라들에 곧 합류했다. 러시아 외교관들은 자신들이 오스트리아에 대한 방어 블럭을 형성한 것으로 믿고 있었으나, 잠시 한눈을 파는 사이 발칸동맹이 투르크를 공격하는 순간을 그만 놓쳐버렸다. 프랑스 총리 레이몽 프앵카레R. Poincaré(1860~1934)는 그 상황을 이렇게 묘사했다. "러시아는 브레이크를 걸려고 했으나, 사실 그 전쟁의 시동을 건 것은 다름 아닌 러시아였다." 프랑스의 또 다른 외교관은 이렇게 말했다. "동방문제 역사상 최초로 약소국들은 강대국 없이 자신들 스스로 행동할 수 있음은 물론 그들을 좌지우지할 수도 있다고 느낄 만큼 강대국들로부터 완전히 독립된 지위를 확보했다."[36]

1912년에 일어난 제1차 발칸 전쟁으로 오스만은 불과 몇 주 만에 유럽 영토를 상실했다. 세르비아와 그리스는 승전국이 되어 거대한 영토를 새로이 획득했다. 그에 반해 불가리아가 챙긴 몫은 변변치 못해, 이에 불만을 품은* 불가리아는 이듬해 이전 동맹국들†을 상대로 제2차 발칸 전쟁을 일

---

* 주로 마케도니아 지방을 둘러싸고 생겨난 불만.

† 세르비아와 그리스.

으켰다. 그러나 이들에게 패해 제1차 발칸 전쟁 때보다 더 하찮은 결과를 얻었다. 알바니아도 강대국들로부터 독립국으로 인정받아 영토에 굶주린 주변국들 공격에서 벗어날 수 있었다. 여러 가지 면에서 — 오스만제국과는 별개로 — 이번 전쟁으로 가장 피해를 많이 본 쪽은 역시 오스트리아-헝가리제국이었다. 그리하여 승승장구 영토를 넓혀가고 있던 세르비아와 마주칠 수밖에 없는 상황이 되었다. 오스트리아는 알바니아를 일종의 평형추로 이용하려 했으나, 코소보와 주변 영토가 세르비아-몬테네그로에 넘어가는 것은 막지 못했다.

문제는 세르비아가 두 번의 발칸 전쟁을 치른 뒤 세 번째 전쟁을 치를 입장이 못 되었다는 데 있었다. 그러나 1914년 여름 빈의 전반적인 분위기는 세르비아를 영원히 잠재울 시기가 되었다는 것이었다. 오스트리아는 물론 독일을 등에 업고 있었다. 반면 1908년 보스니아 사태 때 체면을 한 번 구긴 적이 있는 러시아가 또다시 체면을 구길 리는 없었기 때문에, 러시아가 세르비아를 원조해줄 것도 자명한 일이었다. 강대국들의 충돌은 이제 불가피해졌다. 사라예보의 오스트리아 대공 암살 사건이 있은 뒤 세르비아는 오스트리아의 요구를 거의 다 들어주었다. 하지만 그것만으로는 불충분했다. 그리하여 마침내 제1차 발칸 전쟁이 일어난 지 3년 만에 제3차 발칸 전쟁이 또 터졌다. 그로부터 일주일도 채 못 되어 유럽의 라이벌 동맹들이 만들어놓은 의무조항에 묶인 열강들도 일제히 이 분규에 얽혀들었고, 이로써 이 전쟁은 전 유럽으로 확대되었다.

그것만 따로 놓고 보면, 1878년* 이후 깨진 오스트리아-러시아 동맹관계가 이 전쟁의 원인이라고 보기는 힘들다. 그게 아니더라도 발칸에서 양국의 이해관계는 서로 충돌할 수밖에 없었다. 하지만 양국은 날이 갈수록 점점 허약해졌다. 발칸 민족주의가 성장하고 오스만제국이 쇠퇴해 생겨난 힘의 공백으로, 이 두 국가는 오스트리아의 경우 합스부르크 영역 내에서의 남슬라브인들의 복종, 러시아는 흑해 통제권과 지중해 진출이라는 중요한 국익 확보에 어려움을 느꼈다. 따라서 그들에게는 지역 동맹국과 자신들의 꼭두각시가 필요한 상황이었고, 그러다 보니 그 지역의 혼란한 정치 상황에 말려들 수밖에 없었던 것이다. 상황은 이 동맹국들의 군사, 외교적 역량을 무시하는 등, 동맹국 처리에 대한 양국의 판단 부족으로 더욱 악화되었다. 발칸 국가들은 '시계추 정치'에 길들여졌다. 1914년 발칸 국가들은 또다시 이 시계추로 강대국들을 좌지우지했고, 이것이 이런 관계의 마지막은 아닐 터였다.

하이두크_{Hajduk}†, 클레프트_{Klepht}‡, 아르마톨로스_{Armatoles}§, 산적_{Brigand}, 이들 모두♦ 발칸 민족주의자 신전에 영웅으로 모셔져 있고, 이들 공적은 전설과

---

* 산스테파노 조약과 베를린 회의가 열린 해.
† 세르비아를 비롯한 발칸 지역에서 산적이나 도적을 지칭했던 말.
‡ 역시 산적을 뜻하는 그리스어로, 복수, 세금, 부채 등을 피해 그리스 산지에 살며 여행객이나 고립된 지역을 약탈하는 것을 주업으로 삼은 사람들.
§ 클래프트의 또 다른 이름.
♦ 네 경우 모두 의미는 산적이지만 시간이 가면서 투르크 세력에 대항하는 반체제 세력으로 발전해갔다.

구비 서사시의 소재로 쓰이고 있다. 하지만 실질적으로 발칸에서 정치적 결과를 얻어낸 것은 이들이 아닌 재래적 군사력과 해군력이었다. 발칸 기독교도들의 해방에는 하이두크나 클래프트보다, 1877년 도나우강을 건너 진군한 16만 러시아 병력의 역할이 더 컸다는 말이다. 1999년 코소보 내전에 개입한 나토군에 이르기까지, 정규군은 2세기가 넘게 늘 비정규군을 압도해왔다. 비정규군이 정규군을 압도한 것은 자신들보다 더 강한 군사력의 원조를 받을 수 있을 때뿐이었다. 1912년에서 1913년까지 발칸 전쟁에서 드러난 사실은, 발칸 군대가 현대전의 요구에 부응하기에는 아직 시기상조라는 것이었다. 양측*의 군비 경쟁은 1914년까지 계속되었다. 오스만제국 군대는 서구의 제언으로 재편성되어, 폴란드인과 헝가리인 망명자, 영국·미국·독일 모험 군인들(프루시아 군대 소속의 군인이었으나 이슬람으로 개종한 뒤 오스만군 지휘관이 되었고 베를린 회의에 사절로도 참석한 메메드 알리 파샤가 그 대표적인 경우)의 지휘를 받았다. 발칸 국가들도 가난한 신생국들로서는 과도한 투자를 해가며 서방 군사고문을 초빙하고 무기를 도입했다.

정규군은 이어 계속된 전투에서도 공격의 주축이 되었다. 1914년 세르비아는 45만 명의 대규모 병력을 소유하고 있었다. 하지만 1916년에는 15만 명 이하로 병력 규모가 줄어들었고, 10만 명은 살해되었다. 세르비아군은 예상외로 지리멸렬한 합스부르크 군대의 두 차례 침입에 맞서 맹렬히 싸웠으나 끝내 바다로 밀려 군대에 점령당하고 말았다. 투르크는 이 전쟁에서 독일 편에 붙어 참전했다. 이것을 본 발칸 국가들은 이 전쟁에 참전

---

* 발칸제국巴爾幹諸國과 오스만제국.

하면, 불가리아 외무장관 토도로프Todorov가 말하는 이른바 '강탈'의 기회, 다시 말해 앞으로 전개될 평화 협상에서 영토를 요구할 수 있으리라는 판단을 내렸다. 이 같은 판단 아래 불가리아는 세르비아와 그리스 영토에 대한 약속의 대가로 동맹국† 편에 서기로 하고, 80만 명의 병력을 동원했다.

그리스와 루마니아도 시간을 갖고 신중하게 편을 고른 것이 결과적으로 옳은 결정으로 판명되었다. 루마니아는 처음 3국 협상 편에 붙었으나 동맹국으로 재빨리 편을 바꿨다. 루마니아군에 대해 러시아 지휘관은 이런 푸념을 늘어놓았다. "루마니아군에게 현대전을 치르게 하는 것은 마치 당나귀에게 미뉴에트 연주를 시키는 것과 같았다." 루마니아는 전투보다는 흥정에 더 소질이 있었다. 전쟁에 참가한 지 불과 몇 달 만에 루마니아군은 해산되었고, 부쿠레슈티에는 친독일 정부를 수립하였기 때문이다. 노먼 스톤N. Stone 교수는 "독일이 1918년까지 전쟁을 계속할 수 있었던 것은 루마니아가 개입해준 덕분이었다"라고 말했다. 루마니아는 운 좋게도 자국보다 우수한 군대를 가진 나라들 덕분에 파리 강화회의에서 꽤 짭짤한 이득을 챙겼다.[37]

그리스는 전쟁 개입 찬성파와 반대파로 나라가 양분되었으나, 베니젤로스E. Venizélos 총리‡가 이끄는 찬성파가 결국 득세했다. 이른바 '살로니카 원예사들'로 불리는 그리스, 세르비아, 이탈리아, 영국, 프랑스군은 동맹국군과 싸워 마케도니아 전선을 확보했고, 1918년 3국 협상 연합군의 성공

---

† 제1차 세계대전 때 독일, 오스트리아–헝가리제국, 투르크, 중부유럽 국가들로 이루어진 동맹으로, 프랑스, 영국, 러시아가 주축이 된 3국 협상, 즉 연합국 세력에 맞서 싸웠다.
‡ 1864~1936. 1910년에서 1915년, 1917년, 1924년, 1928년에서 1930년까지 그리스 총리 역임.

제1차 세계대전 중인 1916년 세르비아 군대가 불가리아와 오스트리아의 맹공격에 후퇴하고 있는 모습.

적인 공격으로 그곳 전선은 돌파되었다. 실제로 독일군 지휘관들은 9월말 불가리아군이 붕괴하는 것을 보고 전쟁에서 패했다는 결론을 내렸다. 영국의 주도적 '동방인들Easterners' 중 한 사람이었던 로이드 조지D. L. George 수상*은 비감한 어조로 이렇게 말했다. "발칸에서 일어난 사건들로 세계대전이 일어날 리는 만무하다고 여긴 사람들이 많았던 것처럼, 이 세상의 그처럼 후미진 곳에서 일어나는 일로 전쟁이 끝날 수 있다는 것 또한 믿으려 하지 않는 사람들이 많았다."[38]

아닌 게 아니라 1918년 세계대전이 끝난 뒤에도 남동부유럽에서는 전투가 상당 기간 더 지속되었다. 오스만제국은 유럽의 다민족제국들 중 가장 일찍 와해되기 시작되었으나, 최종적인 붕괴는 오스트리아의 합스부르크

---

* 1863~1945. 1916년에서 1922년까지 영국수상 역임.

왕조와 러시아의 로마노프 왕조가 사라진 훨씬 뒤에야 찾아왔다. 1919년 그리스군은 소아시아에 상륙했다. 스미르나시 인근 교두보를 지켜줄 강대국들의 원조를 확보해놓고 있던 베니젤로스 그리스 총리는 소아시아 상륙을 실지회복의 '위대한 계획Great Idea'을 실현시킬 수 있는, 콘스탄티노플을 수도로 한 비잔티움제국 부활의 기회로 보고 있었다. 하지만 그리스의 소아시아 진격은 재앙으로 끝났다. 투르크군은 그리스군을 지중해 쪽으로 밀어붙인 끝에 본토 앞까지 밀고 들어갔다. 그로 인해 아나톨리아의 수많은 정교회 신자도 도주하는 처지에 놓였다. 1921년에서 1922년까지 그리스와 전쟁을 벌이는 동안 투르크는 아타튀르크†로 더 유명한 무스타파 케말 주도하에 터키 공화국을 탄생시켰다. 오스만제국 최후의 술탄 메메드 6세는 영국 전함을 타고 콘스탄티노플로 도주, 1926년 산레모에서 생을 마쳤으나 과중한 빚 때문에 채권자들에 의해 장례식이 2주간 지연되기도 했다. 한편 아타튀르크는 제국의 핵심 지역을 터키 국가로 개조하는 막중한 임무— 그것은 지금까지도 계속되고 있다 — 를 시작했다.[39]

1915년 영국 외무장관은 이렇게 말했다. "연합군 세력은 제1차 세계대전이 끝난 뒤 발칸의 세력 균형이 더 포괄적이고 민족적인 기반 위에 수립되기를 바랐다." 하지만 결과는 이보다 좀더 모호했다. 1923년 그리스와 터키의 강제 주민교환 — 이 조치로 무슬림들은 그리스를 떠나 터키로 향했고, 아나톨리아의 정교회 신자들은 그리스로 '돌아갔다' — 으로 양국의 인종 구성은 더욱 동질화되었다. 1914년 전만 해도 그리스 마케도니아‡의

---

† '투르크인의 아버지'라는 뜻.

‡ 제1차 세계대전 후 그리스, 불가리아, 세르비아에 분할된 것 중 그리스 귀속 부분.

터키 공화국 대통령, 무스타파 케말 아타튀르크

그리스인 수는 총인구의 절반에도 미치지 못했으나, 이 조치로 그리스인 수는 인구의 90퍼센트에 육박하게 되었다. 세파르디 유대인의 중심지인 살로니카도 소아시아에서 정교회인 수천 명이 이주해오는 바람에 그리스 테살로니키로 변모했다. 반면 루마니아는 러시아, 합스부르크 지역을 희생시킨 대가로 거대한 영토를 새로 획득했다. 그 결과 1922년 루마니아 영토는 전쟁 전보다 3분의 1이 더 넓어졌다. 하지만 그곳 전체 인구 중 루마니아인은 3분의 2에 불과했고, 나머지는 거의가 헝가리인, 유대인, 우크라이나인이었다.[40]

무엇보다 특별했던 점은, 베르사유 조약*의 산물로, 후일 유고슬라비아로 더 잘 알려질 세르비아-크로아티아-슬로베니아 왕국이 건립된 것이었다. 전쟁 초만 해도 영국-프랑스-러시아 연합국은 오스트리아-합스부르크제국을 해체하여 '새로운 유럽'을 만들 의도가 없었다. 남슬라브인들도 그에 대해 시큰둥하기는 마찬가지였다. 하지만 합스부르크제국이 와해되고 이탈리아가 달마치야에 대해 영토 주장을 하며 압박해오자, 크로아티아와 슬로베니아도 세르비아의 카라조르제 왕조가 이끄는 남슬라브연맹

---

* 1919년 6월 28일 파리 교회 베르사유 궁전에서 연합국과 독일 사이에 체결, 제1차 세계대전을 종결시킨 조약.

을 받아들이지 않을 수 없는 입장이었다. 그러나 이들은 남슬라브연맹을 받아들이면서도 그것을 받아들임으로써 자신들이 얻게 될 것은 연방이 아니라 베오그라드에 의한 중앙집권제와 대세르비아주의Greater Serbia†가 아닐까 하는 의구심을 처음부터 갖고 있었다. 세르비아, 크로아티아, 슬로베니아 지도자들 간의 갈등은 전시부터 이미 표면화되었고, 1918년 이후에는 크로아티아와 몬테네그로 농민들을 중심으로 세 나라 합병에 반대하는 무장 저항 운동이 일어나기도 했던 것이다. 1921년 헌법은 그들이 가장 우려했던 악몽이 현실로 나타난 것‡이었다. 그것을 계기로 세르비아 정부와 군이 신생 유고슬라비아를 지배할 것이었기 때문이다.[41]

1923년까지는 동방문제가 일단락되었다. 10여 년에 걸친 전쟁으로, 수세기 동안 발칸과 동부유럽 대부분을 지배한 제국들은 마침내 와해되었다. 하지만 제국들이 붕괴해도 서방 진보주의자들이 예상한 평화는 찾아오지 않았다. 계승 국가들이 민족성 원칙을 내세우며 이웃국가들의 영토를 서로 차지하려고 했기 때문이다. 실지회복주의에 대한 열기는 식을 줄 몰랐고, 발칸의 국경들은 하루도 바람 잘 날이 없었다. 민족성의 원칙에도 모호한 면이 있었다. 신생국에는 어느 나라나 다 있기 마련인 소수민족의 존재가 국가 이름으로 지배하고자 하는 이 나라들의 주장에 손상을 입혔다. 유럽의 열강들 또한 1918년 이후, 전쟁의 원인이 된 차이를 불식시키는 데 실패했다. 차이의 불식은 고사하고 열강들의 경쟁은 이제 파시즘과 공

---

† 세르비아 민족주의가 도착하는 귀결점으로, 세르비아인들이 사는 곳은 모두 세르비아 땅으로 만들겠다는 의도가 담겨 있다.

‡ 세르비아 주도의 중앙집권적 정부가 탄생했기 때문이다.

산주의가 뿌리 내리기 시작하면서 생겨난 이데올로기로 더욱 첨예해졌다. 그 결과 19세기와 마찬가지로 20세기도, 발칸 분쟁과 열강들의 각축으로 인한 유혈충돌로 상처뿐인 세기가 되었다. 종교의 시대는 끝나고 이데올로기의 시대가 오고 있었으며 민족주의는 이 둘 다에 걸쳐 있었다.

4

국가 건설

우리는 구름 위를 나는 독수리처럼 힘차게 도약했으나
지금은 먼지만 뒤집어쓴 채 수렁에 빠져 있다…!
이것이 자유로운 민족이 살아야 할 운명이라면
그런 자유는 아무짝에도 쓸모가 없다.
우리가 심은 것은 장미였으나 얻은 것은 가시뿐이다.
— 미할라키 게오르기에프M. Georgiev[1]

---

*   불가리아 작가.

1853년 오스트리아 외무장관은 이렇게 경고했다. "민족성의 구분에 따라 국가를 새로 건설하려는 것은 그 모든 유토피아적 환상 중에서도 가장 위험천만한 생각이 아닐 수 없다. 그런 주장을 밀고 나가는 것은 역사를 중단시키는 행위이고, 그것을 유럽의 어느 곳에서라도 실행하는 것은 국가 간의 견고한 질서 체계를 기반부터 뒤흔들어, 유럽대륙을 파괴와 혼란으로 몰아넣는 행위다." 신생국들은 반세기도 채 못 되는 기간에 오스만제국을 발칸 반도에서 몰아냈다. 1918년에는 합스부르크제국이 사라졌다. 빈 회의에서 수립한 유럽 국가들의 질서는 베르사유 회담으로 재편되었다. 하지만 헝가리 역사가 오스카 야시O. Jaszi도 1925년 자신이 쓴 글「거부할 수 없는 민족의 사상The Irresistibility of the National Idea」에서 밝혔듯이, 제1차 세계대전으로도 민족성의 문제는 해결되지 않았다. 그 까닭은 정치를 실행하는 과정에서 모든 민족에게 자결권이 골고루 돌아가지 않았기 때문이다. 사실 유고슬라비아와 체코슬로바키아의 존재는 대안적 국가 형태가 지속되고 있다는 것을 보여주는 증거였다. 발칸이라는 인종의 만화경 속에서

민족성의 문제는 특히 폭력의 방책이 되었다.[2]

한편 오스만제국 무슬림들은 남동부유럽에서 기독교도가 승리한 영향을 오래전부터 받고 있었다. 남동부유럽 무슬림들 삶의 흔적과 기념물들은 17세기에 헝가리와 크로아티아가 합스부르크제국에 정복당한 뒤부터 소거되기 시작했다. 1826년 강대국들은 그리스 문제에서 "두 나라 사람들의 완전한 분리를 위해, 또한 오랫동안 투쟁관계에 있는 나라들 사이에서 필연적으로 나타나기 마련인 충돌을 피하기 위해, 투르크인들의 재산을 그리스가 구입하기로 하는 안에" 동의했다. 1830년에는 세르비아의 투르크인들에게 농촌을 떠나 수비대가 주둔하는 도시로 이주하라는 명령이 떨어졌다. 그로부터 30년 뒤에는 이 도시들 외의 다른 지역에 살고 있던 투르크인들도 전원 추방당하고 재산 역시 처분한다는 조치가 내려졌다.[3]

1876년에서 1878년의 기간에는, 니시 인근에서 벌어진 전투로 세르비아 영토가 확장되자 새로운 피난민 행렬이 오스만-세르비아 국경을 넘나들었다. 1877년에는 러시아군 침입으로 무슬림 타타르인과 체르케스인 수만 명이 불가리아 땅을 떠났고, 남아 있던 사람들은 러시아군과 기독교도 농민들에게 살해당했다. 오스만 영토인 테살리아도 사정은 마찬가지였다. 1881년 그리스에 병합될 때만 해도 그곳의 무슬림 인구는 4만 5000명이었으나 1911년에는 3000명으로 대폭 줄어들었다. 크레타의 무슬림 인구도 1881년에 7만 3000명이던 것이 1911년에는 2만 7850명으로 크게 감소했다. 그들 중 일부는 전쟁을 피해 도망쳤고, 그 밖의 다른 사람들은 산적이나 민간인들의 박해를 피해 도망치거나, 기독교인 장교 밑에서 사병으로 복무해야 하는 수모를 피해 달아났다. 그때만 해도—장차 20세기 발칸 정치의 특징이 될 — 조직적인 주민 교환은 아직 생소한 상황이었기 때문에, 1878년 오스만 정부가 제안한 투르크인과 불가리아인 사이의 주민 교환은 성사되지 못했다.[4]

하지만 민족성은 발칸 무슬림들이 직면한 운명의 반전 범위를 넘어서는 문제였다. 국가에 대한 진보적 개념은 다수를 차지하는 인종의 지배와 개인의 권리보장을 조화시키는 데 그 목적이 있었다. 그런데 이 둘 간의 긴장은 유대인에게는 시민권을 주지 않으려는 의도가 담긴 루마니아 신헌법을 둘러싼 갈등에서 이미 표출되고 있었다. 이론상으로는 물론 소수민족이 다수민족에 동화되면 인구의 동질화가 진행되는 것이 마땅했다. 하지만 제국들이 해체되고 난 뒤 각 민족 간의 긴장, 적대감, 의혹이 높아지고 있던 유럽의 정치 현실에는 이 이론이 들어맞지 않았다.[5]

이 문제가 어느 정도 심각했는지는 1912년과 1922년 사이 10년 동안 일어난 전쟁들만 보아도 잘 알 수 있다. 오스만 마케도니아에서는 그리스인들과 불가리아인들 간의 충돌이 일어나 많은 희생자가 발생했다. 하지만 그 희생자는 발칸 전쟁에서 정규군에 희생된 민간인 사상자에 비하면 또 아무것도 아니었다. 1912년에는 발칸 역사상 최초로 현대 국가들이 군사적 충돌을 이용해 장기적인 면에서 인구 목표를 달성하려고 했다. 특히 옛 오스만 지역인 코소보와 모나스티르에서 세르비아군이 학살한 민간인 수는 모르면 몰라도 아마 기천 명은 족히 넘었을 것이다. 일부 세르비아 장교들이 알바니아인 '멸종'에 대한 말을 무신경하게 내뱉기는 했지만, 이 살해는 집단학살로 비롯한 것이기보다는 오히려 보복에 의한 것일 가능성이 더 높았다. 그야 어찌 됐든 살해한 장면은 목격자들과 조사관들의 간담을 서늘하게 했다. 1914년 카네기위원회 조사관들은 그 사건을 이렇게 기록했다. "투르크인은 기독교인 앞에서, 불가리아인은 그리스인과 투르크인 앞에서, 그리스인과 투르크인은 불가리아인 앞에서, 알바니아인은 세르비아인 앞에서 도망을 쳤다. 그리스인이 불가리아인에게 사용한 방법, 투르크인이 슬라브인에게 사용한 방법, 세르비아인이 알바니아인에게 사용한 방법은 이제 더 이상 멸종이나 이주가 아니었다. 그들은 어차피 개종이나 동화라는 똑같은 결과를 가져올 것이 뻔한 간접적인 방법을 사용했다." 강요된 개종, 대량 처형, 수만 명에 달하는 사람들의 도주, 이것이 바로 유럽에 남아 있던 오스만 지방들을 민족성의 원칙에 따라 일소하려는 노력이 빚어낸 결과였다.[6]

제1차 세계대전 중에도 군대는 여전히 발칸의 민간인들을 의혹의 눈길로 바라보았다. 코소보에서는 세르비아인과 알바니아인이 아무런 제지도 받지 않고 분쟁을 벌였고, 불가리아는 마케도니아와 세르비아 남부를 무자비하게 점령해 폭동을 야기했다. 그렇다고 이 같은 일에 발칸인들만 연루된 것은 아니었다. 제국주의 국가들 역시 과거보다 더 한층 억압적으로 행동했다. 1914년 10월 8일 오스트리아 정치가 요제프 레틀리히(1896~1936)는 헝가리 저널리스트 요제프 디네르-데네스J. Diner-Denes가 자신을 찾아와 해준 말이라며 일기장에 이런 내용을 기록했다. 합스부르크 당국의 사주로 헝가리 남부에서 세르비아인들을 상대로 한 '인종전쟁Rassenkrieg'을 일으켜 "세르비아인 수백 명을 감금했으나 그들 대부분은 결백하다"는 것이었다. 그 후 한 달 뒤 디네르-데네스는 새로운 뉴스를 들고 그를 또 찾아왔다. 즉 "디네르가 말하길, 1만 명의 세르비아인들이 시르미아에서 반역

죄로 죽었고, 국경 지역들의 인구도 크게 감소했다(entvolkerf)"는 것이었다. 레틀리히는 이것을 세르비아에 대한 "조직적 멸종 정책(systematische Ausrottungspolitik)"을 공표한 증거로 보았다.[7]

멸종extermination과 같은 종류의 말은, 비록 합스부르크의 압제가 규모 면에서 30년 뒤 히틀러의 독일군이 같은 지역에서 자행한 파괴와는 비교할 수 없는 것이었다 해도, 나치 용어와 동일한 것이었다. 그리고 규모가 아무리 작았다고는 해도 프란츠 요제프의 군대 역시, 점령지 질서를 확립한다는 명분으로 세르비아 엘리트들을 대규모로 처형하거나, 추방, 강제수용소에 감금하는 것 같은 온갖 방법을 다 사용했다. 오스만제국도 예외는 아니었다. 아나톨리아에서 전쟁이 벌어졌을 때 수천 명의 그리스인들을 소아시아 해안 지역에서 내륙 지역으로 추방했고, 1915년에서 1916년까지는 조직적인 학살 원정을 통해 100만 명의 아르메니아인들을 살해했다. 일부는 처형하고 나머지 사람들은 강제로 행군하게 해 굶겨 죽였다. 프란츠 베르펠F. Werfel도 1930년대를 묘사한 반나치 소설 『무사다그의 40일The Forty Days of Musa Dagh』에서 위장을 하여 잘 그려 보이고 있듯, 1939년에* 히틀러가 했다는 저 유명한 말 "누가 지금 아르메니아인들을 기억하고 있지?"는 이 사건을 지칭한 것이었다.

그보다 극단적이지는 않았지만 소수민족의 문제는 다른 방식으로도 해결되었다. 그중에서도 특히 유망했던 정책 —구오스만 세계의 종말을 결정 지은 사건—은 전문가들이 고상하게 '주민 이동population transfer'이라 부른

---

* 유태인 학살을 시작하기 전이다.

방식이었고, 그것의 가장 극적인 예는 1923년 그리스와 터키 간에 강제로 이행한 주민교환이었다. 이 주민교환으로 오스만제국에 속해 있던 정교회 신자 100만 명이 소아시아에서 그리스로 옮겨갔고, 무슬림 주민 38만 명이 그리스를 떠나 터키로 이주했다. 그 밖에도 흑해 연안과 동트라키아의 그리스 이주민과 발칸의 다른 지역들에서 도망쳐 온 무슬림까지 합치면 전체 이주민 수는 200만 명에 이르렀다. 주민교환에서 제외된 지역은 콘스탄티노플의 그리스인 사회와 서트라키아의 무슬림 사회뿐이었다. 이렇게 해서 두 나라의 많은 국민—그리스의 경우 최소한 전체 인구의 5분의 1—이 이주, 도주, 박탈을 경험했고, 국가는 국가대로 그 많은 사람이 삶의 터전을 잃어버림으로써 발생한 난민 구제, 위생, 재정주, 경제적 혼란 등의 문제에 대처하느라 여념이 없었다. 하지만 케말 아타튀르크와 베니젤로스—두 나라의 우두머리—가 공유한 민족적 관점에서 보면 이 주민교환이야말로 민족적 동질성을 지닌 국가 건설에 없어서는 안 될 중요한 요소였다. 주민교환의 결과 마케도니아의 그리스 지역에는 그리스인 수가 압도적으로 많아졌고(1912년에 43퍼센트였던 것이 1923년에는 89퍼센트로 늘어났다), 아나톨리아 해안지대도 무슬림 일색으로 바뀌었으며, 이즈미르—인구의 태반이 기독교인이어서 '이교도 도시'로 알려졌던—는 잿더미에서 터키의 항구로 거듭 태어났다.

두 나라는 이 같은 주민교환 정책을 시행하면서 평화증진을 위한 합리적 수단으로 강대국들을 중개인으로 이용했다. 실제로 1930년 이후 두 나라의 관계 증진에 강대국들의 중개인 역할이 도움이 되었던 건 사실이다. 하지만 양차 대전 기간 동안에는 이 정책을 더 이상 시행하지 않았다. 강대국들은 주민교환 대신 국제연맹의 감독 아래, 발칸 국가들끼리 소수민족 권리 협약을 체결하도록 했다. 이 협약은 전쟁의 결과 그 중요성이 더욱 커진 집단적 권리까지를 포함하는, 예컨대 과거 19세기의 개인보호 차원을 넘어서는 것이었다. 1918년 루마니아는 거대 영토를 새로 얻는 과정에서 헝가리인, 독일인, 우크라이나인, 유대인들도 많이 얻었다. 그 결과 루마니아에서 루마니아인 인구 비율은 72퍼센트밖에 되지 않았다. 사정은 세르비아-크로아티아-슬로베니아 왕국도 마찬가지여서, 이 왕국 인구의 15퍼센트가 이 세 민족의 어느 쪽에도 속하지 않는 다른 민족이었다. 불가리아 역시 나라 인구의 5분의 1이 비불가리아인이었다. 그리스 — 총인구 600여만 명 중 피난민이 100만 명이 넘었던 — 에도 슬라브인, 유대인, 무슬림 소수민족이 있었다. 심지어 알바니아까지 얼마 안 되는 그리스 소수민족을 내세워 소수민족 정권 대열에 동참할 정도였다.[8]

하지만 이 새로운 정책은 소수파와 다수파 어느 쪽도 만족시키지 못했다. 소수파는 이것이 연맹의 전횡을 막을 수 있는 효과적인 집행기관이 결여됐다는 이유로, 자신들의 불만은 결국 쇠귀에 경 읽기에 불과했다는 결론에 이르렀다. 다수파는 다수파대로, 남의 나라가 그들 국가의 내정에 감 놔라 배 놔라 하는 상황이 되었다며 분을 감추지 못했다. 경제적 위기와 정치적 불안정의 시기에 재건과 개발을 해야 하는 막중한 부담을 떠안은 발칸 국가들은, 그들 국가의 허약함을 상기시키는 여하한 행동에 대해서도 분을 참지 못했다. 소수파 권리를 반영한 정부가 기대에 미치지 못했다는 것은, 1930년대에 그리스 소수민족을 학교에 받아들이도록 알바니아 정부를 설득하는 과정에서 연맹이 직면한 어려움을 다룬 기사를 읽어보면

쉽게 짐작할 수 있다.[9]

실제로 소수민족을 어떻게 다루는가 하는 것은 발칸 국가들 마음에 달린 문제였다. 영토의 급속한 팽창은 곧, 때로 이 나라들이 다른 언어를 쓰는 외딴 지역에 헌병대, 교사, 이주농, 세금징수원 등을 보내 식민지적 권력을 마구 휘두를 수 있는 것을 의미했다. '새로운 영토의' 그리스인, 베사라비아와 부코비나의 루마니아인, '새로운 남부 지역'의 세르비아인, 그리고 물론 크로아티아, 보스니아, 몬테네그로의 세르비아인, 이들 모두 적대적인 주민 속에서 새로운 국가를 건설하고 있었다. 하지만 이들 중 어느 나라도 우크라이나 민족주의자들과 투쟁에서 마을을 불사르고 군대를 파견하는 것으로 끝을 맺은 양차 대전 사이의 폴란드만큼은 극단으로 치닫지 않았다. 그래도 억압은 체계적으로 행해졌다. 소수민족은 재산 분배에서도 차별을 받았고, 언어도 자신들 언어는 문 뒤에 숨겨두고 대외적으로는 새로운 언어를 써야만 했다. 1935년 앙리 포지H. Pozzi(1879~1946)는 이렇게 썼다. "마케도니아인들은 모두 이름 끝 자를 'off'가 아닌 'itch'를 써서 세르비아인이 되어야 했다." 그리스에서도 'os'나 'is'로 성이 끝나도록 이름을 지어야 했다.[10]

새로운 통치자들이 의심한 대로 소수민족 중에는 과연 수정주의 가치관을 지닌 사람들이 많았다. 1912년에서 1922년까지 10년간 너무도 빨리, 그리고 급격하게 국경이 바뀌는 모습을 지켜본 사람들은 국경이 다시 옛 모습을 되찾기를 원했다. 크로아티아와 마케도니아 이주민 조직은 이탈리아의 파시스트와 같은 수정주의 세력과 연합하여 베르사유 협약을 뒤집어엎을 계획을 세우기도 했다. 불가리아에서도 마케도니아 자치주의자들이 불가리아 서부 지역을 사실상 개별 봉토로 지배하면서 불가리아 정계를 동요시키다, 그곳에 투입된 불가리아군의 제지를 받고서야 잠잠해졌다. 헝가리인과 특히 독일 소수민족들은 잠재적 제5열*로 간주되었다. 하지만 이것은 나치가 외교 정책의 목표를 달성하기 위해 재외 독일인들을 이용한 것과 관련되었을 때만 정당화될 수 있는 의혹이었다. 제2차 세계대전이 발발하자, 이 수정주의 관 때문에 남동부유럽 지도는 또다시 바뀌었다. 유고슬라비아는 지도에서 사라졌고, 루마니아와 그리스 희생의 대가로, 알바니아, 불가리아, 헝가리의 영토는 넓어졌다.

하지만 알고 보면 발칸 문제는 인종적 억압이 전부는 아니었다. 그렇기 때문에 20세기 발칸 엘리트들을 지배하고 있던 전반적 견해를 이것과 따로 분리해 보아서는 안 된다. 소수민족에 대해 편협한 정책을 편 쪽은 보수파가 아니라 오히려 진보파였다. 그들이 그렇게 한 까닭은 국가의 현대화 정책을 시작한 것은 그들이고, 그 과정에서 강력한 중앙집권제를 실시, 활발한 사회적 · 경제적 개혁을 펴서 나라를 20세기로 진입시킨 것이라 믿고 있었기 때문이다. 발칸 국가들은 거의 모든 지표(문맹률, 곡물 수확량, 평균 수명 등)에서 다른 유럽 국가들에 뒤처져 있었기 때문에, 그런 만큼 진보주의자들의 책무도 막중했다. 그들은 소수민족의 학교를 허용해줌으로써 발생하는 문화적 분열에 반대하면서, 다수파의 언어를 배우게 하기 위해 더 많은 공립학교를 세우려고 했다. 하지만 그들의 의심을 산 것은 비단 소수민족만이 아니었다. 그들은 자신들의 통제권을 벗어나는 단체, 이를테면

---

* 간첩이나 첩자를 말한다.

소수민족의 자치 공동체, 교회, 산적, 잠재적으로 반항의 소지가 있는 노동자나 농민 운동 등 모든 단체를 의혹의 눈길로 바라보았다. 또한 최소한 1920년대에는 독일인, 유대인, 그 밖의 다른 소수민족들처럼 도시적 세련미와 언어 능력을 가진 사람들의 참여를 요구하는 산업화, 농지개혁, 해외 금융 시장의 진입에도 호의적 태도를 보였다. 간단히 말해 진보주의적 국가 건설은 소수민족의 열망에는 냉담했으나 그렇다고 전적으로 배타적이지도 않았다. 이 말은 곧, 그들의 최종 목적은 소수민족을 억압하는 것이 아니라 국가의 현대화였다는 의미다.

생물학적 인종주의 원칙으로 소수민족을 규정하고 그에 따라 차별적으로 대우한 나치 정책과 뚜렷한 대조를 이루는 부분이 바로 이 점이다. 다시 말해 발칸에서는 인종주의가 희미한 메아리에 불과했다는 말이다. 알바니아의 그리스인, 그리스의 왈라키아인과 슬라브인, 루마니아의 우크라이나인과 마케도니아인은 언어를 배우고 이름을 바꾸는 것만으로도 동화가 가능했다. 유대인이나 무슬림 같은 종교적 국외자들도 개종으로 동화가 가능했다. 발칸 국가들 중 유대인 학살과 배척을 묵과하고 유대인의 대학 등록을 제한한 곳은 오직 반유대주의 정책을 취한 루마니아 정부밖에 없었다. 국가 기독교당과 파시스트 단체인 철위단Iron Guard과 같은 극단적 반유대주의 운동도 루마니아에서 많은 지지를 받았다. 1940년대 말 철위단이 기어코 입각에 성공하자, 수천 명이 살해되는 학살극이 벌어졌다. 하지만 그 밖의 다른 곳에서는 양차 대전 사이의 반유대주의가 정치적 영향을 거의 받지 않고, 대중적 기독교 문화의 요소로 남아 있었다. 게다가 전반적으로 볼 때 발칸 국가들은, 1933년 이후 나치가 행한 조치들, 이를테면 인종

간의 상호작용 금지, 소수민족에 대한 분리 정책, 재산몰수와 추방 등 이른바 소수민족을 법적으로 제재하는 조치를 구태여 취하려들지 않았다. 그런 시책은 과학과 관료주의에 대한 체계가 웬만큼 잡혀 있어야 가능한 것인데, 궁핍, 부실한 행정 체계, 여전히 농경 사회를 벗어나지 못한 남동부 유럽에 그런 기반이 되어 있을 리 만무했다.[11]

그러나 1941년 나치 점령 후에는 발칸 지역에도 그동안 여러 인종군 사이에 부글거리고 있던 불만이 수면 위로 끓어오르며, 몇몇 소수민족에게 양차 대전 기간 동안 그들 위에 군림했던 다수민족들에게 역습할 기회가 주어졌다. 그에 따라 현대 역사상 최초로 크로아티아는 추축국의 괴뢰정부로 독립하여 전쟁 전에는 큰 지지를 받지 못한 극단적 민족주의 정당 우스타샤Ustache의 지배를 받게 되었다. 이 정부는 정권을 잡자마자 키릴 문자 사용을 금했고, 세르비아인과 유대인을 박해했으며, "크로아티아는 오직 크로아티아인만이 다스릴 수 있다는 원칙 아래 일하는 것"을 목표로 일당 정부를 수립했다. 하지만 크로아티아 민족성에 대한 이 정부의 법적 규정 (자신의 행동으로 크로아티아인들의 해방 노력에 반하는 활동은 하지 않은 것이 입증된 아리안족 혈통의 하나)은 지극히 모호하여, 강경파가 아닌 관리들도 조심스레 이 규정을 적용시킬 수 있는 맹점을 안고 있었다. 그와는 달리 정권을 잡기 무섭게 이 정부가 비판과는 거리가 먼 가톨릭교회의 감시 아래, 주로 세르비아인과 유대인들에게 휘두른 폭력에는 전혀 모호한 점이 없었다. 그로 인해 수십만 명의 사람이 투옥되거나 주로 야세노바치Jasenovac 수용소에서 살해되었고, 이것은 파르티잔 저항 운동의 등장에도 커다란 역할을 했다.[12]

나치 점령으로 발칸 지역에는 더욱 광범위한 인종 분쟁이 촉발하였다.

세르비아 체트니크들Chetniks*은 "세르비아인이 아닌 모든 인종을 보스니아에서 청소하려는" 자신들의 의도를 밝히며, 비세르비아인 수만 명을 살해했다. 불가리아군도 트라키아의 그리스 지역을 점령한 뒤 민간인 수천 명을 살해했고, 그리스어 사용을 금지했으며, 불가리아인들을 그곳으로 데려와 다시 불가리아인 천지로 만들려고 했다. 구유고슬라비아 마케도니아에도 그와 비슷한 정책을 실시하려고 했다. 하지만 이 두 지역 모두 불가리아의 전시 식민 정책은 실패로 돌아갔다. 공짜 땅과 공짜 재산에 대한 매력도 파르티잔의 보복과 전시의 고달픔으로 감소되었다. 국경 지역으로 농업을 이주하는 것이 평화시에도 제한적인 성공밖에 거두지 못한 사실로 볼 때―양차 대전 사이 유고슬라비아가 마케도니아에 시도한 정책에서나, 1950년대에 그리스가 북부 국경 지역에 기울인 노력에서나, 농민들은 늘 한곳에 머물지 않고 도시가 제공해주는 안전과 부를 쫓아 떠돌이 생활을 했다―전시의 실패는 당연한 것이었다. 무엇보다 중요한 것은 (나치 독일과 마찬가지로) 일부 발칸 국가들에게 이 전쟁은 단순히 군사적 승리에만 관계 있는 것이 아닌, 새로운 영토에서 영속적으로 인구를 재조정하는 것과 관계 있는 것이기도 했다는 것이다.[13]

발칸 지역의 인종 분쟁은 독일군이 철수한 뒤에도 끝나지 않았다. 코소보에서 벌어진 알바니아군과 유고슬라비아 파르티잔 간의 전투는 제2차 세계대전이 끝난 뒤에도 몇 달간 더 계속되었고, 일부 지역에서는 몇 년간 더 지속되기도 했다. 보이보디나Voivodina와 루마니아에서는 독일인들을 추

---

* 세르비아 민족주의자들로 구성된 게릴라 부대.

파르티잔 시절의 티토와 즈덴카(1942)

방하였고, 그들이 살던 땅은 다른 사람들에게 주었다. 알바니아인들도 1944년에서 1945년 사이 그리스 북서부에서 쫓겨났으며, 1946년에서 1949년까지 계속된 그리스 내전은 공산주의자들과 민족민주군의 전쟁이었던 만큼이나, 아테네 정부와 슬라브어를 쓰는 북부 소수민족들 간의 전쟁이기도 했다. 소수민족들은 자치를 원했고, 어쩌면 국경 너머에서 생겨나고 있던 공산국가들과도 연계돼 있을 가능성이 있었다.[14]

이렇게 하여 1950년 발칸 지역의 인종 구성이 전과는 판이해졌다. 유대인 인구만 해도 1930년에 85만 6000명가량이던 것이 1950년에는 5만 명 이하로 줄어들었고, 유고슬라비아와 루마니아에서는 독일인 수십만 명이 추방당했다. 알바니아인들은 북부 그리스에서 탈주했으며, 세르비아인들도 코소보를 등지고 다른 곳으로 도피했다. 20세기 전반에 일어난 총력전, 학살, 대량 이주의 결과 발칸 국가들의 인종적 동질성은 크게 높아졌으나 그럼에도 소수민족은 여전히 발칸 반도에 상당수 존재해 있었다. 불가리아, 그리스, 보스니아의 무슬림과 루마니아의 헝가리인이 그 대표적인 예다.

유고슬라비아에서는 티토J. B. Tito*가 세르비아와 카라조르제 왕조에 의한 양차 대전 사이의 통치 체제, 그러니까 다민족 지배를 대신한 일당 독재 체제를 수립함으로써 고질적 민족주의 문제를 해결하려고 했다. 그는 한때 불가리아, 알바니아, 그리스를 압도할 수단으로 발칸 공산주의연맹을 만들 꿈에 젖어들기도 했다. 하지만 이 꿈은 스탈린이 1948년 유고슬라비

---

* 1892~1980. 1953년에서 1980년까지 유고슬라비아 대통령 역임.

아를 코민포름에서 추방하는 바람에 결실을 맺지 못했다. 그래도 공산주의연맹은 유고슬라비아 내에서 민족주의자들을 다루기 위한 공산주의 전략으로 계속 남아 있었다. '형제애와 단결Brotherhood and Unity'은 실체적 존재는 아니었을지 몰라도, 슬로건 이상의 그 무엇이었다. 티토와 스탈린이 결별한 후에도 동유럽에 남아 있던 소련의 헤게모니는 여러 면에서 힘을 발휘하여, 결코 사라진 적이 없는 소수민족 문제와 영토회복주의가 1940년 이전과 같은 방식으로는 각국의 관계를 혼란에 빠뜨릴 수 없도록 쐐기를 박는 데 일조했기 때문이다. 하지만 긴장은 사라지지 않았고 공산주의가 붕괴하면 그것은 또다시 모습을 드러낼 터였다.[15]

20세기 전반 발칸 반도는 주민들이 죽어라 일해놓으면 외교관들이 탐을 내고, 그러면 군대가 들어와 싸움을 벌이는 전쟁터가 되었다. 발칸 국가들은 유럽에서 찾아낸 영토를 차지하기 위해 혈안이 되어 있었다. 영토를 확장하고자 하는 요구 앞에 이유는 무엇이라도 상관없었다. 잃어버린 형제를 되찾는 것이라도 좋았고, 역사적 권리를 내세우며 영토를 회복하는 것이라도 좋았으며, 다윈적 적자생존의 세계에서 생존력을 입증하는 것이라도 좋았다. 1914년 이후 10년 동안 그리스의 영토와 인구는 4분의 1가량 증가했다. 루마니아도 영토는 5만 3500평방마일에서 12만 2300평방마일, 인구는 750만 명에서 1760만 명으로 늘어났다. 영토 상실의 아픔을 겪은 불가리아는 1878년 잠시 머물렀다 사라진 산스테파노 대국을 재건할 꿈에 부풀어 있었다. 1920년대 초에야 겨우 독립을 한 알바니아는 그리스와 유고슬라비아에서 영토를 되찾는 쪽으로 눈길을 돌렸다.

하지만 그에 앞서 10여 년 전쟁을 치른 모든 나라는 우선 그 땅의 사람들을 먹여 살리는 것이 급선무였다. 1912년 이전에는 대서양을 건넌 거대한 이주민의 물결로, 이 과업의 어려움을 생생히 보여주었다. 수백만 명의 가난한 남동부유럽 농민들이, 농사를 지어서는 입에 풀칠도 못하는 상황에 절망하여 고향—슬로베니아에서 펠로폰네소스에 이르는—을 등지고 미국행을 택했던 것이다. 1921년 이후에는 이 전전戰前의 이주로까지 막혀 남동부유럽 신생국들은 경제적인 자활 능력을 스스로 입증해 보여야만 했다.

전쟁은 모든 사람에게 자급자족의 중요성을 일깨워준 동시에 또 그 일을 무척 어렵게 만드는 요인이 되었다. 그리고 거기엔 전후의 즉각적 구제라는 커다란 난제—그 일은 너무도 방대하여, 근동재단, 국제연맹, 록펠러재단과 같은 기관들의 도움을 받아야 했다—를 넘어서는 더 심각한 구조적 딜레마가 내재해 있었다. 1918년까지 계속된 전쟁 비용을 대기에 바빠, 전전 화폐제도에 의한 경제와 금융은 완전히 붕괴했다. 그러다 보니 전후에 세계 각국에는 무엇보다—해외 금융 시장에서 돈을 빌리기 전에—화폐안정과 금융개혁이 급선무였고, 그것은 곧 세금은 쥐어짜고 소비는 줄여야 하는 것을 의미했다.

한 가지 면에서 농민들은 전쟁 종결로 크나큰 혜택을 누렸다. 러시아에서 동유럽으로 확산하고 있던 볼셰비즘을 막기 위해 각국 정부가 대대적인 토지개혁을 단행했기 때문이다. 정치인들은 소자작농층의 창출로 사회적 안정을 이루어 혁명이 폭발하지 않기를 기대했다. 그 결과 안 그래도 대지주들의 희생으로 발칸에서 이미 주도적 위치를 점하고 있던 소자작농들의 입지는 더욱 강화되었다. 하지만 이 같은 움직임으로 입은 정치적 혜택은 경제적 대가로 상쇄되었다. 토지를 잘게 나누다 보니 농민들은 환금 작물 생산에 매달리게 되었고, 그러다 보니 또 자꾸만 시장의 힘에 의존해 빚더미에 앉는 결과를 초래했던 것이다. 1930년 무렵 농민 부채는 이제 농지 개혁가들의 목을 죄는 맷돌이 되어, 농촌의 현대화는 그 어느 때보다 멀게만 느껴졌다. 곡물 가격도 전 세계 시장에서 폭락을 거듭하여 농가 수입은 뚝 떨어졌다. 그런 가운데서도 농민들은 모든 발칸 국가가 소비재에 대한 간접세로 방향을 전환하는 가운데, 나라 세금의 태반을 계속 부담하고 있었다. 1923년 루마니아 세법의 전문前文에는 이런 경고 문구가 쓰여 있었다. "많은 농업 자산이 사라지고 있는 판에, 인구의 태반을 예전의 농노 상태로 방치해두고, 소수 사람들만 교역과 산업으로 부를 축적하는 나라는 민주주의 국가가 될 수 없다."[16]

그럼 농민들은 대체 왜 자신들의 민주적 권리를 이용하여 친농 정당이 정권을 잡도록 힘을 써주지 못한 것일까? 이유는 간단하다. 발칸의 의회제도가 진보주의 탈만 썼을 뿐, 부패한 독재 권력이어서 사법, 군부, 도시 엘리트의 힘으로는 그것을 바로잡는 데 한계가 있었기 때문이다. 농민 정치의 허약함은 양차 대전 사이 유럽의 두드러진 특징 중 하나였다. 오늘날 붉은 공산주의자와 백색 반동주의자들에 대항하여 유럽 농민 당들을 결집시키기 위해 그린 인터내셔널이 구성되었다는 사실을 아는 사람은 과연 몇 명이나 될까? 이론상으로야 대단위 농업 사회라면 당연히 농민의 요구에 부응하는 의회정부를 갖는 것이 마땅했다. 그러나 현실적으로 농민들—거의가 문맹이었고, 움직임도 굼떴으며, 이곳저곳 돌아다니는 것도 귀찮아했다—은 정치력을 갖기가 무척 어려웠다. 그런 가운데서도 불가리아와 루마니아에서는 농민정당이 등장했으나, 이 두 정당 모두 결국은 해체되었다. 불가리아 농업연맹은 선거에서 압승을 거둔 뒤 쿠데타로 축출되었고, 루마니아 민족농민당은 2년간 정권을 잡은 뒤 이울리우 마니우ı. Maniu(1873~1953) 당수와 국왕 간에 불화가 생겨 마니우가 총리직에서 사임했다. 대중적인 크로아티아 농민당은 세르비아의 정치 엘리트에 눌려 양차 대전 기간 동안 거의 맥을 추지 못했다. 왕당파와 공화파로 양극화된 그리스에서는 농민당들이 끼어들 여지가 없었다.[17]

하지만 그보다 더 근본적인 문제는 농민당들이 발칸 국가들이 직면한 경제 문제에 진정한 해답이 되지 못했다는 데 있다. 조세부담을 경감하고, 신용조합을 확산하는 것만으로는 발칸 국가들이 직면하고 있던 인구과잉과 비산업화라는 구조적 위기를 극복할 수가 없었던 것이다. 소자작농들은 세계 시장과 경쟁이 되지 못했다. 그렇다고 19세기로 다시 돌아갈 수도 없는 노릇이었고, 갚아야 할 빚과 급속히 늘어나는 가족 때문에 자급자족 또한 불가능했다. 도시 지식인들과 새로 발족된 관광기관이 농촌생활을 아무리 이상화시켜봐야, 성장과 번영에 대한 해답은 여전히 시골마을에 있지 않았다. 1920년대와 1930년대에 걸쳐 농민들은 계속 도시로 몰려들었으나, 도시에도 일자리가 없기는 마찬가지였다.

전후 재건기의 끝자락과 미국 주식 시장이 붕괴하는 사이, 1920년대에 잠깐 찾아온 낙관적 기간에 대부분의 발칸 국가들은 자유주의 세계 경제에 재합류하는 방법으로 재건을 시도했다. 그리하여 독자적인 중앙은행을 설립했고, 금본위제를 채택했으며, 예산을 엄정하게 집행, 부채를 상환함으로써 외국 자본가들을 끌어들이려 노력했다. 이에 프랑스, 영국, 미국 자본이 쏟아져 들어왔다. 하지만 국제 자본주의는 냉혹했다. 1930년 이후 발칸 국가들의 수출은 고갈되었고 부채 위기는 고조되었다. 그런데도 영국 정부나 프랑스 정부는 일정 물량을 사주어 발칸 국가들이 외환을 획득하는 데 도움을 주려 하지 않았다. 그 결과 1932년에는 광범위한 채무불이행, 환율 불통, 1918년 이후 신중히 재건된 개방적 국제 경제 질서가 붕괴하였다.

1930년대 들어 발칸 경제는 이제 자신의 힘으로 서지 않으면 안 될 상황이 되었다. 각국 정부는 관세장벽을 높이고 외화 공급을 제한하는 등 더 직접적이고 간섭적인 방법을 쓰지 않을 수 없었다. 발칸 국가들은 곡물수매로 빚을 탕감해주는 방식으로 농민들을 보호하기 위해 처음으로 자원할당제를 실시했다. 1930년대 몇 년간은, 제3제국*과의 바터무역이 이전의 시장붕괴를 대신하는 동안 산업도 성장세를 나타냈다. 하지만 정기적인 회의 개최로 발칸의 교역 정책을 통합시키려 한 시도는 제한적인 성공밖에 거두지 못했고, 발칸연합을 추진한 일부 정치인들의 노력도 제자리걸음을 면치 못했다.[18]

경제 위기는 또, 허약하기만 한 의회정부의 기반도 뒤흔들어놓았다. 1930년대 이전부터 이미 양차 대전 사이의 민주주의제도는 정당성을 잃어가고 있었다. 그리스만 해도 군사 쿠데타와 음모로 바람 잘 날이 없었고, 유고슬라비아 역시 1921년 헌법을 둘러싼 논란으로 세르비아와 크로

---

* 히틀러 치하의 독일제국.

아티아 정당들 간의 골만 깊어져, 끝내 크로아티아 농민당 당수 스테판 라디치S. Radić*가 국회 의사당 안에서 암살당하는 결과를 낳고 말았다. 불가리아에서도 불가리아 농민당을 이끌고 있던 알렉산두르 스탐볼리스키 A. Stamboliskii(1879~1923) 총리가 쿠데타 이후 처참하게 살해되는 일이 벌어졌다. 알바니아에서는 아메드 베이 조그Ahmed Bey Zogu†가 1924년 용병을 이끌고 알바니아 땅을 침투하여 영구 지배 체제를 수립한 다음, 알바니아의 초대 대통령이 된 뒤 자신을 왕으로 선포했다. 1920년대에 광범위한 지지층을 끌어 모으는 듯했던 공산당들은 대부분의 발칸 국가에서 활동을 금지당했다. 이렇게 보면 양차 대전 사이 진보적 민주주의에 대한 위협은 좌익보다는 오히려 우익으로부터 왔다는 것을 알 수 있다.

1929년 이후 발칸의 모든 나라에는 민주주의 대신 우익 독재정권이 들어섰다. 하지만 그 형태는 파시즘—민주주의 과정을 통해 권력이 생긴 대중정당이 지배하는—이 아닌 왕과 왕이 뽑은 내각으로 구성된 독재 정부였다. 유럽 남동부 대중정치의 허약함은 좌익, 심지어 루마니아 철위단과 같은 대중적 파시스트 운동들조차 국가가 쉽게 분쇄하고 탄압한 사실을 보면 잘 알 수 있다. 1929년 세르비아-크로아티아-슬로베니아 왕국의 알렉산다르 국왕은 의회를 해산한 뒤, 유고슬라비아로 개칭된 나라를 국왕 개인의 독재권으로 통치했다. 불가리아의 보리스 국왕도 유고슬라비아의 예를 따라 1935년 의회를 자문기구로 둔갑시켜놓고, 경찰의 엄중

---

* 1871~1928. 유고 연방 내에서 크로아티아 자치를 주장한 인물.

† 일명 조그 1세. 1895~1961.

한 감시하에 선거를 치렀다. 그리스의 게오르기오스 2세 국왕King George II‡ 은 1936년 의회를 장악했다. 말썽도 많았던 루마니아의 카롤 2세 국왕Carol II (1893~1953. 재위 1930~1940) 역시 파시스트 지도자 코르넬리우 코드레아누 C. Codreanu§를 체포, 총살한 다음 관측통들이 '완전한 실패작'이라 말한 국가 당Party of the Nation을 창당해놓고 스스로 민족연합 정부의 의장이 되었다.[19]

이렇게 민주주의 정치를 일찍 경험했다는 사실에도 불구하고 발칸의 좌 · 우익 대중정당들은 끝까지 살아남지 못했다. 1930년대에 들어서는 의회제도와 정당들이 진보적 지식인들이 심어놓은 희망까지 저버리게 되었다. 하지만 희망을 포기하기를 슬퍼하는 사람은 거의 없었다. 그렇다고 국왕 독재자들과 그 심복들이 자신들의 할 일을 정확히 알고 있었느냐 하면 그것도 아니었다. 이들은 대중의 사랑도 받지 못했다. 간단히 말해 이들은 시류에 쉽게 휩쓸려 들어갔고, 발칸 국가들이 직면한 농민의 불완전 고용이라는 난국을 타개해주어야 할, 다시 말해 급진적 사회경제적 변화에 대한 준비 또한 되어 있지 않았다. 부르주아지 정치인과 이들을 계승한 보수적 정치인들에 대한 이런 환멸이 결국 1945년 이후 소련의 감시하에 좌파가 이룬 경제 소생 계획이 등장하는 계기가 된 것이다.

1940년대에는 총력전의 압도적인 충격과 그 여파로 전전의 정치 엘리트들이 전멸을 면치 못했다. 나치(와 이후의 소련) 점령은 국가가 폭력, 영양결핍, 빈곤에서 국민을 보호해줄 수 없다는 사실을 여실히 보여주었다. 그리

---

‡　1890~1947. 1922년에서 1924년, 1935년에서 1947년, 두 차례에 걸쳐 국왕을 역임했다.

§　1899~1938. 파시스트 운동 단체인 철위단의 창설자이며 지도자.

스는 정부가 식량공급을 통제하는 권한을 갖지 못해 국민을 기아에 허덕이게 했고, 유고슬라비아는 연방이 해체된 뒤 민간인에 대한 보복 정권이 들어서서 내전, 사회혼란이 격화되면서 수십만 명이 살해당하는 결과를 초래하였다. 그리스와 유고슬라비아 국가원수들은 해외로 도망쳐 국민에게서 더욱 소외되었다. 1943년과 1944년 무렵, 공산주의자들이 주도한 대중 저항 운동은 이제 독일군이 철수하기만 하면 언제라도 곧 권력을 차지할 것만 같았다.

1944년 10월 처칠과 스탈린이 회동하여 남동부유럽의 전후 세력 범위를 결정했다. 그 결과 그리스는 영국과 미국의 영향권으로, 나머지 국가들은 소련의 영향권으로 떨어졌다. 하지만 그리스 공산당은 이 분할 안을 받아들이기를 거부하다, 기나긴 내전을 치른 뒤인 1949년에야 겨우 무릎을 꿇었다. 그리스는 이 내전으로 독일 점령 때보다 더 많은 사람이 죽고, 투옥되고, 삶의 뿌리가 송두리째 뽑히는 일을 경험했다. 그리스의 이 같은 위기는 1940년대 내내 계속되다, 영국과 미국이 반공산주의 세력에 군사, 경제적인 원조를 대대적으로 해준 뒤에야 겨우 해결되었다. 이와는 달리 유고슬라비아와 알바니아에서는 공산당 파르티잔들이 재빨리 권력을 획득했다. 소련 적군은 독일군을 몰아내기 위해 유고슬라비아 전역을 휩쓸고 다녔다. 그러나 티토의 권력 인수는 그가 결성한 파르티잔 부대의 군사적 우위로 얻어낸, 전적으로 유고슬라비아 국내 사안이었다. 세르비아 체트니크, 크로아티아 우스타샤, 슬로베니아 협동부대와 같은 경쟁 단체들은 1년도 채 못 되어 모두 진압되었다.

불가리아와 루마니아는 전시보다 오히려 전후에 미친 여파가 더 컸다.

두 나라 모두 추축국의 일원이었기 때문에 인근 국가들이 겪은 비참한 상황들은 피해갈 수 있었으나, 독일이 패배해 옛 지배 엘리트가 붕괴하고 불신을 받는 결과를 초래했던 것이다. 이 나라들 역시 소련군이 점령했고, 이 경우 소련군은 독일군보다 더욱 철저히 농민들의 곡식을 징발했기 때문에 권력을 쟁취, 보유할 수 있는 능력을 가진 공산주의 운동 역시 가일층 탄력을 받았다. 특히 불가리아는 옛 행정부를 무자비하게 숙청해 전시의 협력자는 물론 전전 정치계급 출신의 잠재적인 적들까지 살해, 투옥, 혹은 추방했다. 루마니아 정부도 인종의 적들, 특히 독일인들에 대한 숙원을 풀었다. 이 두 나라 모두 처음에는 공산당의 규모가 하잘 것 없었으나, 당원 수가 급속히 불어나는 장족의 발전을 보였다. 불가리아만 해도 1944년 9월에 1만 4000명이던 공산당원 수가 1946년에는 42만 2000명으로 늘어났다. 이것은 제2차 세계대전 중 나치 점령에 대항하여 저항 운동을 벌이는 과정에서 공산당이 팽창한 유럽의 다른 국가들과는 달리, 이 두 나라에서는 명백한 이유로 팽창을 이루지 않았기 때문이다.

이렇게 하여 1950년까지는 이런저런 투쟁이 다 끝나, 발칸은 이제 자유 세계와 공산주의 소련이 전통적 농업 사회를 현대적 사회로 탈바꿈시키기 위해 각축을 벌이는 실험장으로 변했다. 발칸 국가들 모두 빠르게 증가하는 인구수에 맞춰 일자리를 창출하기 위해 산업화를 이루는 것이 급선무였다. 또한 좀더 장기적인 면에서 유럽 다른 나라들과 생활 수준도 맞춰주어야 했다. 당대인들은 철의 장막 내외의 대조적인 모습에 매료되었다. 1948년 영국의 경험 많은 관찰자 엘리자베스 바커는 이렇게 말했다. "평범한 남자나 여자가 정치적 동물이나 경제적 동물이 아닌 한 사람의 인간으로, 국경의 동쪽과 서쪽의 어느 곳에 사는 것이 더 좋을지를 제대로 판단하는 것이 과연 가능할까?" 바커 자신은 그리스 정치의 혼돈과 그리스 북쪽 지역의 경직된 지배가 보여주는 대조, "인간의 자유를 크게 희생시킨 대가로 괴롭기는 할망정 확실히 보장되는 최소한의 사회적 안정과 개인을 사회 기생충들의 자비에 맡겨야 하는 사회적 불안정"이 보여주는 대조를 잘 알고 있었다.[20]

유럽의 많은 지성인은 발칸 지역에는 공산주의 전략이 잘 들어맞는다고 생각했다. 그렇다고 해서 이들이 공산주의의 투박한 방식을 반드시 두둔했다는 말은 아니다. 이들은 그저 공산주의 정책을 양차 대전 사이의 불경기를 크게 개선시켜주는 것은 물론, 발칸 경제의 영속적인 구조 변화까지도 가져다줄 수 있을 것으로 보았을 뿐이다. 1954년 역사가 휴 새튼-왓슨H. Seton-Watson(1916~1984)은 이렇게 말했다. "이것은 상상력이 넘쳐나는 원대한 계획이다. 이 계획의 입안자들이 가진 열정과 낙관주의에는 외국의 관측통도 감탄하지 않을 도리가 없다. 더구나 대규모 산업화, 공공사업, 농업의 기계화는 옛 동부유럽의 특징적 현상이던 농촌의 과잉인구, 빈곤, 제조물자의 부족에 대한 적절한 처방책이기도 하다."[21]

새튼-왓슨 교수는 계속해서 이렇게 말했다. "그리스야말로 동유럽의 그 어느 나라보다 계획 산업화 프로그램이 절실한 나라다." 그러면서 그는 앞으로 이것은 수년간 외국의 원조가 필요한 사안임을 주지시켰다. 비록 앞서 말한 내용을 실현하지는 못했지만 그의 예상은 적중했다. 즉 그리스는 1947년 트루먼 독트린 발표 이후 1963년까지 30억 달러 이상의 군사, 경제 원조를 받음으로써 일인당 세계 최고의 미국 원조를 받는 수혜국이 되었던 것이다. 이후 유럽 공동 시장과 맺은 공동 구매 조약으로 그리스는 서유럽 시장에 접근할 수 있는 특권을 부여받았다. 그리고 엄청난 외자 유입을 고려할 때 그리스의 성장률은 일견 높은 것처럼 보였으나, 이 성장률에는 섬유류 수출, 서독에서 일하는 노동자 수천 명이 보내오는 송금액, 대중관광 증가로 얻는 수입도 포함되었기 때문에, 그것은 타당한 성장률이었다. 대중관광의 경우 1974년에는 연 200만 명이던 관광객 수가 1980년에는 600만 명으로 늘어났다. 그리스 국내 상황은 산업 분야보다는 오히려, 부동산, 소비재, 서비스 분야에 더 많은 자본을 투입하였다. 그리스 정부는 도로건설과 통신시설의 개량 등 경제 복구에 커다란 힘을 쏟았다. 그에 비해 제조업을 비롯한 다른 산업 분야의 육성에는 소홀했다.

철의 장막 저편의 경제성장은 처음에는 그리스보다 훨씬 높았다. 공산주의 국가들은 중공업을 경제 정책의 근간으로 삼아 그 분야에 집중 투자했다. 또한 소비를 통제했으며, 그리스와는 달리 어느 나라도 미국의 원조를 받지 못했으므로 국내 자본을 모조리 자본재로 전환했다. 농업 분야는 소련의 예를 따르되 그보다는 좀더 유연한 방식으로 집단농장제도를 실시, 제한적 성공을 거두었고 이런저런 형태의 민간인 노동력도 징발했다. '농촌 지역에서 계급 투쟁'을 선언하려 한 이 나라들의 노력은 1950년대 초 농민들의 결연한 저항에 부딪혔다. 하지만 이런 점에도 불구하고 빠른 전화電化, 새로운 공작 기계 산업, 도로 및 철로의 확장, 이 모든 것은 전임자들이 실패한 일들을 성공시키고, 발칸 국가들에게 경제적 생존력을 갖게 하는 것은 물론 현대화를 이루게 하려는 공산주의자들의 결연한 의지를 보여준 것이었다. 불가리아의 경우 1939년 국민소득이 차지한 비율은 산업

24퍼센트, 농업 56퍼센트였으나, 1952년에는 산업 47퍼센트, 농업 34퍼센트로 이 수치가 바뀌었다. 루마니아도 전전에는 노동력의 76퍼센트가 농업에 집중되고 산업 분야에는 11퍼센트만 종사했으나, 1986년에는 이 비율이 28퍼센트와 45퍼센트로 각각 바뀌었다. 만약 이 공산국가들이 소련과 교역하기를 강요받지 않고 서유럽과 교역할 수 있었다면, 이 나라들의 경제성장은 아마 이보다 한층 빨라졌을 것이다.[22]

제2차 세계대전이 끝난 지 20여 년 만에 철의 장막 양편에는 혁명적 규모의 사회적 변화가 일어났다. 경제성장률은 유례가 없을 만큼 높이 치솟아, 양차 대전 사이의 경제침체는 이제 저만치 멀어진 것처럼 보였다. 한 세대만에 농촌마을을 이루던 사회는 현대적이고 도시적인 사회로 크게 바뀌었다. 1966년에 발간된 타임 라이프사의 『발칸The Balkans』은 발칸의 "모든 것이 변하고 있고, 그것도 아주 빠르게 변하고 있다"고 기록했다.

옛 발칸 ― 열정에 넘치고 거의 신비롭기까지 한 민족주의와 절절한 친족애로 넘쳐나던 세계 ― 은 금세기 안에 모습을 감출 것이고, 그 점은 아마 알바니아와 몬테네그로의 산간벽지 마을도 예외는 아닐 것이다. 서구문명은 마치 굶주린 초목처럼 사방의 덩굴손들을 다 먹어치우고 있다. 지칠 줄 모르는 노동부대가 다이너마이트로 산악로를 폭파시키고 있고… 트랙터와 원판 써레들은 집단농장들을 갈아엎고 있으며… 트럭도 매일 아침 목동들을 목초지로 실어 나르고 있다. 흑해 연안에서는 국영 관광회사가 유리와 PS 콘크리트 공법을 이용하여 휴양지 호텔을 짓느라 여념이 없다.

1947년과 1974년 사이 그리스를 이따금씩 방문하곤 했던 역사가 윌리엄 맥닐W. McNeil은 그보다 더욱 직선적인 투로 이렇게 말했다. "만약 인간의 욕구와 갈망에 대한 만족이 기준이 될 수 있다면, 지난 30년간 그리스가 이룬 발전이야말로 특별한 성공담으로 간주되어야 마땅하다. 1945년만 해도 그리스인들에게 불가능해 보였던 일이 현실로 나타난 것이다."[23]

도시들도 장족의 발전을 이루었다. 아테네는 1960년에 인구가 190만 명에 불과했으나 1991년에는 300만 명으로 늘어났고, 부쿠레슈티는 140만 명에서 220만 명으로, 베오그라드는 58만 5000명에서 110만 명으로 인구가 증가했다. 이들보다 작은 테살로니키, 스코페, 사라예보 등지의 도시들도 인구가 곱절 이상으로 불어났다. 부쿠레슈티에서 라리사에 이르는 옛 19세기 도심 지역 주위로는 고층 아파트들이 즐비하게 늘어섰다. 심지어 농촌 지역의 조그만 읍내마을까지, 유리와 철근으로 된 건물들의 콘크리트 정글과 교통 정체를 빚는 아스팔트 거리로 변모할 정도였다. 1980년 무렵에는 이제 벽촌과 가난한 지역을 제외하고는 전통의상을 입은 농부들을 찾아보기 힘들게 되었다. 농부들은 시골을 떠나 아이들을 학교에 보낼 수 있는 고장으로 이사를 했고, 전에 볼 수 없던 소비와 레저에 대한 개념도 새롭게 생겨났으며, 흑해, 아드리아해, 에게해 연안에서 휴가를 보내기에 족한 돈도 벌었다.

하지만 농민들은 도시로 옮겨가 생활패턴이 바뀐 뒤에도 시골마을과 땅에 대한 애착을 버리지 못했다. 종교적 감정도 공산주의의 무신론보다 강했다. 사정이 이러했던 것은 아마, 시골마을이 제공해주는 식량, 고기, 과일이 정부에서 지급해주는 배급 식량과 소매제도보다 아직은 더 믿을 만

하고 값도 저렴했기 때문일 것이다. 사회 조직망은 마을이나 가정에서 정부, 군대, 경제 기구로 옮겨갔다. 요컨대 도시화는 때로 농촌마을을 도시에 옮겨다 놓은 것과 다를 바 없었다는 의미다. 어떤 면에서는 마을이 도시를 접수한 것으로도 볼 수 있었다. 그 때문에 국외자들이 보기에 정부 관리들과의 관계에서 윤활유 역할을 한 개인 간의 상호작용, 선물, 호의 등은 현대 정부의 비인간인적 메커니즘에 대한 자연스런 반응이라기보다는 오히려 '부패'로 보일 소지가 있었다.

몇 가지 점에서 공산주의와 자본주의는 당초 생각했던 것보다는 차이가 그다지 크지 않았다. 성장 모습은 달랐지만 결과적으로 전체적인 성장률은 비슷했기 때문이다. 수입의 경우 그리스가 공산국가들보다 기복이 심했으나, 평균 수입은 더 높았다. 농촌 노동자와 도시 노동자들 간의 수입 격차는 철의 장막 양쪽이 다 넓어졌다. 현대 복지 국가의 사회제도들 — 대중교육과 대학교육, 병원과 농업협동조합 등 — 도 발칸 전역에 자리 잡았다. 루마니아를 보면 제2차 세계대전 전에는 고등교육을 받은 학생 수가 2만 6500명에 불과했으나 1957년에는 이 숫자가 15만 7000명으로 늘어났다. 발칸 전역에서는 또 도시경제가 농촌경제를 대체했고, 문맹률도 사라졌으며, 도로 신설로 농촌도 더 이상 고립되지 않았고, 시골마을도 자가 번식을 멈추었다.

물론 양 체제 간의 정치적 차이는 컸다. 그러나 발칸 국가들 중 도시적 삶으로 변화하는 것이 농촌적 삶을 고의로 파괴하여 '조직화되고' 응집력 있는 농업도시를 새롭게 창조하는 극단적 형태를 띤 곳은 오직 나라를 경찰국가로 변모시킨 니콜라이 차우셰스쿠N. Ceausescu(1918~1989)의 루마니아

밖에 없었다. 그리스 정부가 내전 후 좌파들에게 행한 조직적 감시도 외부인들이 생각한 것보다는 국민적 삶에 많은 악영향을 끼치기는 했지만, 루마니아 정부가 시행한 비밀경찰제도와 비교하면, 양자의 차이는 정도의차이가 아닌 종류의 차이였다. 다시 말해 그리스 공직 사회의 체제 순응적반공산주의가 제 아무리 지적, 문화적 자유를 심하게 제한했다 해도, 북쪽의 마르크스-레닌주의와 비교하면 아무것도 아니었다는 의미다.[24]

철의 장막 배후에서 이루어진 논의의 대부분은 일당 국가 체제하에서의경제개혁 가능성 여부에 모아졌다. 유고슬라비아의 공산주의 개혁가들은중앙집중적 계획에 수요와 공급의 법칙을 조화시키려 노력했다. 그들 표현을 빌리면, "현대적이고 생산성 높은, 안정적이고 합리적인 시장경제"를창출하려 했다는 말이다. 하지만 이것은 마치 원을 사각형으로 만들려는시도와 같아서, 가격은 급등했고, 실업률은 천정부지로 치솟았으며, 성장률도 급격히 떨어졌다. 사기업 활동도 제한적인 범위 내에서만 허용되었고, 경쟁기업과의 관리 경험 부족으로, 공기업을 현대화하고 합리화하려는 모든 노력은 수포로 돌아갔다. 노동자들의 불만 역시 자본주의보다는공산주의 체제하에서 더 많이 불거져나왔다. 예컨대 노동자들은 경제의비집중화에 반응을 보였고, 특히 유고슬라비아에서는 이완된 통제에 대한불만이 당 세력가들에 대한 분노와 민족주의의 분출로 폭발했다. 유고슬라비아와 달리 불가리아와 루마니아는 개혁이 많이 이루어지지도 않았고경찰의 억압도 심해 공공연한 저항은 일어나지 않았다.[25]

자본주의 국가 그리스와 북쪽 사회주의 국가들 사이의 간격은 1970년대중반부터 더욱 크게 벌어졌다. 오일쇼크와 세계경제의 침체는 모든 나라

루마니아 대통령 니콜라이 차우셰스쿠와 그의 부인 일레나

에 변화를 요구했다. 하지만 국가의 자급자족에 집착한 나머지 중공업 구축에 사력을 다한 공산국가들은 1930년대 경제문제에 성공적으로 대처하고 나자, 이제는 상황이 달라졌다는 사실을 인식해야만 했다. 20세기 후반 국가가 보호해주는 노동집약적 산업은 이제 더 이상 해외의 자본주의 라이벌들과 경쟁이 되지 않았던 것이다. 서방 은행에서 빌린 막중한 외채―60년 전 부르주아들이 하는 것을 보고 손가락질을 했던 공산주의자들이 1980년대에는 그들 자신이 똑같은 행동을 했다―로도 그것은 해결할 수 없었다. 늘어나는 외채는 오직 극단적 억압으로만 상환이 가능했다. 차우셰스쿠만 해도, 게슈타포*조차 그 앞에서는 명함을 못 내밀 정도의 방

---

* 나치 비밀경찰.

대한 규모와 스파이망을 가진 비밀경찰을 이용하여, 자국민들의 생활수준을 크게 낮추는 방법으로 루마니아의 외채를 상환했던 것이다. 하지만 다른 국가들―특히 유고슬라비아―은 중앙 정부의 힘이 미약하여 그마저도 할 수 없었다. 불가리아는 전쟁 전으로까지 소급해 올라가는, 다시 말해 자원에 전력을 기울인 경험과 관대한 소련의 원조에 힘입어 외채에 크게 의존하지 않아도 되었기 때문에 유고슬라비아보다는 중앙 정부의 힘이 강했다.[26]

그리스의 경우 국체의 허약함이라는 고질적 문제는 민간 영역의 유연함, 국가의 손이 미치지 않는 곳에 돈을 감추어두는 버릇이 있는 개인들의 저축, 1981년에 회원국―겸 수혜국―이 된 유럽공동체(EC)의 자원 이양 등으로 상쇄되었다. 그 밖에 민주주의―군사정권(1967~1974) 붕괴 후 재도입된―도 대중의 불만이 정치체제에 대한 위협으로 폭발되지 않도록 하는 요인이 되었다. 1974년 이후 그리스는 사회당과 보수당이 번갈아 정권을 잡으며 양당제의 안정된 체제를 유지했다. 그와는 달리 공산주의 국가들에서는 경제위기가 곧 정치체제에 대한 도전이었다.

그 결과가 가장 심각하게 나타난 곳이 1980년 티토 사망으로 연방이 이미 허약해져 있던 유고슬라비아였다. 당†의 슬로건("티토 이후, 티토!")은 곧 이데올로기적 파탄의 고백이었다. 국제통화기금(IMF)이 정부에 구제의 손길을 내밀었으나 그것도 잠시뿐이었다. '안정'에는 냉혹한 정치적 결단이 필요했고, 임금을 동결하자 노동자들은 정부에 등을 돌렸다. 세르비아와

---

† 공산주의자연맹.

슬로베니아의 정치 엘리트들의 저항은 긴축에 특히 심했다. 이 같은 경제 위기로 연방정부의 힘이 약해지자, 지역 수준 혹은 공화국 수준으로 경제력과 정치력 확보를 위한 각 민족들의 투쟁이 시작되었다.

"마르크스주의는 민족주의와 조화를 이룰 수 없다"고 한때 레닌은 주장했다. "마르크스주의는 온갖 형태의 민족주의를 대신하여 모든 민족을 더 고등한 단일체에 융합시킨 국제주의를 지향한다." 하지만 실상은 이와 달랐다. 전후 공산 정권들은, 싫든 좋든 발칸의 대중민족주의가 가진 힘과 타협해야 한다는 사실을 곧 깨달았기 때문이다. 공산주의 지배는 양차 대전 사이의 일부 이론가들이 희망한 대로, 광범위한 연방 내에 포섭된 형태의 국가로 발전해가지 못했다. 다시 말해 국가들의 질서는 제1차 세계대전 이후 별로 변한 것이 없었다는 말이다.[27]

소수민족들은 대부분 위축되었다. 하지만 공산주의 정부들이 이들을 대한 태도는 현대화의 이름으로 억압과 동화 정책을 병행했다는 점에서 전임자들과 별로 다를 게 없었다. 루마니아만 해도 트란실바니아의 헝가리인들을 다루는 방식에서, 자유주의적 냄새가 풍기는 1952년 헌법으로 짐짓 헝가리인들의 자치 구역을 만들어주는 척하다가, 몇 년 뒤 당의 노선이 민족주의적으로 변해가자 "민족적 고립주의가 나타나는 조짐"에 반대를 표명하며 강압적 동화 정책으로 돌아섰던 것이다.

불가리아도 터키 소수민족에 대한 규탄 운동을 벌인 결과 1950년과 1968년 두 차례에 걸쳐 수천 명의 터키인들이 국외로 탈출하는 사태가 벌어졌다. 1970년대 초에는 많은 무슬림이 옛 신분증을 빼앗기고 불가리아 이름으로 된 새 신분증을 받은 것에 대해, 불가리아 관리들에게 공개적인 고마움을 표시해야 했다. 1984년의 인종동화 운동은 라마단 단식을 '파괴적 미신'으로 규탄했다. 1985년 스탄코 토도로프S. Todorov*는 이렇게 말했다. "로도피산맥의 불가리아인들은 이슬람 근본주의와 손을 끊음으로써, 그들 삶에서 보수적 영향력을 떨쳐버리고 자국에 대한 애국심을 드높였다." 그에게 불가리아는 "다른 어느 국민이나 민족도 섞이지 않은, 한 민족으로 이루어진 국가"였다. 1989년 공산주의가 한창 붕괴하는 와중에 불가리아의 공산정권은 또 한 차례의 대규모 엑소더스 풍랑을 일으켜 30만 명의 무슬림을 터키 땅으로 내쫓았다. 하지만 1990년에는 불가리아군 스스로 이 엑소더스 물결을 막는 바람에, 13만 명이 다시 불가리아로 돌아왔다. 같은 해 공산정권 이후 들어선 신불가리아 정부는 무슬림들의 옛 이름을 찾아주고, 전 불가리아 공산당 중앙위원회 제1서기 겸 대통령 토도르 지브코프T. Zhivkov(1911~1998)를 "인종적 적대 행위와 증오에 대한 고무" 죄를 비롯한 여러 죄목으로 체포했다.[28]

유고슬라비아에서는 공산주의 붕괴 양상이 이와는 전혀 다르게 나타났다. 그로 인해 소수민족의 참상이 더 나아지기는커녕 오히려 더 비참한 상황이 되는 결과를 초래하였다. 그때까지 유고 연방을 지탱해준 두 힘은 공산당이 가진 권력과 티토 개인의 역량이었다. 티토 치하에서 연방 내 공화국 간의 긴장은 국가와 당 조직을 가진 연방 차원에서 해결되었다. 1980년 티토가 죽기 전부터 베오그라드와 자그레브에서는 이미, 당 간부들 간에

---

* 1920~1996. 1971~1981년까지 불가리아 수상을 지낸 공산주의자.

생겨나고 있던 민족주의 기류 때문에 긴장이 표면화되고 있었다. 공화국들 중에서도 초강경 노선을 걷고 있던 보스니아당은 민중에게서 나오는 지방분권적 추세에 대해 연방 지배력을 강화하는 일에서 갈수록 그 중요성이 높아졌다. 하지만 티토가 죽자, 장기간에 걸친 경제 위기로 안 그래도 약화돼 있던 연방 지도층은 각 민족들이 요구하는 서로 다른 주장을 조화시키는 데 실패했다. 1980년대 중반, 세르비아 민족주의의 부상과 함께 연방 시스템은 무너져 내리기 시작했다.

티토 정부는 공인된 민족군이라는 고도로 정교한 시스템에 기반을 두고 있었고, 그것도 모자라 몇 개의 민족을 '새로' 창출해내기까지 했다. 1943년 11월 유고슬라비아 공산당은 마케도니아를 연방 내 독립 공화국으로 인정해주고, 그곳에 사는 주민들도 '마케도니아' 독립국의 국민임을 선포했다. 1971년에는 보스니아 무슬림들이 사상 최초로 독립국 자격을 부여받았다. 유고슬라비아는 '국가nations'와 '민족nationalities'에 대한 구합스부르크제국의 정의를 끝까지 고수한 마지막 나라들 중 하나였다. 이 중 후자에 속하는 '민족'들 중의 가장 큰 부분을 차지한 민족이 알바니아인들이었고 이들 대부분은 코소보 자치지역에 거주하고 있었다. 알바니아인들은 인구수에서 세르비아인과 다른 민족군을 크게 압도하여 코소보 전체 인구의 85퍼센트, 인근 마케도니아 공화국 인구의 20퍼센트가량을 차지했다.

슬로보단 밀로셰비치S. Milosevic*는 공산주의가 붕괴하기 이전부터 이미

---

* 1941~2006. 1989년 대통령에 당선되어 2000년 실각할 때까지 대세르비아주의에 입각한 민족주의로 13년간 유고를 철권통치하며 보스니아 무슬림과 코소보 자치주의 알바니아인들에 대해 이른바 '인종 청소'를 자행한 전 세르비아 대통령으로, 헤이그 국제유고전범재판소에 수감되어 있던 중 2006년 3월 11일 옥중에서 사망했다.

코소보와 보이보디나에 대한 세르비아의 권리를 거듭 주장하고 있었다. 그의 정책은 본래 유고연방 내에서 세르비아 영향력을 강화하는 것에 초점이 맞춰져 있었다. 하지만 연방이 쪼개지자 그가 얻고자 하는 것은 이제 유고슬라비아가 아니라, 크로아티아와 보스니아의 세르비아인들†도, 세르비아와 몬테네그로의 세르비아인들처럼 정치력을 계속 보유할 수 있는 대세르비아주의Greater Serbia‡임이 명백해졌다. 그러나 1991년 크로아티아와 보스니아 독립을 국제사회가 계속 지지하자, 그의 정책은 실패로 돌아갔고, 그에 따라 크로아티아의 세르비아인들도 크라이나에서 쫓겨났다. 보스니아의 세르비아인들 역시 영토를 포기하고 보스니아의 일부임을 받아들여야 했다. 1990년대 말 밀로셰비치는 나토와 전쟁해 코소보를 알바니아 자치 구역으로 넘겨주는 또 한 번의 실패를 맛보았다. 그 결과 1999년 세르비아 공화국 영토는 이제 밀란 오브레노비치가 지배한 1878년 수준으로 되돌아갔다. 밀로셰비치는 실패했고, 단 하나 성공을 거둔 것이 있다면 그것은 베오그라드에서 아직 권력을 쥐고 있다는 것이었다§.

대량 추방의 방법으로 인종적 주도권을 잡는 것은 1992년 이후 세르비아가 보스니아에서 줄곧 추구해온 정책이었다. 6년 뒤에는 코소보에서도 그것이 세르비아 정책이 되지 않을까 하는 우려의 목소리가 높아졌다. 역사가들은 유럽의 역사에서 그 같은 행위를 이미 보아 익히 알고 있었다. 정치학자들은 미래에도 그것이 나타날까 불안해했다. 하지만 많은 사람의

---

† 이 나라들에서는 세르비아인이 소수민족이었다.

‡ 앞서도 말했듯 세르비아인들이 사는 곳은 무조건 다 세르비아 땅이라고 보는 주의.

§ 이 책을 쓸 때만 해도 그는 아직 실각하지 않은 상태였다.

전 유고슬라비아 대통령 슬로보단 밀로셰비치

예측대로 유고슬라비아 내전의 징후가 정말 나타났든 나타나지 않았든, 새로운 '인종적 민족주의'의 등장은 한번쯤 의심해볼 만하다. 모호한 상태에서 상황을 과장하기는 어렵지 않다. 인근 지역들로서는 아마 보스니아와 코소보 전쟁의 영향이 가장 불안하게 느껴질 것이다. 세르비아와 몬테네그로 사이의 긴장도 높아졌다. 몬테네그로의 경우, 비록 밀로셰비치에 대한 불신과 설사 독립을 한다 해도 조그만 소국 몬테네그로가 과연 남쪽의 알바니아와 북쪽의 크로아티아, 그리고 보스니아의 등쌀에 배겨날 수 있을까 하는 불안감으로 독립에 대한 꿈이 늘 방해를 받고는 했지만 말이다. 그보다 더 염려되는 것은 코소보가 마침내 세르비아로부터 완전히 독립—그렇게 될 가능성이 높지만— 할 경우, 알바니아와 마케도니아의 안정에 대한 불안감이었다. 알바니아인들은 남동부유럽의 그 어느 민족보다 영토 회복 욕구가 강했고, 그것은 아마 너무도 오랫동안 자유를 박탈당했기 때문일 것이다.

그 밖의 다른 지역에서는 영토회복주의가 사라진 듯했다. 오직 소수의 해외 이민자들—미국, 오스트레일리아, 혹은 캐나다—만이 대그리스라든지 산스테파노 불가리아를 위해 싸울 결의를 다졌다. 발칸에서는 그런 열망을 가진 사람이 거의 없었다. 전후 유럽의 다른 곳에서와 마찬가지로 그곳 역시 땅과 영토확장에 대한 태도가 바뀐 것이다. 거기에는 또 농촌 사회에서 도시 사회로 변함으로써, 소수민족의 역할과 그들에 대한 당국의 태도가 바뀐 요인도 있었다. 농촌에서 도시로 이주는 곧, 군사적으로 민감한 경계 지역을 떠나, 익명성은 더욱 잘 보장되고 골치 아픈 정치 공간에서는 더욱 멀어지는 것을 의미했기 때문이다. 발칸 국가들은 유럽의 체제 안

코소보 내전이 발발한 지 두 해를 맞은 사람들.

에 편입돼 있든지 아니면 그 안에 편입되기를 바라는 상태가 되었고, 유럽 체제 편입은 인권과 소수민족의 권리를 부여해주어야만 실현이 가능했다. 또한 발칸 국가들은 경제가 성장하면서 이전의 노동력 수출국에서 노동력 수입국으로 변해가고 있었다. 그리스는 새로운 이민 공동체 ― 필리핀인, 파키스탄인, 우크라이나인 ― 로 인해, 싫든 좋든 다문화 사회로 변모하고 있다는 것을 받아들인 최초의 발칸 국가였다.

유럽의 다른 지역에서처럼 발칸도 이제는 민족주의와 소수민족 권리의 문제가 전쟁과 평화의 문제에서 국경 정책과 도시 공존의 문제로 변해간다는 사실을 알고 있었다. 발칸 지역은 국가 건설을 위한 기나긴 투쟁 ― 유고슬라비아 내전이 투쟁의 마지막 국면이었다 ― 을 하느라 20세기를 거의 다 소진했다. 재미있는 것은 국가 건설 투쟁이 끝나자마자, 국제적 차원에서 정치, 경제적 변화가 일어나 국가라는 생각 자체에 의문을 제기했다는 점이다. 공산주의 일당 국가의 붕괴는 단일국가의 국내 정책으로 사회 경제적 변형을 이룬다는 옛 생각에 가장 극적인 위기를 초래했다. 하지만 교묘하고 우회적인 방식으로 유럽연합에 접근한 그리스와 발칸의 다른 국가들 역시 그와 비슷한 문제에 직면했다. 두 경우 모두 관세철폐, 국영기업 보호 폐지, 글로벌 경쟁에 노출은 곧 신자유주의 세력의 승리를 의미했기 때문이다. 전통적인 발칸 국가는 이제 더 이상 옛 제국들의 도전을 받지 않았다. 인근 경쟁국들이나 적개심의 도전도 받지 않았다. 발칸의 가장 큰 위협은 국제 경제로부터 왔다.

에필로그

폭력에 관해

유럽을 여행할 때 내 눈에 띄는 것이라고는 오직 내가 유독 싫어하는 것뿐이더군요. 멋져, 라는 말은 나오지 않고 "그건 안 좋은데"라는 말만 계속 나오는 거였어요. 도대체 왜 그럴까요.
— 1848년, 오스만 관리가 프랑스 성직자와 나눈 대화[1]

1990년대에 일어난 유고슬라비아 내전으로 발칸은 또 한 번 유럽 지도에 모습을 드러내며, 제1차 세계대전의 불안한 기억을 떠올리게 했다. 대량 이민, 새로운 지역적 다양성, '다문화 사회'라는 완곡한 표현으로 흔히 지칭되는 것에 대처하느라 유럽의 나머지 지역이 부산을 떠는 동안, 남동부유럽은 영토 분쟁과 인종 동질화라는 초창기 역사의 논리로 되돌아간 듯했다. 그러면 그것은 과연 유럽의 과거일까 아니면 다가오는 미래일까?

서방의 발칸 개입을 반대하는 사람들은 유고 대통령 밀로셰비치보다는 오히려 장기간에 걸쳐 그 지역의 행동을 결정 지은 문화적 요인에 보스니아 분쟁의 책임을 돌렸다. 말하자면 이들은 온갖 종교가 교차하는 곳에 놓여진 지역에서 발생하는 고질적 긴장의 원천을 인종적 다양성에 있다고 보고, 인종 청소도 국가 건설이라는 유럽의 논리로 해석하기보다는, 발칸 역사의 구성요소, 다시 말해 지금까지 계속 이어져온 학살과 보복 학살의 최근 현상으로 해석한 것이었다. 1993년 존 메이저J. Major 영국수상은 "보스니아 분쟁은 누구도 통제할 수 없는 비개인적, 필연적 힘의 소산이었다"라고 말했다. 하지만 그것은 그다지 새로울 것이 없는 말이었다. 1세기 전 프랑스 외무장관 가브리엘 아노토G. Hanotaux(1853~1944)도 아나톨리아에서 자행된 터키의 아르메니아인 학살을 보고 "기독교도와 무슬림 사이에 행해진 수천 가지 사건들 중 하나"라며 그와 비슷한 말을 했던 것이다.[2]

하지만 이 책에서도 강조하고 있듯, 수세기에 걸친 발칸의 삶은 다른 지역보다 특별히 폭력적이지 않았다. 실제로 오스만제국은 인종과 종교의 다양성을 조절하는 데 탁월한 능력을 보여주었다. 오스만제국 말기를 목격한 아놀드 토인비A. Toynbee*도, 분쟁의 원인을 그 지역 외곽에 있는 것으로 보았다. 1922년 그는 이렇게 썼다. "(민족주의 원칙에 대한) 서구의 방법을 도입한 것이 결국 이 민족들에 학살을 초래한 것이다. … 이 같은 학살은 단지, 서구의 그러한 치명적 사상에 선동되어 서로 간에 없어서는 안 될 이웃들 간에 벌인 극단적 형태의 민족적 투쟁이었을 뿐이다." 이 말이 사실이라면, '인종 청소' 역시—1912년에서 1913년 사이 발칸에서 자행된 것이든, 1921년에서 1922년 사이 아나톨리아에서 자행된 것이든, 1991년에서 1995년 사이 유고슬라비아에서 자행된 것이든—구원舊怨이 무의식적으로 폭발된 것이 아닌, 준군사 조직과 군대가 민간인들에게 고의로 자행한 조직적 폭력이었다는 말이 된다. 다시 말해 이것은, 그렇지 않았으면 계층과 인종성

---

* 1889~1975. 『역사의 연구A Study of History』를 집필한 20세기 영국의 저명한 역사가.

이라는 평범한 분열은 무시하고 넘어갈 수도 있었을 사회를 깨부수기 위해 민족주의자들이 반드시 필요로 한, 극단적 힘의 표출이었다는 말이다.[3]

그렇다고 모든 사람이 다 이 관점에 동의하는 것은 아니다. 1994년 오스트리아의 한 독자는 내가 쓴 책 『히틀러 그리스의 내막*Inside Hitler's Greece*』을 읽고, 1940년대에 독일군이 발칸에서 자행한 행위에 내가 너무 가혹한 평가를 내렸다고 하면서—그의 관점에 따르면 최근에 일어난 사건으로 다시 입증되고 있듯이—그 지역 사람들은 폭력을 특별히 좋아하는 것 같다는 것을 그 이유로 들었다. 하지만 내가 볼 때 나치가 가동한 마우트하우젠Mauthausen 집단 수용소†만 봐도, 폭력에 관한 한 오스트리아인들은 보스니아 세르비아인들에게 결코 뒤지지 않았다. 하지만 우리 두 사람의 논쟁은, 폭력violence보다는 오히려 잔인함—숫자가 아닌 행위—에 더 초점이 맞추어졌다. 멸종 수용소나 공포의 대명사인 굴라크Gulag‡를 만들어낸 것은 발칸인들도, 발칸의 지배자들도 아니었다. 독일 병사들(다른 나치기관들은 말할 것도 없고) 또한, 발칸인에게 죽은 독일인보다 훨씬 많은 수의 발칸인들을 죽였다. 하지만 내 책의 독자가 항의한 것은 그것이 아닌, 파르티잔들이 행한 살해의 방식이었다.

제2차 세계대전 때의 나치 이데올로기도 심적 통제력을 잃은 자들의 잔인한 행동이나 사디스트적 행동과, '필요에 의한' 비개인적 폭력을 확연히 구분 짓고 있었다. 1943년 뮌헨의 나치친위대 법정도 한 장교의 재판 과정에서, 피고의 '과도한 잔인성', '사디즘', '악랄한 무자비함'과 질서 있고 품

---

† 1938년 오스트리아가 나치 독일에 합병된 후 설치한 악명 높은 나치 집단 수용소의 하나.

‡ 1933년에서 1955년 사이에 시행한 소련의 강제 노동 수용소.

위 있는 살해를 분명히 구분 짓고 있었다. 그리고 이 같은 태도는 개인의 통제력에 대한 이상을 극대화한, 그러니까 문명화된 전쟁 규칙을 정하기 위한 서구의 더 장기적인 노력의 일환이 되었다. 나치 역시 그 전통에 속한 다른 사람들처럼 발칸에 어른대고 있던 원시적이고 동방적인 유혈성을 보았던 것이다.[4]

잔인성에 대한 몽테뉴의 글을 통해서도, 폭력에 대한 새로운 관점을 엿볼 수 있다. 즉 그는, 고통을 즐기는 당대인들을 심하게 질책하면서, 인간과 동물에 불필요한 고통이 가해질 때마다 그가 느끼곤 했던 비애를 이렇게 썼던 것이다.

세상에 그토록 냉혹하고 잔인한 인간들이 있다는 사실을 내 눈으로 직접 보기 전까지 나는 그 말을 도저히 믿을 수 없었다. 오직 희열을 위해 살인을 하고, 그러고 나서는 유체를 자르고, 토막 내고, 난도질하고, 갖은 모략을 써서 지금까지 알려진 적이 없는 고문, 들어본 적이 없는 고통을 만들어낸다는 사실을 알기 전까지만 해도 나는 그 말을 도저히 믿을 수 없었다. … 나로 말하면, 불쌍하고 어리석고 죄 없는 짐승이 붙잡혀 죽는 것조차 동정이나 슬픔 없이는 차마 볼 수 없는 사람이다.[5]

고통과 처벌을 '인도주의적' 개념으로 파악하려는 변화—인간성에 대해 변해가는 생각과 밀접한 관련이 있는—는 18세기와 19세기에 걸쳐 아주 점진적으로 일어났다. 그런 다음 조금 느닷없이 1820년과 1860년 사이에 서유럽의 중대 범죄율이 급격히 감소하고, 고문, 화형, 목 베기와 같은 옛 징벌 형태가 사라지면서, 현대적 감옥이 국가 처형 장소로서 공적 공간을 대체하였다. 1836년 존 스튜어트 밀J. S. Mill*은 이렇게 썼다. "고통의 광경은 말할 것도 없고 고통이라는 생각조차, 문명의 혜택을 마음껏 누리는 계층에 의해 점점 사라지고 있다." "고도의 문명 상태에서만 실행 가능한 기계적 설비가 완비된" 덕분에 고통의 괴로움은 이제 "재판관, 병사, 의사, 도살자, 사형 집행인들"에게 넘어간 것이다. 밀은 계속해서 이렇게 썼다. "이것은 실제적 고통뿐만 아니라 치밀한 장치의 큰 부분을 이루는, 다시 말해 불쾌한 생각을 떠올리게 하는 모든 것의 존재를 무효화한다."[6]

몇 년 뒤에는 이 같은 생각이 영국의 여행가 제임스 가드너 윌킨슨J. G. Wilkinson 경의 마음을 움직여, 보스니아-헤르체고비나의 오스만 당국과 몬테네그로 사이에 벌어진 국경 전쟁에 개입하게 하는 결과를 낳았다. 적군의 머리를 베어 그것을 전시하는 양군의 행태에 격분한 그는, 몬테네그로의 주교군주 블라디카 페타르V. Petar†에게 편지를 써, "인간성에 반하는 너무도 충격적인" 관행이 복수심을 끓어오르게 하여, 적대감을 더욱 높이고 있다고 주장했다. 요컨대 그는 "문명적 전쟁에 대해 갖게 된 생각과, 그 같은 관행이 행해지고 있는 전쟁 사이의 차이점"을 설명하려 한 것이었다. 카토가Cato Street 음모가들‡의 잘려진 머리가 런던 거리에 전시된 것이 불과 1820년

---

* 1806~1873. 영국의 경제학자.

† 1813~1851. 몬테네그로의 신정정치 전통에 따라 페타르 2세가 되어 1833년에서 1851년의 기간 동안 주교군주로 통치했다.

‡ 런던의 유명한 급진파 인물 아서 티슬우드가 이끈 조그만 단체로 이들이 마지막으로 모임을 가진 거리 이름을 따서 붙은 명칭. 1820년 이들은 산업화 이후 소요 등으로 사회가 어지러워지자 이를 잠재우기 위해 영국 정부가 억압 정책을 시행하는 것에 반발, 카토가의 한 은신처에서 각료 전원을 암살하고 정부를 전복하려는 음모를 꾸미다, 첩보를 입수한 경찰에 전원 체포되어 재판을 받고 교수형을 당했다.

이라는 것을 감안하면 그것은 가히 격세지감을 느낄 만한 일이었다.[7]

19세기에 영국, 스칸디나비아, 독일에서 공개처형이 감소한 것은 비단 '문명적인 신사고'와 새로운 산업 장비가 등장한 때문만은 아니었다. 그것은 무질서한 군중과 쉽게 달아오르는 군중심리에 대한 당국의 불안감이 반영된 것이기도 했다. 남동부유럽과 같은 농촌 사회에는 이와는 다른 도덕적, 기계적, 정치적 세계가 존재했다. 오스만 정부만 해도 폭도들에 대한 불안감 없이 본보기용으로 얼마든지 공개처형을 실시했다. 그러면서도 오스만 정부는 사람의 시체를 외과 실험이나 해부에 사용하는 유럽인들의 행위는 신성 모독적이고 비도덕적인 행위로 간주했다. 블라디카 페타르가 윌킨슨의 제안을 현실성이 없는 것이라며 정중히 거절한 것은, 오스만의 그 같은 관행으로 자신의 친족이 최근 살해당한 것에 복수해야 할 의무를 그 스스로 느꼈기 때문이었다.[8]

몬테네그로의 한 노부인은 최근 한 탐방자에게 농촌의 궁핍함과 명예심 사이의 긴밀한 관계를 이렇게 말해주었다. "우리는 가난할지 몰라도 명예는 지키며 삽니다." 서방인들이 개개인의 통제력을 높이 사는 반면, 비서방인들은 가족의 명예를 지키는 것을 소중히 여겼다. 농촌 사회는 공식적으로나 비공식적으로나 비잔티움시대 이래 줄곧 집단적 책임감과 처벌로 삶을 규정해왔다. 징벌은 설사 그것이 국가가 행하는 것이라 해도 가족구성원의 누군가가 저지른 범죄의 책임은 곧 가족에게 있다는 대중의 오랜 관념을 반영한 것이었다. 19세기 세르비아의 농민들만 해도, 늘어나는 범죄를 뿌리 뽑을 요량으로 범죄인과 범죄인 가족 전체를 특별 유형지로 보냈던 것이다. 산적방지법을 적용할 때도 흔히 산적만 추방하는 게 아니라, 산

적의 친족까지 함께 추방했다.[9]

하지만 현대의 정치인들은 폭력을 집단적, 가족적, 대중적인 것이 아닌 개별적, 사적, 비개인적인 것으로 보고, 폭력에 대한 새로운 규범을 적용했다. (다른 곳에서와 마찬가지로 발칸에서도) 현대 국가의 건설은 곧, 임의적 기관들에 분산돼 있던 폭력, 징벌, 입법의 행위를 그들에게서 빼앗아, 공권력의 손에 집중시켜주는 것을 의미했다. 1920년대 그리스의 한 저널리스트 말을 빌면, 그들에게 국가는 "모든 사람과 모든 것 위에 존재한다는 것을 보여줄 의무"가 있는 정체였다. 정규군이 민간군을 대체했고, 동네 법정과 관습을 대신하여 사법기관이 들어섰으며, 산적도 소탕되었다. 부족법이 세력을 떨치고 있던 몬테네그로에서는 블라디카 페타르 2세의 계승자 다닐로 페트로비치D. Petrovic*가 1851년 법률을 새로 제정하여—윌킨슨의 첫 간섭이 있은 지 10년도 채 못 되어—목 베는 행위를 금지시켰다. 또한 그는 나라의 부족들을 하나로 결속시키는 데 방해가 된 종족 간의 혈투도 법으로 금지시켰다.[10]

새로운 가치 체계의 승리는 단번에 이루어지지도 않았고 완벽하게 이루어지지도 않았다. 제2차 세계대전 때, 특히 야세노바치 포로 수용소에서 크로아티아 우스타샤가 유대인과 세르비아인들에게 자행한 학살, 1940년에서 1941년 사이 루마니아 철위단이 자행한 학살은 사고방식과 기술에 있어 새것과 옛 것이 혼합된 전형적인 방식이었다. 1947년 그리스 내전이

---

* 1826~1860. 일명 다닐로 2세, 페타르 2세의 조카로 그가 죽은 뒤 주교군주직을 계승했으나 이후 주교군주제를 폐지하고 군주의 자리에 올라 1852년에서 1860년까지 몬테네그로를 통치했다.

한창 진행 중일 때 런던의 「데일리 미러Daily Mirror」는 말 탄 국왕과 병사들이 반군들의 잘려진 머리를 들고 행진하는 것에 격분하여 그 사진을 신문 제 1면에 싣기도 했다. 그 기사의 제목으로 쓰인 '값싼 머리들Heads are Cheap'은 경찰과 정규군이 자행한 '잔인무도한 행위'를 극명하게 보여준 것이었다. 그리스 정부는 사실, 잘려진 머리들을 전시하지 말고, 죽은 게릴라들의 신원을 확인하는 차원에서 사진을 이용하라는 지시를 미리 내려 두었었다. 이런 막후에서 '잔학함'이라는 용어가 사용되는 것에 대해 영국 관리들은 개탄을 금치 못했다. 그들은 이렇게 말했다. "죽은 죄인의 유체를 전시하는 것은 비단 그리스에만 국한된 것이 아니었고, 이런 방법은 겁에 질린 대중에게 이름 높은 살인자가 죽었다는 것을 보여주기 위해 평시에도 이용되었다." 치안이 좋지 않은 곳에서는 목 베는 행위가, 희생자가 죽었다는 것을 입증하는 동시에 살해자의 용기나 국가의 힘을 옹호해주는 수단으로도 이용되었다. 미국의 현상금 사냥꾼들도 익히 알고 있었듯이, 시체 전체를 운반하는 것은 성가신 일이었고 카메라는 비쌌다. 게다가 머리들은 값이 싸다는 것 외에, 가격이 정해져 있었기 때문에 금전적 가치도 있었다.[11]

그렇다면 발칸에는 정말 잔인함을 즐기는 특별한 취미가 있어 그것이 현대까지 계속 이어져온 것일까? 그것은 아마 잔인함을 어떻게 보느냐의 시각에 달린 문제일 것이다. 누군가는 그와는 전혀 다른 이야기를 할 수도 있기 때문이다. 발칸에는 1880년과 1920년 사이 미국에서 횡행한 폭도들의 사형私刑과 같은 인종적 폭력이라든지, 미국과 그 밖의 다른 곳에서 노동 시위로 촉발된 계급 폭력 같은 것이 없었다. 서유럽에도 혁명적 폭력이라는 폭력에 대한 서유럽 특유의 신화 ─조르주 소렐로부터─

가 있었고, 서유럽에서 그 영향은 대륙의 남동부 귀퉁이와는 비교할 수 없을 정도로 컸다. 그런데도 서유럽의 폭력은 보통 야만적인 아닌 영웅적인 것으로 간주되었다. 1930년에서 1960년 사이 좌우익 간에 자행된 정치 폭력도 따지고 보면 발칸이나 다른 지역이나 다를 것이 없었다. 전후 불가리아와 소련 감옥을 비교해봐도 그렇고, 내전 후 그리스와 에스파냐를 비교해봐도 그것은 마찬가지였다.

정치 이외의 문제에서도 발칸은 다른 나라보다 특별히 자국민들을 더 많이 죽이거나 투옥하지 않았다. 1100만 명의 용의자와 200만 명의 수감자를 가진 미국이나 거대한 수감 인구를 자랑하는 러시아와 비교하면 당대의 남동부유럽은 차라리 인간적으로 보일 정도였다. 1994년 미국의 수감자 수는 인구 10만 명당 554명이었던 반면, 루마니아는 195명, 마케도니아는 63명, 그리스는 16명이었다. 또한 수감자 중 사법적 처형이 예상되는 사람은 단 한 사람도 없었던 발칸과 달리 미국은 해마다 수십 명의 수감자들이 전기의자나 독극물로 목숨을 잃었다. 그리고 현재의 발칸 국가들이 다른 나라들보다 특별히 더 잔인하다는 것을 주장할 수 없는 입장이라면, 그들 사회를 비난하는 처사 역시 온당치 못하다. 발칸의 범죄율은 유럽 기준을 넘어서지 않고 있으며, 폭력범죄율은 범죄율 중에서도 가장 낮은 상황이다. 알코올 또한 개신교 유럽 지역에서처럼 폭력이나 인종적 증오로 발전하지 않았다.[12]

그런데도 서방 관측통들은 발칸이 피에 굶주렸다는 증거를 제시할 때면 종종 19세기 낭만주의적 민족주의자들이 만들어놓은 신화를 영원불멸의 진실로 받아들이는 우를 범하곤 했다. 아일랜드에서 폴란드에 이르기까지 유럽대륙의 시적 몽상가들은 늘 부활, 희생, 나라의 미래를 위해 피 흘리는 꿈을 꾸었고, 그 같은 장르의 시로 발칸의 대표적인 작품이 『산의 화환*The Mountain Wreath*』이다. 하지만 1세기 반 전 몬테네그로의 무슬림들에게 가해진 멸종을 미화한 이 작품도 알고 보면 역사적 사실이 아니라 블라디카 페타르 네고스_Njegos_*의 시적 상상력에서 나온 산물이었다. 요컨대 이 시는 몬테네그로에서 1세기 넘게 진행된 무슬림들의 점진적 이탈에 관한, 실제로는 그다지 잔혹하지 않았던 이야기를 영웅적 잔혹함으로 찬양하고 있는 것이다. 20세기에 등장한 코소보 전설도 이와 비슷하게 오도된 면이 있어, 편견은 중세에만 있는 것이 아니라 현대에도 있다는 것을 여실히 보여주었다. 이 두 경우 모두, 유혈과 민족적 통일에 대한 발칸 서사시가 등장한 것은 지극히 당연한 일이었다. 국가 건설 과정이 큰 부담으로 다가온 19세기에도 발칸에서는 이 같은 서사시가 등장했기 때문이다. 태곳적 과거가 아닌 근래의 이것이야말로, 그들에게는 극단적 인종성의 원천이었던 것이다.[13]

게다가 걸프전에서 처음 드러났듯이 서구는 이제 전쟁을 하나의 구경거리로 여기게 되었다. 나토는 코소보와 세르비아 내전 개입을 계기로, 전쟁도 이제는 양측에 최소한의 사상자를 내면서 치를 수 있다는 것을 서구 대중에게 보여주기 위해 비인간적인 원격 기술을 사용했다. 이 같은 방식으로 전쟁 자체는 이전 시대의 사회적 폭력이 그러했듯이 비인간화가 된 것이 사실이다. 발칸의 폭력을 원시적이고 비현대적인 것으로 몰아세우는

---

* 즉 페타르 2세.

238

서구의 태도는, 그것과 거리를 두려고 서구가 사용하는 한 가지 방식이 되었다. 하지만 알고 보면 인종 청소는 발칸에만 있는 특수 현상이 아니었다. 히틀러 전쟁이 치러지는 동안과, 전쟁이 끝난 바로 직후 중동부유럽의 많은 지역에서도 인종 청소는 일어났다. 1940년대만 해도 독일인, 폴란드인, 우크라이나인, 그 밖의 많은 종족의 죽음과 이주를 수반한 50건 이상의 강요된 인구 이동이 있었다. 따라서 최근의 인종 청소와 같은 이 같은 만행의 뿌리는 발칸인들의 사고 체계에서 찾을 게 아니라, 현대 기술자원으로 치르는 내전에서 찾을 일이다. 국가 간 전쟁과 달리 내전은 사회를 통합시키지 못한다(그 점에 있어 제2차 세계대전은 영국 사회의 통합에 일조했다). 통합시키기는커녕 눈에 안 보이는 긴장과 골을 더욱 깊게 만들어, 사회제도와 국가제도가 절단이 날 때까지 피 터지게 싸우게만 할 뿐이다.[14]

폭력의 징후가 잠시라도 사라지면 발칸의 모습은 어떻게 될까? 남동부유럽에는 여전히 평화를 심각하게 저해하는 요소, 그 어느 지역보다 평화를 심각하게 위협하는 요소가 존재해 있다. 키프로스 문제로 더욱 악화된 터키-그리스 관계는 언제 개선될지 기약할 수 없는 상태고, 나토의 코소보 공습도 하나의 문제(코소보 알바니아인들에 대한 세르비아의 박해)는 해결했으나, 그로 인해 또 다른 문제들(세르비아인들에 대한 알바니아의 박해와, 알바니아, 마케도니아, 세르비아, 코소보 간의 새로운 관계)만 파생되었을 뿐이다. 게다가 국가 건설이 최근에 비약적으로 이루어졌듯, 인종적 민족주의 또한 강하게 살아남아 있고, 시민적 전통은 세계의 그 어느 지역보다 취약한 상태다. 그럼에도 불구하고 발칸은 유고슬라비아만 1990년대에 그곳 자체의 문제로 전쟁에 말려들었을 뿐, 나머지 국가들은 비교적 순조로운 행로를 밟아왔다. 이따금씩 그리스인들 입에서 터져 나오는 '에피루스 북부'(즉 알바니아 남부)에 관한 말이나, 불가리아인들이 '마케도니아'에 대해 갖고 있는 꿈, 베사라비아와 몰도바에 대한 루마니아인들의 향수도 지금은 그저 1세기 전 전쟁과 침략의 원인이 된 흐릿하고 의미 없는 문제들의 메아리에 불과할 뿐이다. 다시 말해 그곳의 정치는 이제 더 이상 영토확장과 민족의 영광에 이끌리지 않게 되었다는 말이다.

　냉전 기간 동안에 일어난 사회경제적 혁명으로 발칸은 많은 변화를 겪었다. 그중 가장 중요한 도시, 산업—지금은 후기산업—사회로의 변화는 일상적 삶의 형태에 근본적인 변화를 초래했고, 국내 정치 엘리트들에게는 새로운 도전을 안겨주었다. 냉전 종식은 발칸에, 유럽연합, 나토, 유럽안보협력회의CSCE(지금은 유럽안보협력기구OSCE로 개칭)와 같은 중요한 국제기관들에서 그 가치가 분명히 드러나고 있듯, 또 다른 유럽에 참여할 수 있는 기회를 제공해주었다. 그 밖에 냉전 종식은 또 지리적 변화도 가져다주었다. 발칸은 흑해, 구소련, 중앙아시아를 포괄하는 확장된 시장의 중심에 위치해 있음으로써, 오스만제국 시대 이래 가장 넓은 지역에서 교역할 가능성이 생겨났기 때문이다. 간단히 말해 남동부유럽이 현재 안고 있는 문제점과 전망은, 과거의 그것들과는 판이하다는 것이다. 하지만 딜레마는 이런저런 모양새로 다른 유럽 국가들의 그것과 크게 다르지 않다. 딜레마란 가령 이런 것들이다. 옛 복지제도와 글로벌 자본주의라는 경쟁적 힘을 어떻게 조화시킬 것인가, 오염에서 자연환경을 안전히 지키면서 에너지를 적절히 공급할 수 있는 방책은 무엇인가, 농촌적 삶이 완전히 쇠퇴하는 것을 막으면서, 조직 범죄의 온상이 되는 것을 막고 민주주의를 꽃피게 해줄 경제 번영의 묘책은 어떻게 찾을 것인가. 발칸의 역사를 바로 이해하고 있다면 앞에 놓인 가능성의 실체도 아마 훤히 드러날 것이다.

감사의 말

먼저 나를 프린스턴대학교에 2년간 머물면서 여러 고명한 친구, 교수들과 교우할 수 있는 기회를 마련해준 필 노드에게 깊은 감사의 말씀을 드리고 싶다. 특히 피터 브라운, 마르와 엘쉐크리, 로라 엥겔스타인, 빌 조던, 티아 콜바라, 리즈 런베크, 아노 메이어, 켄 밀즈, 기안 프라카쉬는 이 책의 집필과 관련해 조언과 권고, 비평을 아끼지 않은 무척 고마운 분들이다.

몰리 그린, 히스 로워리도 참을성 있게 오스만제국의 현실을 내게 일깨워주었다. 여러 값진 제안과 비평을 해준 폴리메리스 보그릴리스, 디미트리스 리바니오스에게도 감사의 마음을 전한다.

런던에서는 피터 맨들러의 도움과 권고가 커다란 힘이 되었고, 요한나 웨버도 힘찬 격려와 더불어 내가 쓴 문장 하나하나를 꼼꼼히 읽으며 주의를 기울여주어, 뭐라 고마운 마음을 전해야 할지 모를 지경이다. 니콜라스 덕스와 토니 몰호는 컬럼비아대학교와 브라운대학교에서 내게 의견을 개진할 수 있는 기회를 제공해주었고, 퍼거스 브렘너도 신선하고 영양가 있는 아이디어로 내 마음을 살찌워주었다.

그런가 하면 영국 학사원과 레버흄 트러스트는 후한 재정적 지원으로 이 책의 출간을 도와준 기관들이다. 디미트리 곤디카스는 다년간에 걸쳐 프린스턴대학교의 그리스학센터를 연구와 지적 교류의 중심지로 변모시킨 사람인데, 그런 의미에서 나의 변함없는 고마움, 존경, 깊은 애정을 담아 이 책을 그에게 바친다.

주
◇◇

프롤로그

1   Friedrich Nietzsche, *The Gay Science*, cited in M. Todorova, Imagining the Balkans (New York, 1997), p. 19.

2   Warrington W. Smyth, *A Year with the Turks* (New York, 1854), p. 169.

3   Earl of Albemarle (George Keppel), *Narrative of a Journey Across the Balcan* (London, 1831); M. von Tietz, *St. Petersburgh, Constantinople and Napoli di Romania in 1833 and 1834* (New York, 1836), p. 91; Lt.-Gen. A. Jochmus, "Notes on a Journey into the Balkan, or Mount Haemus in 1847", *Journal of the Royal Geographical Society* 24 (1854), pp. 36~86; E. Ollier, *Cassell's Illustrated History of the Russo-Turkish War* (London, n.d.), vol. 2, p. 15.

4   P. Vidal de la Blache and L. Gallois, *Geographie Universelle* (Paris, 1934), vol. 7, no. 2, pp. 395~396; J. Pinkerton, *Modern Geography: A Description of the Empires, Kingdoms, States and Colonies, with the Oceans, Seas and Isles in All Parts of the World* (London, 1802), vol. 1, p. 461; Jochmus, "Notes", p. 64. 그 지역 최초의 기록은 아마 D. Filippides and G. Konstantas's 1791 *Geografia neoteriki*일 것이다. A. Koumarianou (Athens, 1988) 편집 작품을 참조하라.

5   Rhigas in R. Clogg, ed., *The Movement for Greek Independence, 1770~1821* (London, 1976), pp. 157~163. E. A. Freeman, "Race and Language", *Contemporary Review* 29 (1877), pp. 711~741.

6   Cf. Ami Boué, *Recueil d'itineraires dans la Turquie d'Europe* (Vienna, 1854), vol. 2, pp. 327~332; H. F. Tozer, *Researches in the Highlands of Turkey* (London, 1869), vol. 1, pp. 393~397; Saint-Marc Girardin cited in T. G. Djuvara, *Cent projets de partage de la Turquie* (1281~1913) (Paris, 1914), p. 496.

7   F. Crousse, La Péninsule greco-slave (Brussels, 1876); T. Fischer, *Mittelmeerbilder* (Leipzig, 1906), p. 44; D. M. Brancoff (Dimitur Mishev), *La Macedoine et sa population chretienne* (Paris, 1905), p. 3; J. R. Marriott, *The Eastern Question: An Historical Study in European Diplomacy* (Oxford, 1917), p. 21.

8   H. de Windt, *Through Savage Europe* (London, 1907), p. 15; Todorova, *Imagining the Balkans*, p. 122.

9   R. West, *Black Lamb and Grey Falcon* (London, 1943), vol. 1, p. 23.

10 E. Christiansen, *The Northern Crusades* (London, 1997), p. 2; 유럽에 대한 무슬림 성전의 두 가지 국면에 대해서는 다음을 참조하라. B. Lewis, *The Muslim Discovery of Europe* (New York, 1982), pp. 20~28; K. M. Setton, *Prophecies of Turkish Doom* (Philadelphia, 1992), p. 4.

11 Setton, *Prophecies of Turkish Doom*, and K. M. Setton, *Europe and the Levant in the Middle Ages and the Renaissance* (London, 1974); Knolles cited in Lewis, *The Muslim Discovery of Europe*, p. 32; 무슬림과 투르크인을 동일하게 보는 시각에 대해서는 다음을 참조하라. N. Matar, *Islam in Britain, 1558~1685* (Cambridge, 1998), p. 21.

12 L. Valensi, *Venezia e la Sublima Porta: La nascita del despota* (Bologna, 1989), pp. 41, 44; L. Stavrianos, *The Balkans since 1453* (New York, 1965), pp. 74~75.

13 Matar, *Islam in Britain*, pp. 14, 22.

14 A. Pippidi, "La Decadence de l'Empire ottoman comme concept historique, de la Renaissance aux lumi res", *Revue des Etudes Sud-Est Européennes* 35, no. 1-2 (1997), pp. 5~19.

15 피피데도 지적하고 있듯, 반투르크 정서와 달리 다소 미약하기는 하지만 당대 유럽 사회에 비판적인 친투르크적 비평가들도 존재했는데, 그중 대표적 인물이 몽테스키외였다.

16 A. J. Evans, *Through Bosnia and the Hercegovina on Foot* (London, 1877), p. 89; H. Holland, *Travels in the Ionian Islands, Albania, Thessaly, Macedonia etc. during the Years 1812 and 1813* (London, 1815), pp. 69~70; *The War Correspondence of Leon Trotsky: The Balkan Wars, 1912~1913* (New York, 1981), pp. 58~59.

17 E. A. Freeman, *Ottoman Power in Europe* (London, 1877), p. 1; A. Oakes and R. B. Mowat, eds., *The Great European Treaties of the Nineteenth Century* (Oxford, 1918), p. 177; N. Sousa, *The Capitulatory Regime of Turkey: Its History, Origins, and Nature* (Baltimore, 1933), p. 162; J. C. Hurewitz, "Ottoman Diplomacy and the European State System", *Middle East Journal* 15 (1961), pp. 141~152.

18 Anon. (Lord JR), *The Establishment of the Turkish Empire* (London, 1828), p. 27; R. G. Latham, *The Ethnology of Europe* (London, 1852), p. 6; R. G. Latham, *The Nationalities of Europe* (London, 1863), vol. 2, p. 69; E. Joy Morris, *Notes of a Tour through Turkey, Greece,*

Egypt, Arabia Petraea to the Holy Land (Philadelphia, 1842), vol. 1, p. 48; E. Durham, *The Burden of the Balkans* (London, 1905), p. 104.

19 Boué, Recueil d'itineraires, vol. 2, p. 331; 발칸 국가들에서 추방당한 무슬림에 대해서는 A. Toumarkine, *Les Migrations des populations musulmanes balkaniques en Anatolie* (1876~ 1913) (Istanbul, 1995)를 참조하라. 균형 감각이 떨어지는 것과 반대한 내용이 담긴 사료는 다음을 참조하라. J. McCarthy, *Death and Exile: The Ethnic Cleansing of Ottoman Muslims, 1821~1922* (Princeton, N.J., 1995); 터키어 사용의 감소는 B. Lory, "Parler le turc dans les Balkans ottomans au XIXe siècle", in F. Georgeon and P. Dumont, eds., *Vivre dans l'Empire ottoman* (Paris, 1997), pp. 237~245를 참조하라; 사적지 파괴에 대한 내용은 M. Kiel, *Studies on the Ottoman Architecture of the Balkans* (Aldershot, Eng., 1990)에 잘 나와 있다.

20 F. Moore, "The Changing Map of the Balkans", *The National Geographic Magazine* (February 1913), pp. 199~226.

21 J. V. de la Roiere, *Voyage en Orient* (Paris, 1836), p. 23; *War Correspondence of Trotsky*, p. 272.

22 Marriott, Eastern Question, p. 3; O. Halecki, *The Limits and Divisions of European History* (New York, 1962), pp. 47, 77~78.

23 T. Zhivkov cited in M. Kiel, *Art and Society of Bulgaria in the Turkish Period* (Maastricht, 1985), p. 34, n. 1

24 이 문제에 대한 체계적 이론으로 내게 도움을 많이 준 디미트리스 리바니오스D. Livanios에게 감사드린다.

제1장

1 F. Braudel, *The Mediterranean* (London, 1972), vol. 1, pp. 25~53.

2 M. Newbigin, *The Mediterranean Lands* (London, 1924), p. 46; M. Adelaide Walker, *Through Macedonia to the Albanian Lakes* (London, 1864), p. 87.

3 A. J. Evans, *Through Bosnia and the Herzegovina on Foot* (London, 1877), p. 359; M. Djilas, *Land without Justice: An Autobiography of His Youth* (New York, 1958), p. 79.

4 A. Kinglake, *Eothen* (Oxford, 1982), p. 22.

5 M. von Tietz, *St. Petersburgh, Constantinople and Napoli di Romania in 1833 and 1834* (New York, 1836), p. 96.

6 H. F. Tozer, *Researches in the Highlands of Turkey* (London, 1869), vol. 1, p. 382.

7 T. Stoianovich, *Balkan Worlds: The First and Last Europe* (New York, 1994), p. 107.

8 M. Zdraveva, "The Menzil Service in Macedonia, Particularly around Bitolj, in the Period of Turkish Domination", *Etudes Balkaniques* 2 (1995), pp. 82~88; J. A. Blanqui, *Voyage en*

Bulgarie pendant l'année 1844 (Paris, 1845), pp. 102~103; Kinneir cited by Tozer, *Researches*, vol. 1, p. 150; Walker, *Through Macedonia*, p. 131; D. Warriner, ed., *Contrasts in Emerging Societies: Readings in the Social and Economic History of South-Eastern Europe in the Nineteenth Century* (London, 1965), p. 242; J. Baker, *Turkey* (New York, 1877), p. 389; the best study is B. Gounaris, *Steam over Macedonia, 1870~1912: Socio-Economic Change and the Railway Factor* (Boulder, Colo., 1993), esp. pp. 71~74.

9 J. C. Wagner, *Delineatio provinciarum pannoniae et imperii turcici in Oriente* (Augsburg, 1684), pp. 119~120; R. Halsband, ed., *The Complete Letters of Lady Mary Wortley Montagu*, vol. 1, 1708~1720 (Oxford, 1965), p. 340; K. Mihailovic, *Memoirs of a Janissary*, trans. B. Stulz (Ann Arbor, Mich., 1975), p. 163; E. S. Forster, ed., *The Turkish Letters of Ogier Ghiselin de Busbecq* (Oxford, 1927), p. 108.

10 Tietz, *St. Petersburgh*; J. K. Vasdravellis, *Klephts, Armatoles and Pirates in Macedonia during the Rule oh the Turks* (1627~1821) (Thessaloniki, 1975), pp. 98~100.

11 *Messager d'Athenes*, June 9, 1925.

12 K. Karpat, *Ottoman Population, 1830~1914* (Madison, Wisc., 1985), pp. 4~5, 22~23; J. Lampe and M. Jackson, *Balkan Economic History, 1550~1950* (Bloomington, Ind., 1982), p. 281; Ramberti, in L. Villari, *The Republic of Ragusa: An Episode of the Turkish Conquest* (London, 1904); W. Lithgow, *Rare Adventures and Painefull Peregrinations* (1632; reprint, London, 1928), p. 105.

13 기독교인들의 귀향에 관한 부분은 H. Lowry, "The Island of Limnos: A Case Study on the Continuity of Byzantine Forms under Ottoman Rule", in H. Lowry, *Studies in Defterology* (Istanbul, 1992), pp. 181~209를 참조하라.

14 *The Negotiations of Sir Thomas Roe in His Embassy to the Ottoman Porte from the Year 1621 to 1628 Inclusive...* (London, 1740), p. 427; K. Kostis, *Ston kairo tis panolis* (Heraklion, Greece, 1995); D. Panzac, *La Peste dans l'Empire ottoman, 1700~1850* (Louvain, Belgium, 1985), esp. pp. 64~66.

15 이에 대한 최고의 기록은 M. Todorova, "Les Balkans", in J.-P. Bardet and J. Dupaquier, eds., *Histoire des populations de l'Europe* (Paris, 1998), vol. 2, pp. 465~487에서 찾아볼 수 있다. 장기간의 인구 동향에 대해서는 C. McEvedy and R. Jones, *Atlas of World Population History* (London, 1978), pp. 19, 95~99, 110~115를 참조하라. 발칸 지역 인구에 관해서는, 19세기 내용을 포함한 M. Palairet, *The Balkan Economies, c. 1800~1914: Evolution without Development* (Cambridge, 1997), pp. 6~14를 비롯하여 다음 사료도 눈여겨보라. H. Inalcik and D. Quataert, eds., *An Economic and Social History of the Ottoman Empire, 1300~1914* (Cambridge, 1994), p. 652; Royal Institute of International Affairs, *Southeastern*

Europe (London, 1940), p. 85.

16   Warriner, Contrasts, p. 142; K. Hitchins, *The Romanians, 1774~1866* (Oxford, 1996), p. 173.

17   A. Wace and M. Thompson, *The Nomads of the Balkans* (London, 1914), p. 33.

18   A. Goff and H. A. Fawcett, *Macedonia: A Plea for the Primitive* (London, 1921), pp. xiv~xv, 8.

19   Stoianovich, *Balkan Worlds*, pp. 248~249; 왈라키아 농민의 오두막에 대해서는 Tietz, *St. Petersburgh*, p. 78, 불가리아 농가에 대해서는 H. Pernot, ed., *Voyage en Turquie et en Grece de Robert de Dreux* (Paris, 1925), p. 95를 각각 참조하라. 오스만 시계에 대한 내용은 히스 로우리H. Lowry의 도움을 받았다.

20   T. Stoianovich, "Land Tenure and Related Sectors of the Balkan Economy", in T. Stoianovich, *Between East and West: The Balkan and Mediterranean World* (New Rochelle, N.Y., 1992), vol. 1, pp. 1~15.

21   P. Sugar, "The Least Affected Social Group in the Ottoman Balkans: The Peasantry", in S. Vryonis, ed., *Byzantine Studies: Essays on the Slavic World and the Eleventh Century* (New York, 1992), pp. 77~87.

22   B. McGowan, *Economic Life in Ottoman Europe: Taxation, Trade and the Struggle for Land, 1600~1800* (Cambridge, 1981), pp. 54~55.

23   비잔티움시대의 지세地稅가 오스만제국시대에도 계속 이어져온 내용은 다음을 참조하라. S. Vryonis, "Byzantium and Islam: Seventh-Seventeenth Century", in *Byzantine Studies* IX: pp. 234~235; Inalcik and Quataert, *Economic and Social History*, p. 159.

24   Cited by S. Fischer-Galati, ed., *Man, State and Society in East European History* (New York, 1970), p. 73.

25   G. Veinstein, "On the Ciftlik Debate", in C. Keydar and F. Tabak, eds., *Landholding and Commercial Agriculture in the Middle East* (Albany, N.Y. 1991), pp. 35~57; T. Stoianovich, "Balkan Peasants, Landlords and the Ottoman State", in op. cit., pp. 15~39; Inalcik and Quataert, *Economic and Social History*, p. 45; 그리스 기독교인에 대해서는 G. Veinstein, "Le Patrimoine foncier de Panayote Benakis, Kocabasi de Kalamata", in G. Veinstein, *Etat et société dans l'Empire ottoman, XVIe~XVIIIe siècles* (Aldershot, Eng., 1994), vol. 3, pp. 211~233을 참조하라.

26   J. R. McNeill, *The Mountains of the Mediterranean World: An Environmental History* (Cambridge, 1992), pp. 89~90; M. E. Durham, *Some Tribal Origins, Laws and Customs of the Balkans* (London, 1928), p. 273.

27   Kantemir quoted in Warriner, Contrasts, p. 128; B. Brue, *Journal de la campagne que le Grand Vezir Ali Pacha a faite en 1715 pour la conquete de la Morée* (Paris, 1870), p. 38.

28 J. Koliopoulos, *Brigands with a Cause: Brigandage and Irredentism in Modern Greese, 1821~1912* (Oxford, 1987), p. 239; D. Urquhart, *The Spirit of the East, Illustrated in a Journal of Travels through Roumeli during an Eventful Period* (London, 1838), vol. 2, p. 150.

29 Urquhart, *Spirit of the East,* vol. 2, pp. 157, 162~163.

30 McGowan, *Economic Life,* p. 65; F. Adanir, "Tradition and Rural Change in Southeastern Europe during Ottoman Rule", in D. Chirot, ed., *The Origins of Backwardness in Eastern Europe* (Berkeley, 1989), p. 135.

31 리크는 Inalcik and Quataert, *Economic and Social History,* p. 689를 인용하고 있다.

32 H. Lowry, "From Lesser Wars to the Mightiest War: The Ottoman Conquest and Transformation of Byzantine Urban Centers in the Fifteenth Century", in Lowry, *Studies in Defterology,* pp. 47~65.

33 S. Vryonis, "Religious Change and Continuity in the Balkans and Anatolia from the Fourteenth through the Seventeenth Century", in S. Vryonis, ed., *Islam and Cultural Change in the Middle Ages* (Wiesbaden, 1975), pp. 130~132.

34 Cf. M. Kiel, *Studies on the Ottoman Architecture of the Balkans* (Aldershot, Eng., 1990), introduction; and S. Curcic and E. Hadjitryphonos, eds., *Secular Medieval Architecture in the Balkans, 1300~1500, and Its Preservation* (Thessaloniki, 1997). 각 도시의 인구수에 대해서는 "Istanbul", *Encyclopaedia of Islam,* vol. 4, p. 226~246을 참조하라. 그 밖의 다른 도시들에 대해서는 J. de Vries, *European Urbanization, 1500~1800* (Cambridge, Mass., 1984), pp. 270~287; Lithgow, *Rare Adventures,* p. 179; Halsband, *Complete Letters,* vol. 1, p. 354를 참조하라.

35 T. Stoianovich, "Model and Mirror of the Premodern Balkan City", in T. Stoianovich, *Between East and West: The Balkan and Mediterranean Worlds,* vol. 2, *Economies and Societies* (New Rochelle, N.Y., 1992), p. 108; see also his "The Conquering Balkan Orthodox Merchant", in ibid., pp. 1~77.

36 Stoianovich, *Balkan Worlds,* p. 75; *Negotiations of Sir Thomas Roe,* p. 67; Tietz, *St. Petersburgh,* p. 79; J. J. Best, *Excursions in Albania* (London, 1842), p. 188; Warriner, *Contrasts,* p. 146; H. Andonov-Poljansky, ed., *British Documents on the History of the Macedonian People* (Skopje, 1968), vol. 1, p. 287.

37 Stoianovich, *Balkan Peasants, Landlords,* p. 30.

38 Stoianovich, *Balkan Peasants, Landlords,* p. 38, n. 80; Evans, *Through Bosnia,* pp. 334~336.

39 Blanqui in Warriner, *Contrasts,* pp. 216, 244; W. Smyth, *A Year with the Turks* (New York, 1854), p. 224.

40 J. K. Campbell, *Honour, Family and Patronage* (Oxford, 1964), p. 15.

41 R. Bicanic, *How the People Live: Life in the Passive Regions* (Amherst, Mass., 1981), p. 52; Lampe and Jackson, *Balkan Economic History*, pp. 193~194; H. L. Roberts, *Rumania: Political Problems of an Agrarian State* (New York, 1969), pp. 3~9.

42 C. Bracewell, *The Uskoks of Senj: Piracy, Banditry and Holy War in the Sixteenth Century Adriatic* (Ithaca, N.Y., 1992), p. 31; Djilas, *Land without Justice*, pp. 142, 201.

43 Warriner, Contrasts, p. 298; Palairet, *Balkan Economies*, p. 122; 발칸의 마을들에 대해서는 N. Iorga, *Etudes Byzantines* (Bucharest, 1939), vol. 1, p. 172를 참조하라.

44 A. Hulme Beaman, *Twenty Years in the Near East* (London, 1898), p. 121

45 Bicanic, *How the People Live*, pp. 121~123; K. Mandelbaum, *The Industrialisation of Backward Areas* (Oxford, 1945), p. 2.

46 S. Runciman, "Balkan Cities—Yesterday and Today", in D. W. Hoover and J. Koumoulides, eds., *Cities in History* (Muncie, Ind., 1977), pp. 1~13.

제2장

1 M. Avgerinos, *Makedonika apomnimonevmata* (Athens, 1914), p. 10.

2 E. Durham, *The Burden of the Balkans* (London, 1905), pp. 143~144.

3 H. N. Brailsford, *Macedonia: Its Races and Their Future* (London, 1906), pp. 99~100.

4 H. Lowther to E. Grey, October 2, 1912, in B. Destani, ed., *Albania and Kosovo: Political and Ethnic Boundaries, 1867~1946* (London, 1999), p. 292.

5 P. Charanis, "Ethnic Changes in Seventh-Century Byzantium", in P. Charanis, *Studies on the Demography of the Byzantine Empire: Collected Studies* (London, 1972), pp. 36~38.

6 D. Zakythinos, "Byzance et les peuples de l'Europe du sud-est: La synthése byzantine", in D. Zakythinos, *Byzance: Etat-société-economie* (London, 1973), vol. 6, p. 13; 루마니아의 그리스어 사용에 대해서는 다음 사료를 참조하라. S. Story, ed., *Memoirs of Ismail Kemal Bey* (London, 1920), p. 21; A. Smith, *Glimpses of Greek Life and Scenery* (London, 1884); A. Ducellier, *Oi alvanoi stin Ellada* (13os-15os aion.) (Athens, 1994).

7 See T. Stavrides, "The Ottoman Grand Vezir Mahmud Pasha Angelovic (1453~1474)" (Ph.D. diss., Harvard University, 1996).

8 C. H. Fleischer, *Bureaucrat and Intellectual in the Ottoman Empire: The Historian Mustafa Ali* (1541~1600) (Princeton, N.J., 1986), pp. 158~159; Symeon in M. Balivet, "Aux origins de l'islamisation des Balkans Ottomans", *Revue du Monde Musulman et de la Méditerranée 66, no. 4* (1992), p. 13; Sandys in S. Purchas, ed., Purchas His Pilgrimes (Glasgow, 1905), vol. 8, p.

123; H. C. Barkley, *Bulgaria before the War* (London, 1877), p. 179; W. Lithgow, *Rare Adventures and Painefull Peregrinations* (1632; reprint, London, 1928), p. 101; R. Halsband, ed., *The Complete Letters of Lady Mary Wortley Montagu, 1708~1720* (Oxford, 1965), p. 390.

9 R. Gradeva, "Ottoman Policy towards Christian Church Buildings", *Etudes Balkaniques* (1994), pp. 14~36; A. Handzic, *Population of Bosnia in the Ottoman Period* (Istanbul, 1994), p. 21.

10 H. F. Tozer, *Researches in the Highlands of Turkey* (London, 1869), vol. 1, p. 202; on Crete, see M. Greene, *A Shared World* (Princeton, N.J., 2000).

11 S. Vryonis, "Religious Change and Continuity in the Balkans and Anatolia from the Fourteenth through the Sixteenth Century", in S. Vryonis, ed., *Islam and Cultural Change in the Middle Ages* (Wiesbaden, 1975), pp. 127~141; P. Sugar, "The Least Affected Social Group in the Ottoman Balkans: The Peasantry", in S. Vryonis, ed., *Byzantine Studies: Essays on the Slavic World and the Eleventh Century* (New York, 1992), pp. 77~87; N. Sousa, *The Capitulatory Regime of Turkey: Its History, Origin, and Nature* (Baltimore, 1933), pp. 36ff.; R. Jennings, *Christians and Muslims in Ottoman Cyprus and the Mediterranean World, 1571~1640* (New York, 1993), p. 143.

12 N. Filipovic, "A Contribution to the Problem of Islamicisation in the Balkans under Ottoman Rule", in *Ottoman Rule in Middle Europe and Balkan in the Sixteenth and Seventeenth Centuries* (Prague, 1978), pp. 305~359; N. Todorov, "The Demographic Situation in the Balkan Peninsula (Late Fifteenth-Early Sixteenth Century)", in N. Todorov, *Society, the City and Industry in the Balkans, Fifteenth-Nineteenth Centuries* (Aldershot, U.K., 1998), vol. 6.

13 가톨릭과 정교회가 교류한 내용에 관해서는 다음을 참조하라. L. Hadrovics, *Le Peuple serbe et son eglise sous la domination turque* (Paris, 1947), esp. p. 25; K. T. Ware, "Orthodox and Catholics in the Seventeenth Century: Schism or Intercommunion?", in D. Baker, ed., *Schism, Heresy and Religious Protest* (Cambridge, 1972), pp. 259~276; G. Hoffmann, *Vescovadi Cattolici della Grecia* (Rome, 1937~1941), vols. 2~5.

14 T. H. Papadopoulos, *Studies and Documents Relating to the History of the Greek Church and People Under Turkish Domination* (Brussels, 1952), pp. 10~26; Hadrovics, *Le Peuple serb*, pp. 95~96. 밀레트제도에 대한 중요한 재평가 사료는 다음을 참조하라. P. Konortas, "From Ta'ife to Millet: Ottoman Terms for the Ottoman Greek Orthodox Community", in D. Gondicas and C. Issawi, eds., *Orthodox Greeks in the Age of Nationalism* (Princeton, N.J., 1999), pp. 169~181; B. Braude and B. Lewis, eds., *Christians and Jews in the Ottoman Empire: The Functioning of a Plural Society* (New York, 1982).

15 이것은 S. Runciman, *The Great Church in Captivity* (Cambridge, 1968), p. 180에 인용된

크루시우스Crusius의 말이다. 더불어 다음 사료도 참조하라. L. Stavrianos, *The Balkans since 1453* (New York, 1965), p. 181.

16 P. Mansel, *Constantinople: City of the World's Desire, 1453~1924* (London, 1995), p. 148; R. Abou-el-Haj, "Ottoman Diplomacy at Karlowitz", *Journal of the American Oriental Society* 87, no. 4 (1967), pp. 498~512; C. Mango, "The Phanariots and the Byzantine Tradition", in R. Clogg, ed., *The Struggle for Greek Independence* (London, 1973), p. 51.

17 Runciman, *Great Church*, p. 391; *Stavrianos, Balkans since 1453*, p. 225; A. J. Evans, *Through Bosnia and the Herzegovina on Foot* (London, 1877), pp. 267~268.

18 P. Kitromilides, "Cultural Change and Social Criticism: The Case of Iosipos Moisiodax", in P. Kitromilides, *Enlightenment, Nationalism, Orthodoxy: Studies in the Culture and Political Thought of Southeastern Europe* (Aldershot, Eng., 1994), p. 671, and his "'Balkan Mentality': History, Legend, Imagination", *Nations and Nationalism* 2, no. 22 (1996), pp. 163~191; C. Dawson, *The Making of Europe* (London, 1946), p. 147; S. Batalden, *Catherine II's Greek Prelate: Eugenios Voulgaris in Russia, 1771~1806* (Boulder, Colo., 1982); Mango, "Phanariots and Byzantine Tradition", pp. 41~67.

19 Lithgow, *Rare Adventures*, p. 76.

20 *New Martyrs of the Turkish Yoke* (Seattle, 1985), p. 321; Fleischer, *Bureaucrat and Intellectual*, pp. 62~63..

21 E. S. Forster, ed., *The Turkish Letters of Ghiselin de Busbecq* (Oxford, 1927), p. 136; H. Pernot, ed., *Voyage en Turquie et en Grece de Robert de Dreux* (Paris, 1925), p. 62; W. B. Stanford and E. J. Finopoulos, eds., *The Travels of Lord Charlemont in Greece and Turkey, 1749* (London, 1984), p. 39.

22 메초본의 니콜라오스에 대해서는 *New Martyrs*, pp. 185~187을 참조하라. 키프로스에 대해서는 다음을 참조하라. Jennings, *Christians and Muslims*, pp. 179~181; Tozer, *Researches*, vol. 2, p. 80; S. Lane Poole, *The People of Turkey* (London, 1878), vol. 2, p. 225.

23 M. E. Durham, *Some Tribal Origins, Laws and Customs of the Balkans* (London, 1928), pp. 244~261.

24 Boscovich cited in L. Wolff, *Inventing Eastern Europe* (Stanford, Calif., 1994), p. 175; W. Smyth, *A Year with the Turks* (New York, 1854), p. 22.

25 D. Loukopoulos, *Georgika tis Roumelis* (Athens, 1938), pp. 163~164; C. Bracewell, *The Uskoks of Senj: Piracy, Banditry and Holy War in the Sixteenth Century Adriatic* (Ithaca, N.Y., 1992), pp. 158~159, n. 12; Tozer, *Researches*, vol. 1, pp. 206~207; L. Edwards, ed., *The Memoirs of Prota Matija Nenadovic* (Oxford, 1969), p. 17.

26 G. Rouillard, *La Vie rurale dans l'Empire byzantine* (Paris, 1953), p. 199; 방법론적 관점에 대한 것은 다음 사료를 참조하라. V. Shevzov, "Chapels and the Ecclesial World of Prerevolutionary Peasants", *Slavic Review* 55, no. 3 (Fall 1996), pp. 584~613, and C. Chulos, "Myths of the Pious or Pagan Peasant in Post-Emancipation Central Russia (Voronezh Province)", *Russian History* 22, no. 2 (Summer 1995), pp. 181~216.

27 발리베트Balivet의 "Aux origins", p. 18에 인용된 것이다. 또한 W. Christian의 작품, 특히 *Local Religion in sixteenth-Century Spain* (Princeton, N.J., 1981)도 참조하라; Foster, *Busbecq*, pp. 136~137.

28 "함께 공유하며 사는 세상"에 대한 언급은 다음 사료에 나와 있다. M. Greene's new *A Shared World* (Princeton, N.J., 2000), N. Todorov, "Traditions et transformations dans les villes balkaniques avec l'instauration de l'Empire ottoman", in Todorov, *Society, the City*, vol. 3, p. 99; Jennings, *Christians and Muslims*, pp. 134, 142.

29 B. F. Musallam, Sex and Society in Islam (Cambridge, 1983); *Purchas, Purchas His Pilgrimes*, vol. 8, p. 276; N. Pantazopoulos, *Church and Law in the Balkan Peninsula during Ottoman Rule*, in *Epistimoniki epeterida: Anticharisma ston Nikolao I. Pantazopoulo* (Thessaloniki, 1986), vol. 3, pp. 327~329; Stanford and Finopoulos, Lord Charlemont, pp. 48~49. 기독교인의 이 같은 관습에 대해서는 17세기에 관한 Thevenot and Sir Paul Rycaut의 글 *The Present State of the Greek and Armenian Churches anno Christi, 1678* (New York, 1970)에도 잘 묘사돼 있다.

30 F. Babinger, *Mehmed the Conqueror and His Time* (Princeton, N.J., 1978), pp. 16~18; Story, *Memoirs of Ismail Kemal Pasha*, p. 38.

31 Jennings, *Christians and Muslims*, p. 29; Greene, *A Shared World*; C. Imber, "'Involuntary' Annulment of Marriage and Its Solutions in Ottoman Law", in C. Imber, *Studies in Ottoman History and Law* (Istanbul, 1996), p. 226.

32 R. Dankoff, trans., *The Intimate Life of an Ottoman Statesman Melek Ahmed Pasha (1588~ 1662), as Portrayed in Evliya Celebi's Book of Travels (Seyahat-Name)* (Albany, N.Y., 1991), pp. 249~250; see also Bracewell, *Uskoks*, pp. 181~182.

33 F. W. Hasluck, *Christianity and Islam under the Sultans* (Oxford, 1929), vol. 2, p. 554; Durham, *Burden of the Balkans*, p. 356.

34 Durham, *Burden of the Balkans*, p. 51.

35 *New Martyrs*, p. 39; Durham, *Some Tribal Origins*, pp. 290~291.

36 이것은 V. N. Dadrian, *The History of the Armenian Genocide* (Providence, R.I., 1995), p. 158에서 인용한 램지Ramsay의 말이다; M. von Tietz, *St. Petersburgh, Constantinople and*

Napoli di Romania in 1833 and 1834 (New York, 1836), p. 135에도 작자미상의 한 초기 여행자 말이 인용돼 있다; Jennings, *Christians and Muslims*, p. 101.

37 Gradeva, "Ottoman Policy Towards Christian Church Buildings", pp. 14~35; J. V. de la Roiere, *Voyage en Orient* (Paris, 1836), p. 273.

38 D. Warriner, ed., *Contrasts in Emerging Societies: Readings in the Social and Economic History of South-Eastern Europe in the Nineteenth Century* (London, 1965), p. 234.

39 S. Deringil, *The Well-Protected Domains: Ideology and the Legitimation of Power in the Ottoman Empire, 1876~1909* (London, 1999), p. 115.

40 "Martyrdom of Holy New Hieromartyr, Serafim, Bishop of Phanarion", in *New Martyrs*, p. 361.

41 F. Venturi, *The End of the Old Regime in Europe, 1768~1776* (Princeton, N.J., 1989), pp. 10~29.

42 G. Finlay, *The History of Greece under Ottoman and Venetian Domination* (London, 1861), pp. 323~324; 대수도원장 바를람의 말은 T. Prousis, *Russian Society and the Greek Revolution* (De Kalb, Ill., 1994), p. 6에 인용돼 있다; T. Blancard, *Les Mavroyeni* (Paris, 1909), vol. 3, pp. 84~85; 망고의 다폰테스에 대해서는 "Phanariots and Byzantine Tradition", p. 55를 참조하라.

43 C. Koumarianou, "The Contribution of the Intelligentsia towards the Greek Independence Movement, 1798~1821", in Clogg, *Struggle for Greek Independence*, p. 70.

44 P. Kitromilides, "The Enlightenment East and West: A Comparative Perspective on the Ideological Origins of the Balkan Political Traditions", in Kitromilides, *Enlightenment, Nationalism, Orthodoxy*, pp. 51~70; R. Clogg, "Aspects of the Movement for Greek Independence", in Clogg, *Struggle for Greek Independence*, p. 26.

45 Text in R. Clogg, ed., *The Movement for Greek Independence, 1770~1821* (London, 1976), pp. 157~163.

46 Clogg, "Aspects", pp. 25~29; Clogg, *Movement*, pp. 58~61, 89~90.

47 파이시 킬란다르스키는 Clogg, "Aspects", p. 21에 인용돼 있다; 루마니아의 계몽주의에 대해서는 다음을 참조하라. K. Hitchins, *The Rumanian National Movement in Transylvania, 1780~1849* (Cambridge, Mass., 1969).

48 P. Sugar and I. Lederer, eds., *Nationalism in Eastern Europe* (Seattle, 1969), pp. 105~106, 373~379, 401~402.

49 P. Kitromilides, "'Imagined Communities' and the Origins of the National Question in the Balkans", in Kitromilides, *Enlightenment, Nationalism, Orthodoxy*, pp. xi, 158.

50 C. Frazee, *The Orthodox Church and Independent Greece, 1821~1852* (Cambridge, 1969), p. 31.

51 C. Frazee, *The Orthodox Church and Independent Greece, 1821~1852* (Cambridge, 1969), p.

188; P. Ramet, ed., *Eastern Christianity and Politics in the Twentieth Century* (Durham, N.C., 1988), pp. 10~11.

52 선교사들에 대해서는 다음 사료를 참조하라. J. Clarke, *American Missionaries and the National Revival of Bulgaria* (1939; reprint, New York, 1971), pp. 233~234; Runciman, *Great Church*, p. 396.

제3장

1 P. B. Shelley, *Hellas*, 1822.

2 L. von Ranke, *The History of Servia and the Servian Revolution* (London, 1853), p. 365.

3 T. G. Djuvara, *Cents projets de partage de la Turquie* (Paris, 1914).

4 T. G. Djuvara, *Cents projets de partage de la Turquie* (Paris, 1914), pp. 278~305.

5 콜로코트로니스 장군의 말은 L. Stavrianos, *The Balkans since 1453* (New York, 1965), p. 212에 인용돼 있다; H. Temperley, *England and the Near East: The Crimea* (London, 1936), p. 57.

6 A. Suceska, "The Eighteenth Century Austro-Ottoman Wars' Economic Impact on the Population of Bosnia", in G. Rothernberg et al., eds., *East Central European Society and War in the Pre-Revolutionary Eighteenth Century* (New York, 1982), pp. 339~348; H. Andonov-Poljanski, ed., *British Documents on the History of the Macedonian People* (Skopje, 1968), vol. 1, p. 180.

7 Ranke, *History of Servia*, p. 66.

8 L. Edwards, ed., *The Memoirs of Prota Matija Nenadovic* (Oxford, 1969), p. 192.

9 Ranke, *History of Servia*, pp. 188~199; W. Vucinich, ed., *The First Serbian Uprising, 1804~1813* (New York, 1982).

10 D. Skiotis, "The Greek Revolution: Ali Pacha's Last Gamble", in N. Diamandouros, ed., *Hellenism and the First Greek War of Liberation* (Thessaloniki, 1976), pp. 97~109; K. Fleming, *The Muslim Bonaparte: Diplomacy and Orientalism in Ali Pasha's Greece* (Princeton, N.J. 1999).

11 이 글은 T. Prousis, *Russian Society and the Greek Revolution* (De Kalb, Ill., 1994), pp. 139~140에 인용돼 있다.

12 B. Jelavich, *Russia's Balkan Entanglements, 1806~1914* (Cambridge, 1993), pp. 49~75.

13 H. A. Lidderdale, trans., *Makriyannis: The Memoirs of General Makriyannis, 1797~1864* (Oxford, 1966), p. 14; Andonov-Poljanski, *British Documents*, vol. 1, p. 221; T. Kolokotrónis, *Memoirs from the Greek War of Independence, 1821~1833* (London, 1892), p. 157

14 Prousis, *Russian Society*, p. 51; J. R. Marriott, *The Eastern Question: An Historical Study in*

European Diplomacy (Oxford, 1917), p. 214.

15 Andonov-Poljanski, *British Documents*, vol. 1, p. 264.

16 Vucinich, *First Serb Uprising*, p. 251.

17 J. A. Blanqui, *Voyage en Bulgarie pendant l'année 1844* (Paris, 1845), p. 67; 오스만 발칸의 도시계획에 대해서는 A. Karadimou-Gerolympou, *I anoikodomisi tis Thessalonikis meta tin pyrkaia tou 1917* (Thessaloniki, 1995)을 참조하라.

18 Blanqui, *Voyage en Bulgarie*, p. 93.

19 Jelavich, *Russia's Balkan Entanglements*, pp. 75~90; B. Jelavich, *History of the Balkans* (Cambridge, 1983), vol. 1, p. 265.

20 K. Hitchins, *The Romanians, 1781~1866* (Oxford, 1996), pp. 161~166; C. Giurescu, *History of Bucharest* (Bucharest, 1976), pp. 48~51.

21 F. Kellogg, *The Road to Romanian Independence* (West Lafayette, Ind., 1995), p. 5.

22 M. Pinson, "Ottoman Bulgaria in the First Tanzimat Period: The Revolts in Nish (1841) and Vidin (1850)", *Middle Eastern Studies* 11, no. 2 (May 1975), pp. 103~146; Odysseus[Sir Charles Eliot], *Turkey in Europe* (London, 1900), p. 347; M. Macdermott, *A History of Bulgaria, 1393~1885* (New York, 1962), p. 124.

23 Jelavich, *History of Balkans*, vol. 1, pp. 340~341.

24 J. F. Clarke, *Bible Societies, American Missionaries and the National Revival of Bulgaria* (1937; reprint, New York, 1971); Macdermott, *History of Bulgaria*, pp. 194~195.

25 Jelavich, *History of Balkans*, vol. 1, p. 347.

26 영토회복주의자들이 가한 정치적 압박에 대한 글은 J. Koliopoulos, *Brigands with a Cause: Brigandage and Irredentism in Modern Greece, 1821~1912* (Oxford, 1987)에 잘 나와 있다.

27 Eliot, *Turkey in Europe*, p. 271.

28 D. Livanios, "'Conquering the Souls': Nationalism and Greek Guerilla Warfare in Ottoman Macedonia, 1904~1908", *Byzantine and Modern Greek Studies* 23 (1999), pp. 195~221.

29 A. Rappoport, *Au pays des martyrs: Notes et souvenirs d'un ancien consul general d'Autriche-Hongrie en Macedoine* (1904~1909) (Paris, 1927), p. 18.

30 *British Documents on Foreign Affairs*, park 1, series B, vol. 19 (Bethesda, Md., 1985), pp. 500~507.

31 H. C. Barkley, *Bulgaria before the War* (London, 1877), p. 272.

32 J. Baernreither, *Fragments of a Political Diary* (London, 1930), pp. 22~27, 51, 126.

33 B. Schmitt, *The Annexation of Bosnia, 1908~1909* (Cambridge, 1937).

34 V. Dedijer, *The Road to Sarajevo* (London, 1966); Baernreither, *Fragments*, pp. 244~246.

35 H. Lowther to E. Grey, October 2, 1912, in B. Destani, ed., *Albania and Kosovo: Political and Ethnic Boundaries, 1867~1946* (London, 1999), p. 292.

36 L. Stavrianos, *The Balkans since 1453* (rev. ed., London, 2000), p. 535.

37 R. W. Seton-Watson, *A History of the Roumanians* (Cambridge, 1934), ch. 16; N. Stone, *The Eastern Front* (London, 1975), pp. 71, 264, 277.

38 D. Lloyd George, *War Memoirs*, vol. 2 (London, n.d.).

39 Mansel, *Constantinople: City of the World's Desire, 1453~1924* (London, 1995), p. 408.

40 K. Calder, *Britain and the Origins of the New Europe, 1914~1918* (Cambridge, 1976), p. 16.

41 I. Banac, *The National Question in Yugoslavia* (Ithaca, N.Y., 1984).

제4장

1 J. D. Bell, *Peasants in Power: Alexander Stamboliski and the Bulgarian Agrarian National Union, 1899~1923* (Princeton, N.J., 1977), p. 4에 나온 글을 인용한 것이다.

2 V. Dedijer, *The Road to Sarajevo* (London, 1966), p. 73; O. Jaszi, "The Irresistibility of the National Idea", in O. Jaszi, *Homage to Danubia* (Lanham Md., 1994).

3 M. S. Anderson, *The Great Powers and the Near East, 1774~1923* (London, 1970), p. 32; Naval Intelligence Division, *Jugoslavia* (n.p., 1944), vol. 2, pp. 104~107.

4 A. Toumarkine, *Les Migrations des populations musulmanes balkaniques en Anatolie (1876~1913)* (Istanbul, 1995), pp. 27~50.

5 루마니아 헌법에 관한 내용은 다음 사료를 참조하라. K. Hitchins, *Rumania, 1866~1947* (Oxford, 1994), pp. 16~17; P. Michelson, *Conflict and Crisis: Romanian Political Development, 1861~1871* (New York, 1987).

6 *Report of the International Commission to Inquire into the Causes and Conduct of the Balkan Wars* (Washington, D.C., 1914), pp. 154~155.

7 F. Fellner, ed., *Das politische tagebuch Josef Redlichs* (Vienna, 1953), vol. 1, pp. 280, 289; HMSO, *The Jugoslav Movement* (London, 1920), pp. 21~23

8 M. Mazower, "Minorities and the League of Nations in Interwar Europe", *Daedalus*, 126, no. 2 (Spring 1997), pp. 47~65.

9 이 문제에 대한 그리스 측 기록은 다음 사료에서 찾아볼 수 있다. B. Kondis and E. Manda, eds., *The Greek Minority in Albania: A Documentary Record* (1921~1993) (Thessaloniki, 1994).

10 H. Pozzi, *Black Hand over Europe* (London, 1935), p. 181.

11 O. Janowsky, *People at Bay: The Jewish Problem in East-Central Europe* (Oxford, 1938).

12 R. Lemkin, *Axis Rule in Occupied Europe* (Washington, D.C. 1944), pp. 612, 626~627; A.

Djilas, *The Contested Country: Yugoslav Unity and Communist Revolution, 1919~ 1953* (Cambridge, Mass., 1991), ch. 4.

13 체트니크에 대해서는 다음 사료를 참조하라. I. Banac, "Bosnian Muslims: From Religious Community to Socialist Nationhood and Post-Communist Statehood, 1918~1992)", in M. Pinson, ed., *The Muslims of Bosnia-Herzegovina* (Cambridge, Mass., 1994), pp. 142~143.

14 N. Malcolm, *Kosovo: A Short History* (London, 1998), p. 312; J. Koliopoulos, *Plundered Loyalties: World War II and Civil War in Greek West Macedonia* (New York, 1999).

15 R. King, *Minorities under Communism: Nationalities as a Source of Tension among Balkan Communist States* (Cambridge, Mass., 1973); P. Shoup, *Communism and the Yugoslav National Question* (New York, 1968).

16 D. Mitrany, *Marx against the Peasant* (Chapel Hill, N.C., 1951), p. 118.

17 H. Tiltman, *Peasant Europe* (London, 1937).

18 이에 대한 사례 연구는 M. Mazower, *Greece and the Interwar Economic Crisis* (Oxford, 1991)을 참조하라.

19 Hoare to Halifax, July 5, 1940, British Documents on Foreign Affairs, vol. 21, 23: 5 (Bethesda, Md., 1998), ch. 5, n. 55.

20 E. Barker, *Truce in the Balkans* (London, 1948), p. 255.

21 E. Barker, *Truce in the Balkans* (London, 1948), p. 255; H. Seton-Watson, *The East European Revolution* (London, 1954), pp. 254~255, 335, 388.

22 R. L. Wolff, *The Balkans in Our Time* (New York, 1978), ch. 14; M. E. Fischer, "Politics, Nationalism and Development in Romania", in G. Augustinos, ed., *Diverse Paths to Modernity in Southeastern Europe* (New York, 1991), p. 149.

23 E. Stillman, *The Balkans* (New York, 1966), p. 146; W. H. McNeill, *The Metamorphosis of Greece since World War II* (Oxford, 1978), p. 247

24 N. V. Giannaris, *Geopolitical and Economic Changes in the Balkan Countries* (London, 1996); Fischer, "Politics, Nationalism and Development", p. 157; C. Deltuere de Brycher, "Quelques images de la systematisation", in N. Pelisser et al., eds., *La Roumanie contemporaine* (Paris, 1996), pp. 13~49.

25 F. Fejto, *A History of the People's Democracies* (Harmondsworth, Eng., 1974), pp. 376~377.

26 J. Lampe, "Belated Modernization in Comparison: Development in Yugoslavia and Bulgaria to 1948", in Augustinos, *Diverse Paths to Modernity*, pp. 32~45.

27 King, *Minorities under Communism*, p. 21에 실린 글이다.

28 G. Stokes, *From Stalinism to Pluralism: A Documentary History of Eastern Europe since*

1945(New York, 1991), pp. 232~233; H. Poulton, *The Balkans: Minorities and States in Conflict*(London, 1991), pp. 112~113, 126, 131, 153~165.

에필로그

1　J. Mislin, *Les Saints Lieux: Pelerinageà Jerusalem* (Paris, 1876), vol. 1, p. 72에 실린 글을 인용한 것이다.

2　두 사람의 말 모두, M. Levene, "Introduction", in M. Levene and P. Roberts, eds., *The Massacre in History*(New York, 1999)에 인용돼 있다.

3　A. J. Toynbee, *The Western Question in Greece and Turkey*(London, 1922), pp. 17~18.

4　"Verdict against SS-Untersturmf hrer Max Taeubner, 24 May 1943", in E. Klee, W. Dressen and V. Riess, eds., *"Those Were the Days": The Holocaust as Seen by the Perpetrators and By-standers*(London, 1991), pp. 196~207; 전쟁 규칙에 관해서는 G. Best, *Humanity in Warfare*(Oxford, 1980), 문명화 과정에 대해서는 N. Elias, *The Civilising Process*(Oxford, 1978)를 각각 참조하라.

5　Montaigne, translated by John Florio, *"Of Crueltie" in The Essays of Michael Lord of Montaigne*(Oxford, 1906), vol. 2, p. 134.

6　Gatrell, *Hanging Tree: Execution and the English People, 1770~1868*(Oxford, 1994), p. 598; also T. Haskell, "Capitalism and the Origins of the Humanitarian Sensibility", *American Historical Review* 90, no. 2-3 (April/June 1985), pp. 339~361 and 547~566.

7　J. Gardner Wilkinson, *Dalmatia and Montenegro*(London, 1848), pp. 80~82.

8　P. P. Njegos, *The Mountain Wreath*, trans. V. Mihailovich (Irvine, Calif., 1986), and also M. Sells, *The Bridge Betrayed: Religion and Genocide in Bosnia*(Los Angeles, 1996), pp. 40~42. 1836년 투르크 측에 의해 참수된 블라디카의 형제와 사촌들에 대해서는 그 후 4년 뒤 적절한 복수가 이루어졌다; M. Aubin, *Visions historiques et politiques dans l'oeuvre poetique de P. P. Njegos*(Paris, 1972), pp. 175~178; 머리 베는 행위에 대한 투르크 측 태도는 오스만제국에서 활동한 미국 의사의 회고록, J. O. Noyes, *Romania: The Borderland of the Christian and the Turk*(New York, 1857), p. 263을 참조하라.

9　Z. Milch, *A Stranger's Supper: An Oral History of Centenarian Women in Montenegro*(New York, 1995), p. 47; G. Stokes, *Politics as Development: The Emergence of Political Parties in Nineteenth-Century Serbia*(Durham, N.C., 1990), p. 147.

10　이에 관해서는 다음 사료도 참조해보라. C. Boehm, *Blood Revenge: The Anthropology of Feuding in Montenegro and Other Tribal Societies*(Lawrence, Kans., 1984).

11　*Daily Mirror*, November 10, 1947; correspondence in Public Records Office, FO 371/67011,

R 15110, Norton to London, November 12, 1947. I am greatly indebted to Polymeris Voglis for this information. J. Axtell and W. C. Sturtevant, "The Unkindest Cut, or Who Invented Scalping?", *William and Mary Quarterly* 37, no. 3 (July 1980), pp. 451~472.

12 UN 통계에 나온 내용이다. Figures from United Nations(G. Newman, ed.), *Global Report on Crime and Justice*(New York, 1999); R. Hood, *The Death Penalty: A World-Wide Perspective*(Oxford, 1996), p. 74.

13 네고스에 대해서는 Aubin, *Visions historiques*, pp. 232~235를 참조하라.

14 M. Ignatieff, *Virtual War*(London, 2000), 내전과 폭력의 형태로 본 제2차 세계대전에 관해서는 C. Pavone, *Una guerra civilie: Saggio sulla moralita nella resistenza*(Turin, 1991)를 참조하라.

참고문헌

발칸사에 관한 최고의 텍스트는 역시 L. S. Stavrianos, *The Balkans since 1453*(1958; reprint, New York, 1965)이고, 지금은 이 책의 신판(London, 2000)이 나와 있다. 18세기와 19세기 역사는 G. Castellan, *History of the Balkans*(New York, 1992), 20세기 전반부 역사는 R. L. Wolff, *The Balkans in Our Time*(New York, 1956; rev. ed. 1978)을 볼 것을 권한다. 정치 · 외교사는 B. Jelavich, *History of the Balkans*, 2 vols.(Cambridge, 1983)의 내용이 탄탄하다. B. Jelavich, eds., *The Balkans in Transition: Essays on the Development of Balkan Life and Politics since the Eighteenth Century*(Berkeley, 1963)도 반드시 읽어보아야 할 중요한 책이다. 이들이 편집한 또다른 책 *The Establishment of the Balkan National States, 1804~1920*(Seattle, 1977)도 유용한 사료다. T. Stoianovich, *Balkan Worlds: The First and Last Europe*(New York, 1994)는 저명한 사회사 연구가의 통찰력이 돋보이는 작품이다.

발칸의 지리에 관해서는 다음 두 작품을 볼 것을 권한다. F. W. Carter, *An*

Historical Geography of the Balkans(London, 1977); J. Cvijic, *La Peninsule balkanique: Géographie humaine*(*Paris, 1918*). *M. Todorova, Imagining the Balkans*(New York, 1997)은 발칸 지역에 대한 서구의 정형화된 시각을 엿볼 수 있는 작품이다. 발칸의 경제사에 대해서는 다음 작품들을 참고할 것: J. Lampe and M. Jackson, *Balkan Economic History, 1550~1950* (Bloomington, Ind., 1982); M. Palairet, *The Balkan Economies, c. 1800~1914: Evolution without Development*(Cambridge, 1997); T. Stoianovich, *Between East and West: The Balkan and Mediterranean Worlds*, 4 vols. (New Rochelle, N.Y., 1992~1995); and N. Todorov, *The Balkan City, 1400~1900*(Seattle, 1983).

초기 발칸사는 다음 작품들을 눈여겨보라. J. Fine, *The Late Medieval Balkans : A Critical Survey from the Late Twelfth Century to the Ottoman Conquest*(Ann Arbor, Mich., 1987); P. Kitromilides, *Enlightenment, Nationalism, Orthodoxy : Studies in the Culture and Political Thought of Southeastern Europe*(Aldershot, Eng., 1994) and his *The Enlightenment as Social Criticism : Iosipos Moisiodax and Greek Culture in the Eighteenth Century*(Princeton, N.J., 1992); R. Clogg, ed., *Balkan Society in the Age of Greek Independence*(London, 1981); and D. Warriner, ed., *Contrasts in Emerging Societies: Readings in the Social and Economic History of South-Eastern Europe in the Nineteenth Century*(London, 1965).

오스만제국 치하의 발칸에 관한 참고서적은 다음과 같다. P. Sugar, *Southeastern Europe under Ottoman Rule, 1354~1804*(Seattle, 1977);

Odysseus(C. Eliot), *Turkey in Europe*(London, 1900); H. Inalcik, *The Ottoman Empire: The Classical Age, 1300~1600*(London, 1973); H. Inalcik and D. Quataert, eds., *An Economic and Social History of the Ottoman Empire, 1300~1914*(Cambridge, 1994); F. Adanir, "Tradition and Rural Change in Southeastern Europe during Ottoman Rule", in D. Chirot, ed., *The Origins of Backwardness in Eastern Europe*(Berkeley, 1989); W. Miller, *The Ottoman Empire and Its Successors, 1801~1927* (Cambridge, 1936)은 지금도 여전히 중요한 책이다. C. Bracewell, *The Uskoks of Senj: Piracy, Banditry and Holy War in the Sixteenth Century Adriatic* (Ithaca, N.Y., 1992)의 흥미로운 보고를 언급해야만 한다.

세르비아 역사는 M. Petrovich, *A History of Modern Serbia, 1804~1918* (New York, 1976), 유고슬라비아 역사는 J. Lampe, *Yugoslavia as History: Twice There Was a Country*(Cambridge, 1996)를 각각 참조하라. Ivo Banac, *The National Question in Yugoslavia*(Ithaca, N.Y., 1984)도 유고슬라비아를 주제로 한 탁월한 논문이다. 그런가 하면 Noel Malcolm은 매우 유용한 2권의 작품을 썼다. *Bosnia: A Short History*(London, 1994), *Kosovo: A Short History*(London, 1998). 불가리아 역사는 다음 작품들을 참고하라. R. Crampton, *A Short History of Bulgaria*(Cambridge, 1987), 역시 R. Crampton, *Bulgaria, 1878~1918*(New York, 1983), Mercia Macdermott, *A History of Bulgaria, 1393~1885*(New York, 1962). 마케도니아 역사는 H. N. Brailsford, *Macedonia: Its Races and Their Future*(London, 1906), 그리스 역사는 R. Clogg, *A Concise History of Greece*(Cambridge, 1992)를 각각 참

조하라. J. Campbell and P. Sherrard, *Modern Greece*(London, 1968)도 매우 유익한 책이다. 루마니아에 관한 참고서적은 H. Roberts, *Rumania: Political Problems of an Agrarian State*(New York, 1951); K. Hitchins, *Rumania, 1866~1947*(Oxford, 1994), 알바니아에 대한 참고서적은 S. Skendi, ed., *Albania*(New York, 1956) and *The Albanian National Awakening, 1878~1912* (Princeton, N.J., 1967)를 각각 권한다.

여행을 비롯한 각종 오락에 대한 기록은 S. Hyman, ed., *Edward Lear in the Levant: Travels in Albania, Greece and Turkey in Europe, 1848~1849* (London, 1988)를 참고하라. 그 밖에 메리 워틀리 몬터규와 뷔스베크의 편지들, 에디트 더럼, 매켄지 양과 어비 양, W. M. 리크 대령과 헨리 토저와 같은 빅토리아시대 여행가들의 글도 읽어보는 것이 좋다. 좀더 최근에 나온 회고록으로는 다음 작품들을 권한다. M. Djilas, *Land without Justice: An Autobiography of His Youth*(New York, 1958), 역시 M. Djilas, *Wartime: With Tito and the Partisans*(New York, 1977), 그리고 R. G. Waldeck, *Athene Palace*(New York, 1942).

연표

∞∞∞

일부 연도는 대략 혹은 추측으로 표기되었다.

330	콘스탄티노플 건설
395	로마제국, 동로마와 서로마로 분리
6~7세기	슬라브족의 침입과 정주
865	불가리아 민족, 크리스트교 수용
1071	만지케르트 전투로 셀주크투르크, 아나톨리아 정복
1204	제4차 십자군, 콘스탄티노플 약탈
1243	셀주크투르크, 몽골에 패배
1352	오스만투르크, 갈리폴리(겔리볼루) 획득
1402	오스만투르크, 에디르네(아드리아노플)를 새로운 수도로 지정
1453	오스만제국, 콘스탄티노플 함락
1463	오스만제국, 보스니아 정복
1476	왈라키아, 오스만제국의 종속국이 됨
1512	몰다비아, 오스만제국의 종속국이 됨
1526	오스만제국, 모하치 전쟁에서 헝가리를 격파하고 부도Buda 획득
1572	오스만제국 함대, 레판토 해전에서 기독교 동맹군에 패배

1573	베네치아, 오스만제국에 키프로스 할양
1669	오스만제국, 베네치아 소유의 크레타 점령
1683	오스만제국, 빈 공격 실패
1699	카를로비츠 조약 체결
1711~1715	파나리오테, 도나우강 연안 공국들을 통치하기 시작
1718	파사로비츠 조약 체결
1736~1739	러시아, 오스트리아-투르크 전쟁
1768~1774	러시아-투르크 전쟁
1770	펠로폰네소스 반도 폭동
1774	쿠추크-카이나르지 조약 체결
1787~1792	러시아, 오스트리아-투르크 전쟁
1797	베네치아 공화국의 종말
1804	제1차 세르비아 봉기
1815	제2차 세르비아 봉기
1821	그리스 독립 전쟁 발발
1827	나바리노 해전
1830	그리스 독립
1839	오스만제국, 귈하네 헌장 발포
1858	도나우강 연안 공국들, '루마니아'로 통일
1870	불가리아 정교회, 총대주교 대리 관구 신설
1877~1878	러시아-투르크 전쟁
1878	산스테파노 조약을 대체한 베를린 조약으로 다음과 같은 결과 초래. ① 불가리아(산스테파노 영토의 3분의 1로 대폭 축소), 세르비아, 몬테네그로의 독립 인정, ② 영국의 키프로스 영유, ③ 오스트리아-헝가리제국의 보스니아-헤르체고비나 점령
1893	임로IMRO(내부 마케도니아 혁명 조직) 창설
1903	일린덴Ilinden 봉기

1908	청년 투르크당 혁명. 오스트리아의 보스니아-헤르체고비나 합병으로 국제 위기 고조
1912	제1차 발칸 전쟁. 알바니아 독립 인정(국경은 1921년에 확정)
1913	제2차 발칸 전쟁
1914~1918	제1차 세계대전
1918	세르비아-크로아티아-슬로베니아 [유고슬라비아] 왕국 건설
1919~1922	그리스와 투르크, 아나톨리아에서 전쟁
1923	그리스와 투르크 간의 로잔 조약 체결 및 양국 주민교환 이탈리아, 코르푸 폭격
1939	이탈리아, 알바니아 침공
1940	루마니아, 강압적으로 소련, 헝가리, 불가리아에 자국 영토 할양. 이탈리아, 그리스 침공
1941	독일, 유고슬라비아와 그리스 침공
1941~1944	추축국이 발칸 점령. 크로아티아 독립
1944~1945	독일, 발칸 반도에서 철수
1946~1949	그리스 내전
1948	티토-스탈린 결별
1967~1974	그리스 군사 독재
1980	티토 사망
1989	동유럽 공산 정권 몰락
1990~1991	슬로베니아와 크로아티아 간의 무력 충돌
1992~1995	보스니아 내전
1999	나토군과 세르비아의 코소보 전쟁.

옮긴이의 말

2006년 3월 11일 '발칸의 도살자' 슬로보단 밀로셰비치 전 세르비아 대통령이 그동안 수감돼 있던 헤이그 국제유고전범재판소 감옥에서 돌연 사망했다. 1989년 공산주의 붕괴와 함께 '카드로 지은 집' 유고연방이 와해되자 기다렸다는 듯 연방 내 공화국들 간에 내전이 일어났다. 뒤이어 신유고연방 대통령으로 당선된 밀로셰비치가 1990년대에 코소보 사태와 보스니아 내전이 격화되자 그 두 곳의 알바니아계와 무슬림에 대한 인종 청소를 자행한 '반인륜적' 범죄를 저지른 혐의로 2002년 국제유고전범재판소에 의해 기소되었다. 극단적 민족주의자 밀로셰비치의 죽음으로 10여 년에 걸친 발칸의 유혈 사태는 일단락된 듯하지만, 발칸은 여전히 언제 어디서 또다시 무슨 일이 터질지 모르는 '유럽의 화약고'로 남아 있다. 제51회 베를린영화제 그랑프리 수상작으로 아직까지 그 여운이 가시지 않은 「비포더 레인」의 그 아름다운 마케도니아 산야, 그곳을 물들인 연인들의 붉은 핏자국이 아직은 발칸의 현실인 것이다.

세계지도에 모습을 드러낸 것이래야 이제 고작 200여 년, 실타래처럼 뒤

엉킨 '피정복민의 역사'를 간직하고 있는 발칸은 그 비극의 역사가 자의가 아닌 타의에 의해 형성되었다는 점에서 시원스레 해법을 찾기 힘든 고질적 문제를 안고 있다. 제국을 네 개의 행정구로 분할, 4제帝 통치를 실시한 로마의 디오클레티아누스 황제와 이후 제국을 양분하여 두 아들에게 물려준(395년) 테오도시우스 황제 때부터 발칸인들은 이미 동서로마의 경계선을 따라 동방과 서방, 정교회와 가톨릭, 키릴 문자와 라틴 문자의 상반된 문화를 가진 모순된 역사적 과정을 밟아왔다. 동서문화가 충돌하는 이 같은 완충적 성격은 발칸이 현대에 들어 국가를 형성하는 과정에서도 변함없이 이어져 지배국들의 얼굴만 바뀌었을 뿐, 발칸인들의 운명은 헝클어진 과거를 정리할 틈도 없이 또다시 타의에 의해 수동적으로 결정됨으로써, 장차 일어날 인종, 종교, 영토적 분규의 싹을 틔운 것이다.

발칸의 수동성은 비단 거기에만 그치지 않고 서구인들이 그곳을 바라보는 역사관에도 반영되었다. 마르크스는 발칸인들을 "인종의 쓰레기"라 했고, 베를린 회의에 참석한 독일 재상 비스마르크 또한 발칸의 전 지역을 "포메른 소총병 한 명의 건강한 뼈다귀만한 가치도 없다"고 폄훼하여 말했듯, 서유럽인들에게 발칸은 늘 '원시적이고 야만적이고 폭력적인' 미개 지역이었다. 발칸은 유럽에 있으면서도 유럽이 아닌 '또 하나의 유럽'으로 존재해 있었던 것이다. 근래에 일어난 유고 사태에 대해서도 서구인들은 같은 시각을 견지했다. 요컨대 인종 청소와 같은 극악한 짓을 저지른 것은 발칸인들 핏속에 본시 폭력적 성향이 내재해 있기 때문이라는 것이다. 이 책 『발칸의 역사』는 그런 기존의 관점과 궤를 달리하고 있다. 본래부터 폭력적이어서 유혈 사태가 잦다는 서구의 편향된 시각에서 벗어나 발칸을 좀

더 긍정적이고 객관적으로 바라보고 있는 것이다. 발칸인들이 특별히 폭력적이지 않다는 것은 독일의 유대인 집단수용소나 소련의 굴라크만 보아도 잘 알 수 있다고 이 책의 저자 마크 마조워는 주장한다. 발칸의 고단한 역사를 그곳의 척박한 자연환경으로 설명하려 한 것도 저자만의 색다른 시도다.

그동안 발칸 입문서가 전무한 상황에서 '인종 청소'니 '도살자'니 하는 끔찍한 말들이 들려올 때마다 객관적 평가기준 없이 어느 한쪽을 무작정 편들거나 비난해온 우리에게도 이 책은 의미하는 바가 크다. 중동과 더불어 오늘날 세계의 손꼽히는 분쟁 지역의 하나가 된 발칸을 이제는 우리도 호기심의 차원을 넘어 심도 있게 평가할 때가 온 것 같다. 서유럽의 그늘에 가려 질곡의 삶을 살아온 그곳을 따뜻하지만 좀더 균형 잡힌 시각으로 바라볼 때가 된 것이다. 이 책 『발칸의 역사』는 그 점에서 오늘의 발칸을 바로 이해할 수 있는 훌륭한 개설서다.

이순호

찾아보기